教育部国别和区域研究系列丛书
北京语言大学国别和区域研究院
丛书主编：罗 林

沙特与伊朗关系研究
A STUDY ON SAUDI ARABIA-IRAN RELATIONS

王光远◎著

时事出版社
北京

本成果受北京语言大学校级科研项目（中央高校基本科研业务专项资金）资助，项目编号为17YBB13

目录 Contents

导 论

第一部分 民族、教派与现代两国关系的历史回顾

第一章 民族互动与教派分歧
第一节 阿拉伯人与波斯人 / 017
第二节 逊尼派与什叶派 / 024

第二章 从20世纪初到1979年的两国关系
第一节 沙特阿拉伯王国与伊朗巴列维王朝的建立 / 030
第二节 1979年之前两国关系的历史回顾 / 035

第二部分 1979年后沙伊两国关系的历史变迁

第三章 对抗与冲突
第一节 伊朗伊斯兰革命初期的两国关系 / 047

第二节　两伊战争期间的两国关系 / 049
　　第三节　缓和受阻 / 053

第四章　缓和、改善与停滞

　　第一节　海湾战争后两国关系的修复 / 057
　　第二节　两国关系的显著改善 / 063
　　第三节　后"9·11"时代的两国关系 / 068

第五章　从分歧到对立

　　第一节　艾哈迈迪—内贾德上台与沙特的反应 / 073
　　第二节　战略对话 / 075
　　第三节　地区博弈与分歧加剧 / 081

第六章　从恶化到断交

　　第一节　"阿拉伯之春"与两国关系的全面恶化 / 088
　　第二节　鲁哈尼上台与两国关系缓和的失败 / 094
　　第三节　走向断交 / 098

第三部分　内外部因素对两国关系的影响

第七章　两国的国内政治与对外政策

　　第一节　沙特的国内政治与对外政策 / 107
　　第二节　伊朗的国内政治与对外政策 / 112

第八章　两国的内部安全困境与承认需求

第一节　沙特的内部安全困境 / 126

第二节　伊朗的内部安全困境 / 133

第三节　两国的合法性承认需求 / 141

第九章　地区因素对两国关系的影响

第一节　巴林、也门因素对两国关系的影响 / 150

第二节　伊拉克因素对两国关系的影响 / 160

第三节　黎巴嫩、巴勒斯坦因素对两国关系的影响 / 168

第四节　叙利亚因素对两国关系的影响 / 178

第十章　国际因素对两国关系的影响

第一节　中东复杂多变的战略环境 / 187

第二节　国际原油价格 / 190

第三节　伊朗核问题 / 196

第四节　冷战后美国的中东政策 / 201

结　语

参考文献

两国关系大事记表

后　记

导 论

一、问题的提出

2015年7月14日,伊朗核问题六国(美国、英国、法国、俄罗斯、中国和德国)与伊朗签署了全面解决核问题的历史性协议。伊朗降低浓缩铀储量,削减运转离心机数量,换取西方解除绝大部分经济制裁。伊朗核问题全面协议的签署与执行,为伊朗发展和利用核能划定了红线,消除了其发展核武器的可能性,降低了海湾地区的核扩散风险,理论上有利于海湾和中东地区的和平与稳定。然而,伊朗与沙特间的紧张关系并未因协议的签署而得到缓和,反而进一步恶化。2016年1月,沙特政府处决什叶派教士尼姆尔(Nimr Baqir al – Nimr),引发伊朗强烈抗议,伊朗民众冲击并焚烧沙特使馆。沙特随后宣布与伊朗断交,将伊朗称为地区安全和稳定的最大威胁。

难道伊朗放弃发展核武器,不是降低了对沙特的安全威胁吗?对伊朗制裁的解除,难道不会促使伊朗改变强硬激进的对外政策,以温和开放的姿态改善与周边国家和国际社会的关系,以换取更多的合作和发展机会吗?为何在沙特看来伊朗的威胁反而更大了呢?

对于两国间的对抗和交恶,教派冲突论是比较流行的观点之一。这种观点认为,沙特属于逊尼派国家,而伊朗是什叶派国家,不可调和的教派矛盾导致两国间不断地对抗。按照该理论的逻辑,教派属性相同的伊斯兰国家倾向于合作,教派属性不同的伊斯兰国家之间则关系紧张,甚至会发生对抗。

特别是所谓的什叶派新月地带（伊朗、伊拉克、叙利亚和黎巴嫩真主党）对抗逊尼三角（沙特、约旦和埃及）的概念提出后，教派冲突论似乎得到进一步的印证。但如果我们将视野由中东扩大至整个伊斯兰世界，则会发现事实并非总是如此。

（一）逊尼派国家与什叶派国家友好相待的案例：苏丹与伊朗

苏丹的主要人口是逊尼派穆斯林。在 2016 年追随沙特与伊朗断交前，苏丹曾与伊朗有过长达近 30 年的亲密友好关系。两国在彼此的核心问题上相互支持，领导人之间多次实现互访。2013 年，在以色列空袭苏丹时，伊朗的军舰曾停泊在苏丹港口表示支持。苏丹首都喀土穆的伊朗文化中心曾是整个非洲规模最大的伊朗文化机构。

（二）什叶派国家之间敌对的案例：阿塞拜疆与伊朗

阿塞拜疆是伊朗的邻国，其人口主要为什叶派穆斯林。但长期以来，阿塞拜疆与伊朗关系疏远，与以色列、土耳其交好，甚至允许以色列的无人机通过其领空监控伊朗。伊朗则支持与阿塞拜疆有领土争端的亚美尼亚。2012 年，伊朗在里海进行军事演习，两国关系陷入紧张，甚至一度召回大使。

因此，对立的教派属性导致国家间冲突的论断缺乏广泛的事实支持。当然，对于沙伊两国关系的紧张和恶化，教派冲突确实不可忽视，但将教派因素认定为导致这种变化的核心变量，无论是在逻辑上还是事实上都显得解释力不足。而且，教派能否作为国家身份的一种表现形式也值得人们进一步深入研究。

除了教派冲突论，民族矛盾是解释两国关系紧张的另一个观点。公元 7 世纪，信奉了伊斯兰教的阿拉伯人冲出阿拉伯半岛，一举灭亡了波斯萨珊帝国，造成波斯—琐罗亚斯德文明体系的衰落。这一历史事实被很多人归为阿拉伯—波斯民族矛盾的根源，也是影响沙特与伊朗关系的核心因素。对于这种观点，应首先回顾历史，去调查两个民族是否真的存在不可调和的民族矛盾？对于相隔海湾的阿拉伯半岛和伊朗高原而言，地理上临近虽然会增加冲突和对抗的机会，但更多地会促进贸易往来和文化交流，在这一过程中，两种文明间会不可避免地相互影响、相互交融。因此，阿拉伯民族和波斯民族，阿拉伯文明与波斯文明，是否像一些人形容的那样泾渭分明、水火不容，充满仇恨与敌对？还是民族纠葛被刻意夸大，成为政治宣传的工具？其次，从20世纪初沙伊两国建立到1979年前，双方关系并非一直处于对抗和敌对状态，而是大部分时间关系正常，甚至存在相互支持与友好合作。在两国民族主体没有发生变化的情况下，为何不同历史时期会出现关系上的显著变化？民族矛盾论针对此问题的解释力不足。最后，从两国内部看，无论是阿拉伯民族主义还是波斯民族主义，都不是主导意识形态。一方面，两国都是伊斯兰国家，伊斯兰教是国教，宗教意识形态无论如何都不会让位于建立在世俗主义基础上的民族主义意识形态。而且，伊朗作为多民族组成的共同体，除了波斯人外，阿塞拜疆人、库尔德人、阿拉伯人和俾路支人等民族或族群都在伊朗国内占有重要地位，单纯突出波斯民族主义，显然不利于伊朗的国家团结和稳定。但另一方面，两国民众之间确实存在着对立情绪，对彼此的厌恶和敌视确实存在，不容忽略。然而，一国民众对他国政府或民族的厌恶感，显然不是影响两国关系的核心因素，如沙特与美国的盟友关系就没有受到国内民众反美情绪的影响。因此，民族主义与民族矛盾导致沙伊两国关系紧张恶化的观点过于简单，需要进一步完善论证。

综上所述，教派冲突和民族矛盾在现实中都对两国关系有一定影响，但在解释两国关系变化方面具有局限性。两国关系变化的基本逻辑是什么？影响两国关系变化的核心因素到底是什么？只有对两国关系进行详细的回顾和整理，系统分析各种影响因素，才能对以上问题进行全面客观的回答。

二、主要内容和观点

本书分为三个部分，共计十章。

第一部分为历史回顾，重点回顾与两国关系相关的民族和教派问题，以及20世纪两国建立后的外交关系，以作为后两个部分内容的铺垫。第一章为"民族互动与教派分歧"，首先回顾和梳理了阿拉伯民族和波斯民族之间的历史交往与互动历程。两个民族之间确实不乏军事上的对抗与征服，但更多的是文明之间的相互影响与文化上的相互融合。其次，简要叙述了伊斯兰教两大教派——逊尼派与什叶派产生的原因，回顾了两派关系的复杂历史变化。双方的矛盾与分歧并非与生俱来，教派冲突的加剧主要受政治因素的影响。第二章回顾了两国自20世纪初到1979年之前的双边关系。两国建国后总体关系友好，1943年曾因朝觐冲突断交，但在50—60年代面对共同的威胁时开始合作，随后在核心问题上彼此支持。70年代中后期受美国"双支柱政策"的影响，两国关系友好和谐。本部分通过对历史事实的回顾，力图证明尽管民族矛盾和教派分歧在某些时期的确影响过两国关系，但并不必然导致两国发生冲突和对抗，也不是影响两国关系变化的核心因素。

第二部分为描述性研究，通过对学术文献、领导人讲话和新闻报道、研究报告等资料的综合整理与研究，完整展现1979—2016年两国关系的历史变迁。本部分共有四章，分别对应两国关系变迁的四大历史阶段，即1979—1990年、1990—2005年、2005—2010年和2011—2016年。第三章标题为"对抗与冲突"，从伊朗爆发伊斯兰革命开始，到萨达姆入侵科威特之前为止，研究两国在两伊战争和伊斯兰革命背景下发生对抗和冲突的历史过程。第四章从1990年伊拉克入侵科威特开始，到2005年艾哈迈迪—内贾德赢得伊朗大选为止，描述两国关系由敌对到缓和，再到改善，最后停滞的过程。该章第一节从海湾战争爆发后开始，描述了两国恢复外交关系，从敌对到缓和的过程。第二节从1997年哈塔米上台开始，到2001年"9·11"事件发生前为止，描述了两国关系迅速改善的过程。第三节从"9·11"开始，描述了两国关系在"9·11"后，特别是2003年伊拉克战争后陷入停滞的过程。第五章标题为"从分歧到对立"，时间段为2005年至2010年。从艾哈迈迪—内贾德就任伊朗总统开始，到"阿拉伯之春"爆发前为止。2005年后两国地区分歧加剧，关系重回紧张状态。双方高层曾展开一系列对话谈判以协调利益分歧，但最终对话破裂，两国分歧加剧，关系严重对立。第六章标题为"从恶化到断交"，时间段为2011—2016年，描述了两国关系在"阿拉伯之春"后从严重恶化到断交的全过程。地缘政治格局的剧烈变化、"暗杀门"事件、地区"代理人"战争、两国领导人的变化、伊朗核问题全面协议的签署、朝觐踩踏事故等一系列事件让两国关系持续恶化。2016年初沙特处死什叶派教士尼姆尔，两国断交。两国的相互敌对与对抗严重影响了地区的安全和稳定。

第三部分为分析性研究，重点研究和分析影响两国关系变化的内外部因素，共分为四章。第七章主要研究两国的国内政治和对外政策对两国关系的影响。国王是沙特的最高决策者，新国王的登基往往会带来国内政治和对外政策的改变。伊朗国内政治的绝对权威是最高领袖而非总统，总统与最高领袖之间存在权力竞争关系，但无法对最高领袖的权威构成挑战。总统及其团队负责制定对外政策，但需要得到最高领袖的批准才能实施。因此，伊朗总统人选的改变不能被视为影响两国关系的核心因素。此外，两国的对外政策以实用主义为基本原则，民族主义和宗教意识形态不占主要地位。最后，伊朗政治的双轨制特点与外交政策的不稳定性也在一定程度上增加了两国高层沟通和协调的难度。

第八章重点研究两国的内部安全困境。两国的内部安全困境具有一定的相似性，即占人口多数的统治阶级与少数族群的矛盾，这对两国政府的政权合法性均构成了挑战。在内部安全困境无法得到有效解决的情况下，两国转而向外部寻求合法性的承认。但两国的承认需求存在结构性对立，承认一方的身份将以另一方失去合法性为代价，而贬低和蔑视另一方的身份，则有利于突出和强化自身的合法性。在地区分歧和矛盾被激化的情况下，"为承认而斗争"加剧恶化两国关系。

第九章分析了影响两国关系的地区因素，按地理位置和地缘政治将影响两国关系的地区国家划分为五节，即沙特的地缘核心关切国家——巴林和也门，伊朗的地缘核心关切国家——伊拉克，地区影响力博弈国家——

黎巴嫩和巴勒斯坦，以及中东剧变后两国博弈和对抗的主战场——叙利亚。在回顾地区历史纠葛的基础上，全面分析了地区国家的内部变动与变化对两国关系的影响。

第十章为国际因素对两国关系的影响，以两国所处的战略环境、国际油价、伊朗核问题和冷战后美国的中东政策为主要研究对象。第一次世界大战后，英、法从自身利益诉求出发，人为制造和划定了现代中东地区的版图，造成地缘格局的严重扭曲，地区国家内部充满不稳定因素。这种脆弱的地区结构，极易受到国际体系力量的影响，出现部分或整体的失衡和失序，进而引发沙伊两国的博弈或对抗，影响两国关系。在国际原油价格方面，本书选取了自20世纪80年代以来油价的五个阶段性历史低点作为案例，以检验低油价是否会引发两国在石油政策上的分歧，进而影响两国关系。通过案例研究发现，低油价既可以在两国关系缓和期间助力合作，也可以在两国关系恶化时期起到火上浇油的作用，加剧对抗和冲突。不过，经济因素在两国关系中仅仅起辅助作用，起决定作用的还是政治因素。沙特对于伊朗核计划的立场经历了从有条件支持到反对的变化过程，这与伊朗不断增长的地区力量有关。美国等大国与伊朗签署的核协议让沙特感到不安，其认为制裁解除后的伊朗将有能力对地区事务进行更多干涉。冷战后美国的中东政策是本章的研究重点。通过对老布什、克林顿、小布什和奥巴马四任美国总统的中东政策进行总结和研究，本书发现，冷战后两国关系变化的关键节点与美国对中东地区的介入时机基本契合。1991年老布什发动海湾战争，沙伊两国恢复外交关系。1996年克林顿促成土耳其与以色列成立军事联盟，两国关系开始显著改善。"9·11"后小布什先后发动阿富汗和伊拉克两场战争，两国关系改善进程也就此陷入停滞。2011年美国对中东剧变的推波助澜，使埃及、利比亚、叙利亚等地区国家陷入混乱，地区格局的变化让两国博弈与对抗加剧，关系不断恶化。美国通过政治、军事和文化等手段介入地区事务，改变地区格局与力量平衡，是造成沙伊两国关系变化的核心影响因素。

三、理论和现实意义

(一) 理论意义

国际关系理论寻求对国际社会各种纷繁复杂的现象进行解释。在这一原则的基础上,理论家们对国家行为背后的动机进行了不同的解释,由此形成了种类多元、观点异质的理论流派。这些流派都试图证明,国家行为由某种因素决定,这些因素从权力、安全到国家内部政治,从身份认同到国际体系建构等,体现着历代学者对国家行为动机的思考与研究。

1. 现实主义与建构主义国际关系理论的简要回顾

经典现实主义 (Classical Realism) 理论者的关注点聚焦于权力 (Power),假定国家为理性行为体,国家对权力的追求是国家行为的主要驱动因素。该理论流派认为,国家间的冲突源于渴望获得权力的崛起国与希望保持现状的大国之间的矛盾。[1] 而国家这种对于权力的追求来源于人性。人天生就具有权力欲,而且欲望永远得不到满足。外在表现为国家尽一切可能去获取权力,得到控制其他国家的力量。[2] 在古典现实主义的理论基础上,结构现实主义提出,"国家的首要顾虑是维持它们在体系中的位置"。[3] 国际体系的结构迫使大国极为关注均势,无政府状态会鼓励国家采取防范措施,维持均势而不是打破均势。而进攻性现实主义则认为,在一个没有机构来保护国家相互安全的世界里,大国主要考虑如何生存。权力是其生存的关键。[4] 国际体系的结构并不是鼓励国家采取防范措施,与之正相反,该结构诱使国家以牺牲对手为途径获取权力,进而获得最大安全。

---

[1] Edwaed H. Carr, *The Twenty Years Crisis, 1919–1939: An Introduction to the Study of International Relations*, London: Macmillan, 1946.

[2] Hans J. Morgenthau, *Politics Among Nations: The Struggle for Power and Peace*, New York: Knopf, 1967, p. 3.

[3] Kenneth Waltz, *A Theory of International Politics*, New York: Random House 1979, p. 126.

[4] John J. Mearsheimer, *The Tragedy of Great Power Politics*, New York: Nortton, 2001, p. 16.

国际关系的建构主义理论致力于研究和探索非物质因素如何影响国家行为。在建构主义理论的架构中，国家身份与意识形态成为关注的重点。国际关系的建构主义主张应采取社会学视角看待世界政治，注重国际关系中存在的社会规范结构而不是经济物质结构，强调观念、规范和文化在国家行为及利益形成过程中发挥的作用。与此同时，建构主义并不否认物质的客观存在，而是反对把物质的客观存在作为解释行为体行为的唯一原因。建构主义认为无政府状态是观念结构，是一种由国家塑造的文化。无政府状态有着多种逻辑，可以是自助，也可以是助人，一切都取决于国家之间共有的观念结构。[①] 建构主义认为，身份是国际行为体确定利益的先决条件，行为体只有对自身身份进行自我认识并取得身份认同与共识后，才能明确自己的利益需求。身份决定利益，利益决定行为，由此就可以解释行为体的行为动机和行为变化。

2. 现实主义与建构主义在解释中东国际关系问题方面的贡献与局限

现实主义与建构主义是国际关系理论的两大重要体系，尽管两者在理论架构与逻辑思辨方面表现出色，但在面对现实问题时也存在解释力不足的情况。首先，现实主义理论对中东国家的国家行为有较强的解释力。国家为了权力而争斗，为了生存而不断扩展力量，从而陷入"安全困境"。在海湾地区，沙特与伊朗为生存与权力进行博弈和竞争，地区结构的失衡与失序不断加剧两国的对抗。

现实主义理论的核心假定为国家是理性行为体，国家的一切行为都是理性思考之后的结果。在研究层面上，现实主义理论倾向于在体系层面而不是单元层面研究国家行为，这种分析框架往往会忽略国家内部政治对对外政策和国家行为的影响，若不打开国家内部运行的"黑箱子"，会对国家做出的某些非理性行为失去解释力。

沙特与伊朗均做出过一些不符合国际惯例、非理性的国家行为。在伊朗

---

① [美]亚历山大·温特著，秦亚青译：《国际政治的社会理论》，上海人民出版社2000年版，第318—322页。

方面，最高领袖霍梅尼曾对《撒旦诗篇》的作者鲁什迪发出国际追杀令。1997年4月，德国法庭裁定哈梅内伊、拉夫桑贾尼和外交部长韦拉亚提对1992年在柏林被暗杀的4名伊朗库尔德运动领袖负有主要责任。这一裁定引发风波，几乎所有欧洲国家都撤回驻伊大使。2007年，国际刑警组织签发红色通缉令，通缉包括时任伊朗国防部长的艾哈迈德·瓦希迪在内的多名伊朗人，指控伊朗对1994年7月18日在阿根廷首都布宜诺斯艾利斯犹太中心发生的爆炸案负有责任。伊朗否认涉案，拒绝逮捕嫌疑人。沙特方面，2013年10月，沙特宣布放弃刚刚当选的联合国非常任理事国席位，这在联合国历史上尚属首次。沙特放弃的直接原因是对联合国叙利亚问题的处理方式和结果不满，深层原因则是对美国放弃打击叙利亚并与伊朗和解表示不满。

无论是伊朗涉嫌采取暗杀与爆炸等极端行动，还是沙特放弃非常任理事国席位，两国的国际行为很难以国家理性行为的方式去理解和解释。从短期来看，两国这些行为符合国内利益；但从长远看，两国的国际形象受到损害，国际地位没有得到提升，反而有所下降。

建构主义的身份理论在解释中东地区的国际关系方面有一定的效度。比如，两伊战争爆发后，伊朗在与伊拉克、沙特等阿拉伯国家为敌的情况下，却没有遵循"敌人的敌人是朋友"这一现实主义原则，与以色列缓和关系甚至结盟。究其原因，就是受到伊斯兰革命发起者与领导者身份的限制。该身份决定了伊朗必须坚决反对以色列，反以的国家行为符合伊朗的国家利益。但建构主义理论的核心需要确定国家的身份，而由于历史与社会的原因，中东国家的国家身份往往具有多重性、复杂性与不协调性等特点，即无法以统一且协调的身份来定义国家的身份属性，从而确定国家追求的利益。如沙特家族和瓦哈比主义者的联盟使得沙特具有很强的伊斯兰国家的身份属性，但沙特与美国的结盟使得沙特内部的瓦哈比派分为支持与反对王室统治的两个阵营。此外，沙特是逊尼派国家的身份又受到国内存在的什叶派族群的影响。伊朗的什叶派国家身份也受到国内存在的逊尼派少数族群反对派的影响，库尔德人、俾路支人等民族长期否认什叶派教士统治的合法性。这种身份的不协调性，往往成为影响两国对外政策与国家行为的重要因素。

因此，传统的现实主义与建构主义都无法以单一分析框架对中东国家，特别是沙特与伊朗的国家行为与关系变化进行全面的解释，需要借助一个新的综合的理论框架对两国关系进行分析与解读。

3. 一种新的解释框架：新古典现实主义与承认理论的结合

"主要从国际体系角度解释国家对外行为，而只用解释国内政治的理论来解释反常现象"是不够的。安德鲁·莫拉维克（Andrew Moravcsik）指出：单纯从国际层次进行分析的理论总的来看很吸引人，但是它们"在实际存在的反常现象和理论的局限性的共同压力下很容易变得无能为力"，以至于这种单一层次分析（国际层次）不得不让位于两个结合起来的分析层次（国际层次和国内层次）。①

新古典现实主义（Neo–Clssical Realism）在结构现实主义的基础上，将体系层次和国家层次的分析结合起来，综合分析影响国家行为的内部动力和外部动力，并从国家层次寻找影响国家行为的中介变量，从而构建出新的理论解释框架，以增强现实主义的理论解释力。

新古典现实主义接受并继承了结构现实主义的核心观点，国家行为受国际体系的影响，体系层次上的权力分布决定国家行为。但新古典现实主义更为重视"国家内部的因素"，其基本观点是，尽管国家的实力及其在国际体系中的地位对国家政策选择具有决定性影响，但是国内因素同样能够影响对外政策。对外政策是国际体系和国家两个层次内部以及两个层次之间各种要素复杂互动的结果。② 此外，国家不仅追求安全利益，也追求外部影响力的扩大。

在国内层次上，除了关注政权力量外，新古典现实主义也关注社会力量。新古典现实主义对结构现实主义关于国家自主性的假定提出了挑战，国家政权受国内社会的牵制与局限，而且在必要的时候要和社会力量进行谈判

---

① [美] 詹姆斯·多尔蒂、小罗伯特·普法尔茨格拉夫著，阎学通、陈寒溪等译：《争论中的国际关系理论》，世界知识出版社2013年版，第633页。

② 徐其森、王英："国内新古典现实主义理论研究综述"，《现代国际关系》2012年第9期，第59—65页。

并做出妥协；而且国内社会的结构，比如精英群体的凝聚力、社会的分化程度以及公众舆论的偏向，都能影响政权从社会提取资源的能力和对国际体系的反应。①

很多时候，政治决策者是依据国内理性和短期理性行事的，因为对于政治领导人来说，他们的最高利益在于保住自己的执政权力或者在自己的任期内获得利益最大化。因此，决策者在国内表现出理性，但在国际上却未必理性。②

承认理论是国际关系的新兴理论，与建构主义对于身份、利益和行为的理论理念有一定的延展继承性。承认理论来源于政治哲学，"西方思想史在解释政治与社会冲突时，提出了两种关于行为体动机的逻辑，即马基雅维利（Niccolo Machiavelli）与霍布斯（Thomas Hobbes）提出的'为自我持存而斗争'（struggle for self-preservation）的逻辑，以及黑格尔提出的'为承认而斗争'（struggle for recognition）的逻辑"。③ 20 世纪 90 年代以来，国际关系学者开始对国家斗争行为的"承认动机"进行反思和研究。

在现实中，国家不仅会为获取领土、资源等物质利益进行斗争，也会为获取外部世界对自身地位、形象、制度和身份的承认而斗争。承认理论认为，国家不仅是一个在国际社会中争夺权力与财富的物质性实体，也是一种具有自身特性的文化体。国际关系中的承认斗争很多涉及国家身份的承认，"身份承认是国家自我认同塑造手段的承认，外部世界的承认或不承认影响着现代国家自我认同的形塑"。④ 身份的承认需求来自于政权合法性的维护与

---

① Randall L. Schweller, *Unanswered Threats: Political Constraintson the Balance of Power*, N. J. Princeton University Press, 2006, pp. 46-68.
② 李巍："从体系层次到单元层次——国内政治与新古典现实主义"，《外交评论》2009 年第 5 期，第 144 页。
③ 曾向红："国际关系中的蔑视与反抗——国家身份类型与承认斗争策略"，《世界经济与政治》2015 年第 5 期，第 126 页。转引自 [德] 阿克塞尔·霍耐特著，胡继华译：《为承认而斗争》，上海人民出版社 2005 年版，第 11—15 页。
④ 赵俊："国际关系中的承认：合法性与观众成本"，《世界经济与政治》2011 年第 4 期，第 84 页。

拓展，国家政权赢得外部世界承认的核心价值在于可以提升内部政治合法性，以及国家在国际社会中的行为及其体现出来的价值本身的合法性。

合法性是国内政治的核心。沙伊两国不仅要面对来自外部的生存压力，也承受着巨大的内部生存压力。沙特的君主制政体要确保沙特王室家族统治的延续，伊朗的"教法学家治国"政体必须确保什叶派高阶教士集团掌权，政体的特殊性促使两国政府必须考虑统治合法性的延续与拓展，维护政权的合法性，因此内部因素往往成为影响两国国家行为的重要原因。

承认理论为解释沙特和伊朗在宗教文化领域的对抗提供了新的视角。当国家希望得到身份的承认却遭到拒绝和蔑视后，往往会采取一系列行动"为承认而斗争"，从而带来一系列的国际后果，甚至产生冲突。沙伊两国的外交互动中存在大量为身份承认而进行的斗争，其根本目的在于维护与拓展政治的合法性。

综上所述，对传统理论的贡献和局限加以研究和分析，并在此基础上综合运用新古典现实主义和承认理论的分析框架和核心观点，为沙特与伊朗关系的发展变化建立一个逻辑完整、解释力充分的分析框架，是本书的理论意义之所在。

（二）现实意义

沙特阿拉伯王国地处阿拉伯半岛，国土面积占整个半岛面积的约3/4，是面积第二大（仅次于阿尔及利亚）的阿拉伯国家。从地图上看，沙特"三面环水"——东濒海湾，与伊朗隔海相望；西临红海，对面是埃及和苏丹；南则接壤也门和阿曼，与阿拉伯海相望，具有重要且独特的地缘战略位置。沙特的石油和天然气储量丰富，石油和石化工业是国家的经济支柱。目前原油探明储量367亿吨，占世界储量的15.9%，居世界第二位。天然气储量8.2亿立方米，居世界第六位。在油价高位运行阶段，沙特经济实现快速发展，在中东地区和阿拉伯世界拥有重要的影响力。在国际上，沙特以庞大的经济和金融实力成为"二十国集团"（G20）成员。沙特在伊斯兰世界也享有很高的地位和声望，拥有伊斯兰教两大圣地——麦加和麦地那的监护和管理权，并负责每年伊斯兰世界的朝觐事务。

伊朗伊斯兰共和国位于亚洲西南部，地处伊朗高原，西接伊拉克和土耳其，南濒波斯湾和阿曼湾，北隔里海与俄罗斯相望，有"欧亚陆桥"和"东西方空中走廊"之称。伊朗是伊拉克和海湾阿拉伯国家的近邻，对阿富汗、巴基斯坦、中亚和高加索等国家和地区也有一定的影响力。伊朗是中东地区的重要国家，人口约8000万，是中东人口第二大国（第一为埃及，约1亿人口）。2017年伊朗国内生产总值4277亿美元，排在土耳其（7695亿美元）和沙特（6838亿美元）之后，位列中东国家第三。此外，伊朗拥有广袤的领土和丰富的矿产石油资源，石油储量居世界第四位，天然气储量居世界第一位。伊朗基础设施相对完善，发电量位居中东地区前列。2006年，美国高盛公司将伊朗列入"新钻十一国"（N-11）之中，按照劳动力水平、资本存量和技术增长三项指标的评估，伊朗的成长潜力仅次于"金砖四国"（指俄罗斯、中国、巴西和印度。2010年南非加入后，改称为"金砖国家"），具有良好的经济发展前景。

中国与沙特和伊朗关系友好，在2016年与两国分别建立了全面战略伙伴关系。沙特与中国于1990年建立外交关系，虽建交较晚，但两国关系全面快速发展，合作领域不断拓宽。特别是在近些年，两国的战略合作不断升级深化，中国已经成为沙特最大的贸易伙伴。伊朗与中国于1971年建立外交关系。中伊关系经受住了国际风云变幻的考验，保持健康稳定的发展势头。中伊双边贸易额从20世纪70年代的几千万美元增长到2014年的518亿美元，中国连续6年保持伊朗第一大贸易伙伴国地位。两国在人文领域的交流也十分密切。

沙伊两国都是"一带一路"沿线上的重要支点国家。沙特地处阿拉伯半岛，是"海上丝绸之路"上连接南亚和非洲的重要节点。沙特在阿拉伯国家和伊斯兰世界中具有举足轻重的影响力，其"2030愿景"经济转型计划与"一带一路"倡议高度契合。伊朗地处中亚、南亚和中东的连接点，是"一带一路"沿线的重要中转国家。伊朗是地区有影响力的大国，与和中国接壤的阿富汗、塔吉克斯坦拥有悠久的历史文化联系。国际制裁解除后，伊朗在能源、工业、金融和技术等领域拥有广阔的市场，可以与中国进行更加深入的产能和技术合作。总之，"一带一路"倡议的实施与落地，离不开沙伊两国的大力支持和积极参与。

但是，沙伊两国关系的波动往往对地区安全与稳定造成负面影响。伊拉克、也门等国的教派冲突背后，就有沙伊两国对抗的因素。两国的对抗和博弈甚至还有溢出效应，对中东之外的国家造成影响。例如，巴基斯坦西南部的教派冲突、部落与政府冲突就有一定的沙伊对抗因素在内。中国投入巨资建设的"一带一路"关键港口瓜达尔港就在这一地区。而且，瓜达尔港距离海湾咽喉要道霍尔木兹海峡较近，如果沙特与伊朗之间对抗升级，整个海湾地区局势动荡，也许会波及瓜达尔港的安全与稳定。总之，沙伊两国的长期交恶与对抗，加剧了中东地区投资环境的不确定性，加大了中国在中东和临近地区投资的风险系数。

随着"一带一路"倡议的推进和中国国力的增长，中国在国际舞台上扮演的角色越来越重要。对于国际社会的各种博弈和冲突，中国已经不可能再置身事外。实际上，沙特与伊朗两国的交恶已经影响了中国的政策制定和外交选择。2015年3月，正是由于沙特与伊朗在也门的对抗加剧，中国国家领导人原定对两国的访问被推迟。在沙伊两国交恶对抗的历史时期，作为与两国都保持友好关系的国家，中国应该怎么做，才能让"一带一路"倡议在这一地区顺利实施和落地？中国是否应该成为沙伊关系的协调人，为"一带一路"倡议争取更加稳定的地区发展环境？要回答这些问题，就必须对沙特与伊朗关系进行全方位、多角度的系统分析和研究，这也正是本书的现实意义之所在。

第一部分

民族、教派与现代两国
关系的历史回顾

第一章 民族互动与教派分歧

第一节 阿拉伯人与波斯人

谈到沙特与伊朗的关系，就必须涉及两国的民族问题，即阿拉伯人与波斯人在地理、历史与文化上的联系。本章的题目原本为"民族矛盾与教派分歧"，但在深入阅读文献后，笔者发现阿拉伯与波斯两个民族在历史长河中不仅有相互征服与冲突，也有相互交流与借鉴，甚至还有血缘与文化上的相互交融，所以仅仅用"矛盾"一词来形容两个民族的关系，有些过于片面。当然，本书并不否认两个民族之间存在矛盾和分歧，从而影响到现代的沙特与伊朗关系，但从历史的角度看，两个民族的交往与交融同样重要，因此笔者将这一章命名为"民族互动与教派分歧"，以图简要客观地介绍两个民族的历史联系。

此外，有必要简单介绍波斯（Persia）与伊朗（Iran）这对在地理、语言和国家层面上既有联系又有区别的概念。"波斯"一词来自拉丁语，源于伊朗高原西南部一个叫"法尔斯"（Farsi）的部落，来自该部落的居鲁士大帝（Cyrus）建立了古波斯帝国。因此，"波斯"一词从广义上指称波斯帝国征服的土地。"伊朗"一词源于雅利安人（Aryan），在古波斯语中意为"雅利安人的土地"，其所指的范畴很广，不仅包括伊朗高原，也包括高加索、中亚和阿富汗等地。伊朗人所指的范畴也比波斯人大得多,"在民族学上,'伊朗人'并不专指或等同于'波斯人',而是指包括波斯人在内的中亚、西亚地区的古代民族,因此民族学中出现了东伊朗人、西伊朗人、中亚伊朗人、南伊朗人、北伊朗人五个不同概念和范畴"。[1] 因此,本章只讨论和研究阿拉伯人与波斯帝国的历史关系。为叙述方便,在本部分中将使用"波斯"来指称古代的古波斯帝国、萨珊王朝,以及中世纪的萨法维王朝和近代的恺加王朝等,而用"伊朗"来指称巴列维王朝和伊朗伊斯兰共和国。

一、伊斯兰教之前的阿拉伯人与波斯人

阿拉伯人与波斯人是两个不同的民族。从发源地看,阿拉伯人发源于阿拉伯半岛,以部落游牧制为主要生产方式。波斯人源于雅利安人,公元前10世纪初期从里海地区进入伊朗高原,后迁移到西南腹地的法尔西地区。从语言学的角度看,波斯语属于印欧语系伊朗语族,阿拉伯语属于闪含语系闪语族。此外,根据宗教经典的记载,阿拉伯人将先知易卜拉欣(《圣经》中的亚伯拉罕)奉为本民族的始祖。他的大儿子伊斯马仪(Ismā'īl)及其后裔成为阿拉伯人的祖先,小儿子伊斯哈格(Ishāq)及其后裔成为犹太人。古代波斯人的信仰源于雅利安原始宗教,后发展为以《阿维斯塔》为经典的琐罗亚斯德教。因此,阿拉伯人与波斯人无论是在起源、语言还是文明体系上都存在本质上的不同,但是由于地缘上的临近,两个民族的交往与互动频繁,对双方都产生了深刻而广泛的影响。

根据波斯史诗《列王纪》中的记载,雅利安国王法里东曾为他的三个儿子与也门国王的三位公主订下婚约。三位王子远赴也门成婚,并将妻子带回了伊朗,繁衍后代。这虽然是神话传说,但波斯人与阿拉伯人之间的通婚古已有之,双方在血缘上已经存在某种程度的联系。当然,交战和冲突是两个民族交流的另一种方式。公元前6—前4世纪,波斯人建立了世界上第一个

---

[1] 冀开运:"论'伊朗'与'波斯'的区别和联系",《世界民族》2007年第5期,第68页。

横跨欧亚非大陆的超级帝国——阿契美尼德王朝（Achaemenid）。王朝的缔造者居鲁士大帝在位期间，实现了波斯军队对阿拉伯地区的征服。在军事征服的基础上，两个民族在语言、文化和宗教方面的相互影响进一步加深。直至今天，在王朝首都波斯波利斯的遗址废墟中，还可以找到阿拉伯人牵着单峰骆驼向波斯君主进贡的浮雕，证明了阿拉伯人对波斯人的臣服。当时的波斯文明的程度远高于中东其他文明。波斯的宗教、文化和种族都具有很强的独特性，成为波斯人珍视与自豪的民族特性。波斯人对阿拉伯人的军事征服与统治在萨珊王朝时期达到巅峰。阿拉伯半岛东岸并入波斯版图，整个海湾成为波斯人的"内湖"，"波斯湾"的名称由此而来。然而，阿拉伯人却并不认可该名称，他们将海湾称为"阿拉伯湾"，这成为日后海湾阿拉伯国家乃至整个阿拉伯世界与伊朗的一个分歧点。

二、阿拉伯人征服波斯对波斯语言和文化的影响

公元7世纪，统一在伊斯兰教信仰下的阿拉伯人从半岛内部异军突起，开始了对外部世界的征服。公元636年，阿拉伯穆斯林在叙利亚与拜占庭帝国军队作战取得巨大胜利后，开始进攻东方的波斯萨珊帝国。公元637年，阿拉伯人在伊拉克西南部的卡迪西亚（Qadisiyya）大败波斯军队，攻占波斯帝国首都泰西封（Taysifun），开始了对波斯人的军事征服。到公元654年，整个波斯帝国几乎都被阿拉伯人占领。除了军事胜利外，阿拉伯人也将伊斯兰信仰带入波斯。但阿拉伯人很少以武力强迫波斯人皈依伊斯兰教，多是施以鼓励的手段，即皈依穆斯林可以享受税收上的优惠和地位上的改变。就这样，原本信仰琐罗亚斯德教的波斯人在随后百年的时间里逐渐改信伊斯兰教，从而奠定了波斯（伊朗）的伊斯兰身份，波斯文化也开始了伊斯兰转向，形成日后独特的波斯伊斯兰文化。

阿拉伯人征服波斯的影响远不止于军事和宗教上的，在语言文字上，阿拉伯语对波斯语，特别是达里波斯语产生了巨大的影响。阿拉伯人征服萨珊王朝时，巴列维语（又称中古波斯语）是伊朗的民族语言。根据伊朗人的记

载,阿拉伯人在传播伊斯兰教时,推行阿拉伯语,并有意消灭一切文字记录和典籍。曾有阿拉伯统帅在攻占设拉子后将所有找到的巴列维语书籍扔到河里。① 到公元8—10世纪,阿拉伯语已经成为伊朗地区的官方语言,波斯人使用阿拉伯文书写政令和进行文学创作。此后,达里波斯语②成为伊朗的民族语言,但文字仍由阿拉伯语字母拼写,并在阿拉伯文28个字母的基础上,新增了4个字母代表波斯语中的独有发音。在词汇方面,达里波斯语吸收了大量阿拉伯语词汇。即使在现代波斯语中,来自阿拉伯语的外来词仍占总词汇量的约40%。在词法上,大量阿拉伯名词、动词与波斯语中的کردن(做、干)、دادن(给、给予)等动词组合,构成复合动词,如表1:

表1 波斯语中的阿拉伯语外来词举例

阿拉伯语释义	阿拉伯语	波斯语	波斯语释义
想象,幻想	تصور	تصور کردن	想象,幻想
改正,更正	تصحیحا	تصحیح کردن	改正,更正
保存,保留,记住	حفظ	حفظ کردن	保护,保存,记住
借,借贷	قرض	قرض دادن	给…贷款
课程;教训	درس	درس دادن	教课;给…教训

资料来源:笔者自制。

当然,语言上的影响并不是单向的,波斯语也对阿拉伯语有很大影响,特别是在词汇方面。从贾希利叶时期③到阿巴斯王朝中期,器物、商业、宗

---

① 张鸿年:《波斯文学史》,昆仑出版社2007年版,第8页,转引自侯赛因·法里瓦尔:《伊朗文学史》(波斯文),第48页。
② 达里意为宫廷。达里波斯语被认为是萨珊末代国王在呼罗珊宫廷中使用的语言,可认为其源起伊朗西部法尔斯地区,文学创作兴起于东部呼罗珊地区。也有学者认为达里波斯语是由巴列维语与伊朗中西部一支方言混合而成的。
③ 阿拉伯语音译,意为"蒙昧"。阿拉伯史学家将伊斯兰教之前的时期统称为"蒙昧时期"。

教、行政管理、政府机构、生活方式等方面的波斯语借词源源不断地进入阿拉伯语词汇系统，如表2：

表2　阿拉伯语中的波斯语外来词举例

贾希利叶时期与伊斯兰初创时期的波斯语借词	ابریق	壶	بستان	花园
	جهنم	地狱	جورب	袜子
	خندق	壕沟	دینار	第纳尔
倭马亚王朝到阿巴斯王朝的波斯语借词	سرای	王宫	وزیر	大臣、宰相
	دیوان	行政机关	خدیوی	总督
	أفیون	鸦片	رانتج	松香

资料来源：国少华：《阿拉伯语词汇学》，外语教学与研究出版社2003年版，第223—228页。

三、波斯人对伊斯兰文明和阿拉伯语的影响和贡献

在历史的长河中，征服者往往在武力上取得胜利，却在政治体制、生活方式甚至思想文化上成为被征服者的俘虏。在这一点上，阿拉伯征服者几乎如出一辙。美国历史学家希提曾写道，"历代哈里发在这里（巴格达）建立了萨珊王朝霍斯鲁式的政府，信奉伊斯兰教的阿拉比亚人受到波斯的影响。哈里发的职位不过是伊朗专制的复活，与阿拉伯酋长制大相径庭了。在那个时代，波斯头衔、波斯老婆、波斯歌曲、波斯思想逐渐占了上风。相传曼苏尔本人首先采用了波斯式高帽子，他的臣民自然也效仿他。值得注意的是波斯影响挫败了阿拉比亚人原始生活的锋芒，而为一个以发展科学研究为特点的新纪元铺平了道路。阿拉伯只有两件东西保存了下来，即作为国教的伊斯兰教和作为国语的阿拉伯语。"[①]

[①] [美] 菲利浦·希提著，马坚译：《阿拉伯通史》，新世纪出版社2008年版，第431页。

但是，即使是这两种保存下来的东西，也同样离不开波斯人的贡献。在伊斯兰教教义学方面，波斯释奴出身的瓦绥勒·本·阿塔（Wasil Ibn Ata）是穆尔太齐赖派①（al-Mu'tazilah）的奠基人之一。瓦绥勒等人提出的以理性主义和逻辑思辨的方式自由讨论教义问题的主张，推动了伊斯兰教教义学的发展，使其一度成为阿巴斯王朝的官方意识形态。在阿拉伯语的标准化发展方面，波斯人同样做出了杰出贡献。波斯人与阿拉伯人及其他各民族的学者一起，对阿拉伯语的语言现象进行极其深入细致的收集整理与分析研究，促进了语法规则的标准化和语法体系的完善。第一部系统的阿拉伯语法《阿勒科他布》（Al-Kitab）就是由波斯人西伯威（Sibawayh，又名Abu Bishr 'Amr）编写的，其被认为是阿拉伯语发展史上的里程碑。直到今天，在设拉子还有西伯威的坟墓。而且，第一部阿拉伯词典——《艾因书》（Kitab al-'Ayn）的编写者艾勒哈利勒·艾哈迈德（Al-Khalil ibn Ahmad）据记载也曾跟随西伯威学习阿拉伯语知识。

其实，早在先知穆罕默德时代，波斯人就对伊斯兰事业做出过巨大贡献。公元627年，麦加贵族率大军围攻麦地那。危急时刻，皈依伊斯兰教的波斯释奴赛勒曼向先知穆罕默德献策，建议可用波斯战法，在麦地那城周围挖壕沟防守。穆罕默德最终率领信徒战胜了麦加人，为进军麦加创造了条件。这场战斗被后世伊斯兰史学家称为"壕沟之战"，作为献策者的波斯人赛勒曼功不可没。

四、民族矛盾与分歧

诚然，由于历史原因，两个民族之间确实存在着较大的隔阂和强烈的民族主义情绪。在倭马亚王朝和阿巴斯王朝时期，波斯人就发起了著名的"舒欧比亚运动"（Shu'ubiyya），以诗歌、散文等文学形式对阿拉伯人的优越性

---

① 阿拉伯语音译，意为"分离者"。穆尔太齐赖派在阿巴斯王朝后期遭到打压后衰落，后世逊尼派学者指责该派思想脱离正道，故将其称为"分离者"。

和统治特权进行了嘲讽和反抗,其影响传播到伊斯兰世界的所有地区。在波斯民族主义诗人菲尔多西(Ferdowsi)的《列王纪》中,记载了阿拉伯君主佐哈克"双肩长蛇,饲以人脑"的丑恶形象,映射了阿拉伯人对伊朗的入侵和统治所造成的破坏。菲尔多西还借助书中人物之口,通过诗歌的方式表达了对辉煌的波斯文明屈服于阿拉伯人统治的惋惜和不甘:

> 我只能为伊朗人而空自流泪,
> 见萨珊王朝的境遇如煎五内。
> 多么可惜,辉煌的王冠和王位,
> 多么可惜,往日的尊荣与高贵。
> 今后我们将败在阿拉伯人手中,
> 日月流逝给我们带来的只有苦痛。[①]

到了近现代,伊朗的一些民族主义者希望消除阿拉伯语对波斯语的影响。他们认为,阿拉伯语大量进入波斯语系统所产生的复合词,破坏了波斯语原本的结构,是一种负面的影响。有伊朗学者一直都在努力将复合词转变为纯粹的单词。此外,一部分伊朗人对阿拉伯人存在蔑视态度,对阿拉伯人带来的宗教——伊斯兰教怀有极其复杂纠结的心理。在20世纪初的波斯现代文学作品中,可以看到波斯民族主义者对伊朗历史身份与现实身份失调的心理纠葛,作者往往以塑造和贬低"阿拉伯他者"这一形象来凸显波斯民族主义。有学者对该时期伊朗文学作品中的阿拉伯人形象进了研究,发现伊朗作家对阿拉伯人和伊斯兰教普遍存在负面情绪,有的作家认为阿拉伯人与外国人是同义词,将阿拉伯人描述为伊朗人需要与之斗争的"他者"。还有比较极端的作家则厌恶阿拉伯人,将阿拉伯人描绘成黑皮肤、肮脏、有病、丑陋、愚蠢等极端负面的形象。在伊斯兰教方面,有作家认同伊斯兰教,认为其是伊朗国家认同的组成部分。有的则认为伊朗的黄金时代是伊斯兰教前的

[①] 张鸿年:《波斯文学史》,昆仑出版社2007年版,第67页。

琐罗亚斯德时代,阿拉伯穆斯林入侵者用野蛮和嗜血的文化与宗教替代了伊朗的优越文明。①

这种波斯/伊朗身份与伊斯兰身份失调所带来的意识形态割裂,波斯帝国的辉煌历史与荣耀记忆所带来的沉重历史包袱,让现代伊朗人更加在意波斯人与阿拉伯人的斗争历史。而由此带来的对阿拉伯人和阿拉伯文化的排斥和轻视,无疑对现今的阿拉伯与伊朗关系产生了负面影响。

第二节 逊尼派与什叶派

伊斯兰教教派问题纷繁复杂。广义上,伊斯兰教可分为逊尼派(Sunni)和什叶派(Shia),但由于对教法和教义的不同理解和实践,两派内部存在诸多支派。如逊尼派内部分为四大教法学派,即哈乃斐(Hanafi)、沙斐仪(Shāfi'ī)、罕百里(Hanbali)和马立克(Malik)。什叶派内部支派则源于对伊玛目资格问题的分歧,目前主流支派为十二伊玛目派(Twelver or Ithnā'ashariyyah),还有宰德派(Zaydiyya)、伊斯玛仪派(Ismā'īlism)等次要分支。② 而在这两大教派之外,还存在哈瓦立吉派(Al‑Khawārij)③ 及其各支派与注重个人功修和神秘主义的苏菲派(Sufism)等。教派之间的历史纠葛十分复杂,特别是逊尼派与什叶派之间的分歧和争端,让双方在某些历史阶段曾爆发过激烈的对抗。然而,分歧、对抗与冲突并不是两派关系的全部,在多数历史时期,两派穆斯林可以和平共处、互不干涉。

---

① Saad, J. B. *The Image of Arabs in Modern Persian Literature*, The University of Texas at Austin, PHD 1992.
② 宰德派又称五伊玛目派;伊斯玛仪派又称七伊玛目派。
③ "哈瓦立吉"是阿拉伯语"出走者"的音译,又称"军事民主派",是伊斯兰教史上最早出现的宗教、政治和思想派别,主张政治平等,认为所有穆斯林都有权担任哈里发。

一、逊尼派与什叶派的分歧根源

逊尼派与什叶派分歧的根源出自政治纷争，即谁最有资格在先知穆罕默德去世后，担任领导全体穆斯林的哈里发（Khalīfa）。"逊尼"一词原意为"遵循逊奈者"。"逊奈"（Sunnah）在阿拉伯语中的意思是"方法""行为"。[①] 在伊斯兰教中，"逊奈"指"真主的法度""圣训"（先知穆罕默德的言行）。公元632年先知穆罕默德逝世后，艾布·伯克尔（Abu Bakr）、欧麦尔（Omar）、奥斯曼（Osman）和阿里（'Alī）相继通过推举的方式担任哈里发。逊尼派认为这四人都有资格担任哈里发，是先知事业的合法继承者，因此称他们为"指引正道的四大哈里发"。"什叶"一词在字典中意为"派别""一伙人"，[②] 最初仅指支持阿里担任哈里发的政治派别。什叶派穆斯林认为，只有阿里有资格在先知去世后担任哈里发，在前三任哈里发的推举过程中存在对阿里的不公正。因此，什叶派穆斯林不承认艾布·伯克尔、欧麦尔和奥斯曼的哈里发资格。根据历史记载，在奥斯曼被推举为第三任哈里发后，尽管阿里接受这一决议，但支持他的这一派人却拒绝承认奥斯曼的权威。他们被称为阿里派人（Shī'atu 'Alī），简称"什叶"（Shia），成为日后什叶派名称的由来。

阿里当选第四任哈里发后，来自倭马亚家族的叙利亚总督穆阿维叶拒绝效忠，与阿里争夺哈里发。后阿里遇刺身亡，其长子哈桑曾短暂出任哈里发，但受到穆阿维叶的威逼利诱，放弃头衔退隐麦加，穆阿维叶便成为带领全体穆斯林的哈里发，倭马亚王朝也就此建立。公元680年，穆阿维叶去世，其子叶齐德继承哈里发之位。此时，哈桑已经去世，阿里次子侯赛因担任阿里家族领袖。他拒绝承认叶齐德的哈里发身份。伊拉克库法人邀请侯赛因赴库法，希望拥立其为哈里发。侯赛因携家人及随从自麦地那奔赴库法，行进

[①] 《瓦西特字典》，新月出版社，贝鲁特，2007年，第839页。
[②] 同上书，第922页。

到伊拉克境内的卡尔巴拉附近时，遭遇人数众多的倭马亚军队的袭击。侯赛因及其随从进行了殊死抵抗，但因寡不敌众而惨遭屠戮。

这场战斗被称为"卡尔巴拉之战"，侯赛因的战死则成为什叶派由政治派别转向宗教派别的源起。经过不断的发展变化，阿里被什叶派追认为先知穆罕默德委任的第一位伊玛目，[①] 该派的宗教学者不断引用圣训和历史文献来证明这一点。什叶派还认为，阿里智慧勇敢，信仰虔诚，深得先知的器重和厚爱。同时，阿里既是先知的堂弟，又娶了他的女儿法蒂玛，是先知的女婿，拥有"双重光环"，是最有资格继承先知事业、担任哈里发的人选。而且，由于先知没有男性后代，阿里与法蒂玛的男性后裔就继承了先知家族的血脉，理应世袭哈里发职位，领导全体穆斯林。但逊尼派宗教学者对此并不认可。

阿里的直系后代被追随者称为伊玛目，形成什叶派独有的伊玛目信仰。在哈桑之后，侯赛因成为什叶派体系的第三任伊玛目，并且具有特殊的地位。由于侯赛因的战死被视为反抗不义统治的殉难，他遇难的日子成为什叶派穆斯林的重要节日——阿舒拉节。每年的阿舒拉日，在伊朗、伊拉克、印度、巴基斯坦、阿富汗等地的什叶派穆斯林都要举行活动悼念侯赛因的殉难。侯赛因英勇无畏，奋力抵抗，遍体鳞伤直至殉难的过程，以诗歌、宗教训诫、文学故事、图画影像等方式被反复重现，成为什叶派穆斯林不断加深的集体记忆，构筑起什叶派的想象共同体。

二、逊尼派与什叶派的矛盾演变

从历史上看，逊尼派与什叶派并不是自侯赛因战死之时自动产生的，而是经过长时间的发展和变化，直到阿巴斯王朝中期才逐步形成的教派格局。在阿巴斯王朝初期，两派宗教学者之间不存在激烈的争执或暴力行为，而是关系友好。如逊尼派的著名教法学家艾布·哈尼法（Abū Hanīfa）曾拜访什

[①] 阿拉伯语音译，原意为"带领众人礼拜者"，引申为"宗教领袖""领导人"和"统治者"等。

叶派伊玛目贾法尔·萨迪克（Ja'far al-Sadiq）。萨迪克欢迎了他，问候了其家人的情况，并称他为"伊拉克人民的教法学家"。① 逊尼派宗教学者对伊玛目萨迪克的学识评价也很高。

公元10—11世纪，什叶派穆斯林建立的法蒂玛王朝和白益王朝对逊尼派的阿拔斯王朝构成严重挑战，但教派冲突并不激烈。比如统治埃及的法蒂玛王朝并未强迫逊尼派臣民接受什叶派信条。对于普通穆斯林信众来说，那时的教派信仰形式之间也并非泾渭分明、完全隔绝。"11世纪的逊尼派穆斯林，同时信奉马立克教法学派、艾什尔里教义学，并在某秘密兄弟会中践行苏菲主义，与此同时，在什叶派法蒂玛王朝中做事。"② 底层穆斯林民众的信仰实践中，并不特意区分逊尼派与什叶派，甚至存在两种信仰形式的共存与相互交融。

1501年，伊斯玛仪沙（Ismā'īl I Safawī）建立了萨法维王朝，标榜自己为阿里的后裔，强迫波斯人皈依什叶派十二伊玛目派。在这之前，逊尼派穆斯林是波斯人的信仰主体，绝大多数遵循沙斐仪教法。但是，波斯人比较顺利地接受了什叶派信仰，阿拉伯学者认为这得益于第四任伊玛目的波斯血统。萨珊王朝亡于阿拉伯人后，萨珊王宫的很多公主和女眷成为阿拉伯人的战利品。侯赛因就娶了萨珊末代皇帝亚兹德格尔德三世的女儿珊鲁巴奴（Shahrbanu）。根据历史记载，两人是在先知穆罕默德的主持下结为夫妻的。波斯公主成为第四任伊玛目阿里·萨贾德的生母，波斯王室的血统与先知家族血脉相融合，教权与王权的双重继承成为波斯人对什叶派十二伊玛目认同的根源。③

实际上，萨法维王朝将十二伊玛目派定为国教，一方面是为了增强统治合法性，区别于以往统治伊朗的逊尼派王朝，另一方面则是为了加强与地缘

---

① 哈德尔·穆罕默德：《什叶派与逊尼派的共同圣训》，哈迪出版社2009年版，第8页。
② ［美］小阿瑟·戈尔德施密特、劳伦斯·戴维森著，哈全安、刘志华译：《中东史》，东方出版中心2015年版，第129页。
③ 纳比勒·阿勒黑伊达利：《阿拉伯人和波斯人的什叶化：波斯历史因素在皈依什叶派中的作用》，智慧出版社2014年版，第89页。

政治敌人——逊尼派奥斯曼土耳其帝国在意识形态上的竞争和对抗。随着两大帝国的不断对抗和交战，逊尼派与什叶派的教派分歧与冲突不断加剧。奥斯曼土耳其帝国不断推行哈乃斐教法学派，加强逊尼派宗教学者地位，以彰显其正统地位，什叶派宗教学者的地位则每况愈下。而伊斯玛仪沙则在礼拜祷告的两大清真言之后加入了什叶派清真言（也称第三清真言），即"阿里是真主之友"，用以彰显什叶派信仰的合法性。① 除此之外，用以诋毁和诅咒前三任哈里发和一些圣门弟子的"塔布里"② 也开始在周五的聚礼上进行。1508年伊斯玛仪沙攻破巴格达，屠杀逊尼派人士，还摧毁逊尼派著名学者艾布·哈尼法的坟墓。③ 奥斯曼土耳其帝国塞利姆一世则为了与萨法维军队进行圣战，要求帝国的大法官和穆夫提共同发布法特瓦，将伊斯玛仪所属的什叶派定为异教徒。

阿夫沙尔王朝的建立者纳迪尔沙（Nader Shah）统治伊朗期间，出于政治方面的考量，希望促进逊尼派与什叶派的和解。纳迪尔沙要求逊尼派宗教学者承认什叶派所属的加法里（Ja'fari）教法学派为第五教法学派，与哈乃斐、沙斐仪、罕百里和马立克四大教法学派享有同等地位，同时要求什叶派停止诽谤前三任哈里发和其他圣门弟子的行为。但是，由于两派宗教学者的抵制与不配合，加上政治方面的原因，和解最终没有实现。

18世纪中后期兴起的瓦哈比主义（Wahahism）对于什叶派的否定和攻击，进一步激化了教派矛盾。瓦哈比派的核心思想为"认主独一"，强烈反对以物配主和多神崇拜。因此，什叶派尊崇阿里及其后裔的伊玛目教义，以及庆祝阿舒拉节、参拜伊玛目陵墓等宗教行为，这在瓦哈比派的眼中是不可原谅的大罪。在沙特家族与瓦哈比信徒结盟后的征服运动中，什叶派信徒往

---

① Scherberger M. The Confrontation between Sunni and Shi'i Empires: Ottoman – Safavid Relations between the Fourteenth and the Seventeenth Century, *The Sunna and Shi'a in History*, Palgrave Macmillan VS, 2011, p.51.
② 阿拉伯语音译，意为"脱离关系"，即与真主、先知及其家族的敌人划清界限。
③ 纳比勒·阿勒黑伊达利：《阿拉伯人和波斯人的什叶化：波斯历史因素在皈依什叶派中的作用》，智慧出版社2014年版，第164页。

往遭到严重的人身伤害,什叶派圣地也多遭到破坏和洗劫。1801年,瓦哈比信徒攻占了伊拉克什叶派圣地卡尔巴拉,根据"认主独一"教义毁坏了伊玛目侯赛因的陵墓,还剥去陵墓上的黄金和珍贵装饰品据为战利品,将什叶派信徒多年捐赠给圣地的财富也掠夺一空。在沙特—瓦哈比联军进驻麦加和麦地那后,先知穆罕默德及其追随者的出生房屋被摧毁。先知在麦地那清真寺内的陵墓被保留,但华丽的外部装饰被去除,并禁止参拜。除此之外,几位伊玛目和一些先知家人的陵墓也遭到破坏。这成为日后什叶派攻击瓦哈比派的仇恨来源。

20世纪以来,两派内部不时发出呼吁改善教派关系、促进教派和解的声音,教派矛盾和冲突逐渐趋于缓和。1959年,爱资哈尔大学宣布承认什叶派所属的加法里教法学派为伊斯兰教的第五大教法学派,与逊尼派盛行的四大教法学派享有同等的地位。爱资哈尔大学的谢赫马哈茂德·沙尔图特也发布"法特瓦",允许逊尼派和什叶派一起做礼拜。[①] 两派学者也不断出版书籍,举行对话和会议,寻求弥合两派裂痕的共同点。

但是,受到历史惯性、现实政治等因素的影响,逊尼派与什叶派的教派隔阂与分歧依然存在。1979年伊朗伊斯兰革命后,沙特与伊朗在意识形态上的竞争和对抗一定程度上刺激了瓦哈比派与什叶派的矛盾,双方通过宣传册、书籍、网站和媒体等工具相互攻讦。2003年伊拉克战争后,教派矛盾和冲突再起波澜,并在2011年后随着地缘政治的变化愈演愈烈。

---

① 王宇洁:"教派主义与中东政治",《阿拉伯世界研究》2013年第4期,第34页。

第二章 从20世纪初到1979年的两国关系

第一节 沙特阿拉伯王国与伊朗巴列维王朝的建立

一、沙特阿拉伯王国的建立

沙特阿拉伯王国的历史渊源需追溯至18世纪初的沙特第一王国以及瓦哈比—沙特联盟的建立。沙特家族的最早发源地为纳季德（Najd，又称内志）的哈尼法山谷，后迁至该地区中部的德拉伊叶城（Diriyah）。"沙特"（Saud）源于沙特家族的建立者沙特·本·穆罕默德·阿勒穆格林（Saud bin Muhammad al‑Muqrin）的名字。18世纪初，沙特出任德拉伊叶埃米尔，沙特家族政权由此发端。

穆罕默德·本·阿卜杜·瓦哈卜（Muhammad ibn Abd al‑Wahhab）1703年生于纳季德北部阿伊纳城（Al‑'Uyayna）的一个宗教世家，自幼学习《古兰经》和宗教知识。他青年时期曾游学麦加、麦地那、巴士拉等地，拥有一定的知名度。瓦哈卜拥有朴素的伊斯兰理念，对当时阿拉伯半岛盛行偶像崇拜的状况十分不满，认为人们的信仰偏离了正道。他希望回到先知穆罕默德时代的纯正伊斯兰社会，因此大力宣传"认主独一"的思想，反对偶像崇拜。但是，瓦哈卜及其追随者破坏偶像、陵墓的行为激起了当地统治者与民众的反对和不满，瓦哈卜本人不得不辗转于阿拉伯半岛各个部落，寻找自己的支持者和保护者。

1745年，瓦哈卜来到德拉伊叶城。他朴素的伊斯兰理念得到当时沙特家族的酋长穆罕默德·本·沙特（Muhammad ibn Saud）的认同，两人都希望在原教旨主义基础上建立一个独立的伊斯兰国家。此后，瓦哈卜为穆罕默德的武力扩张提供了宗教合法性，穆罕默德则为瓦哈卜实现其原教旨主义理念提供武力保障，通过对外发动圣战，影响力迅速扩大。1762年，穆罕默德·本·沙特去世，其子阿卜杜勒—阿齐兹（Abdulaziz bin Muhammad）继任德拉伊叶酋长，继续进行圣战。1778年，瓦哈卜发布法特瓦，承认阿卜杜勒—阿齐兹的儿子为沙特王国的王储，沙特第一王国的君主世袭制度正式建立。经过不断的征战，到1790年，除了麦加和麦地那外，阿拉伯半岛大部分已经置于沙特王国的统治之下。1805年，麦加、麦地那也相继并入版图。到1808年，沙特王国的统治几乎扩展到整个阿拉伯半岛。

沙特王国的扩张威胁到奥斯曼帝国的统治。1808年，埃及总督穆罕默德·阿里奉命出兵讨伐沙特王国。1818年9月，穆罕默德·阿里的现代化军队摧毁了沙特第一王国首都德拉伊叶。之后，沙特家族曾短暂复兴，建立了第二沙特王国，但统治范围远不及第一王国。争夺统治权的内乱削弱了沙特家族的力量。1889年，内志地区的拉希德家族灭亡了沙特第二王国，沙特家族成员逃往科威特避难。

1902年，沙特家族的年轻首领阿卜杜勒—阿齐兹［Abdulaziz ibn Abdul Rahman Al Saud，西方一般称其为伊本·沙特（Ibn Saud）］仅带着40人自科威特出发，奇迹般地从拉希德家族手中一举夺回家族旧地利雅得，自此开始了一统阿拉伯半岛的征程。

1912年，阿卜杜勒—阿齐兹开始组建超越部落武装的战斗组织伊赫万，[①] 以凝聚和增强战斗力。伊赫万主要由穆塔伊尔（Mtayr）、乌台巴（Utaybah）和哈尔布（Harb）部落的贝都因人组成，以伊斯兰原教旨主义为指导思想，进行武力"圣战"。伊赫万迅速发展壮大，不到三年的时间就

---

① 阿拉伯语"兄弟"的音译。

组建成10万人的强大武装部队，成为阿卜杜勒—阿齐兹的主要战斗力量。①1913年，沙特—瓦哈比联军征服半岛东部的哈萨地区。一战爆发后，英国与土耳其关系破裂，需要在海湾地区寻找新的盟友。1915年，英国与阿卜杜勒—阿齐兹签订协议，承认其为纳季德、哈萨、卡提夫、朱拜尔及其附属地区的统治权。作为交换，阿卜杜勒—阿齐兹承认英国对于科威特、巴林、卡塔尔和阿曼拥有保护权。在随后的战斗中，沙特家族注意将自身塑造为反抗奥斯曼帝国压迫的阿拉伯民族的英雄，一方面是为了与统治汉志（希贾兹）的麦加谢里夫侯赛因展开竞争，另一方面也是为了团结半岛上的各部落和什叶派力量。阿卜杜勒—阿齐兹和他的伊赫万军队此后集中力量与家族宿敌拉希德家族作战，到1921年2月，沙特—瓦哈比联军彻底打败了拉希德家族，将其首都哈伊勒城（Ha'il）收入囊中，阿卜杜勒—阿齐兹成为纳季德地区的统治者，建立纳季德苏丹国。

获胜后，阿卜杜勒—阿齐兹开始计划征服汉志，但摆在他面前的是另一个巨大的挑战——希贾兹地区的统治者麦加谢里夫侯赛因。侯赛因属于哈希姆家族，是先知穆罕默德的后裔，拥有天然的合法性和广泛拥护。此外，侯赛因在一战中还得到英国人的支持和帮助，建立了希贾兹王国（The Hashemite Kingdom of Hijaz）。1921年，侯赛因的两个儿子费萨尔和阿卜杜拉也在英国的保护下成为伊拉克和外约旦的君主。1922年5月，阿卜杜勒—阿齐兹派代表与英国签署协议，暂缓对侯赛因哈希姆家族的进攻。但仅仅过了两年，阿卜杜勒—阿齐兹率领军队卷土重来。由于英国人保持中立，沙特军队在1924年9月占领了塔伊夫。10月，麦加谢里夫侯赛因退位，出走约旦避难。沙特军队最终在10月底占领麦加。到1925年底，沙特又征服了麦地那，阿卜杜勒—阿齐兹成为麦加和麦地那两大圣地的保护者。

在取得决定性胜利后，阿卜杜勒—阿齐兹宣布建立"希贾兹与纳季德及其附属王国"，开始与国际上的大国建立外交关系。1927年5月，英国与阿卜杜勒—阿齐兹签署协议，正式承认王国独立。1929年，得到英国武器援助

---

① Banafshen Keynoush, *Saudi Arabia and Iran*, Palgrave Macmillan, 2016, p.33.

的阿卜杜勒—阿齐兹打败了叛乱的伊赫万武装，巩固了内部统治。1930年2月，阿卜杜勒—阿齐兹与伊拉克国王费萨尔在英国人的军舰上签订了边境条约，最终确立了沙特王国对阿拉伯半岛绝大部分的统治。1932年9月，阿卜杜勒—阿齐兹将国名由"希贾兹与纳季德及其附属王国"改为"沙特阿拉伯王国"。

二、巴列维王朝的建立

"伊朗"这一名称的由来与巴列维王朝的建立密不可分。19世纪的伊朗在国际上还被称为"波斯"，正处于卡扎尔王朝统治下的内忧外患之中。两次俄波战争让伊朗失去了外高加索地区（格鲁吉亚、亚美尼亚和阿塞拜疆）。英波战争后，伊朗东部战略要地赫拉特并入阿富汗。此后，卡扎尔王室进行了一些西化改革，但成效不大。外国势力对波斯的渗入愈加严重，在经济领域享有诸多特许经营权，肆意侵吞国家财富。与此同时，统治阶级内部腐败严重，人民生活处于水深火热之中。

19世纪末，伊朗已经沦落为英俄的半殖民地。在反对外国势力特许经营权的烟草叛乱后，伊朗的民族意识觉醒，并开始宪政革命。但英俄的武力干涉使得伊朗的政治变革无果而终，国家依然混乱不堪。1917年后，取代俄罗斯帝国的苏联继续对伊朗北部实施战略占领，并建立和培训由波斯人构成的哥萨克部队，以维持苏联对伊朗北部的控制。英国则与苏联针锋相对，在伊朗南部建立由波斯人组成的步枪队。

就在英国与苏联不断博弈、力图维持各自在伊朗的势力格局之际，哥萨克旅军官礼萨·巴列维（Reza Pahlavi）脱颖而出。1921年，在成功镇压北部叛乱后，礼萨指挥哥萨克旅进入德黑兰，控制了政府各个部门。之后，他对内镇压叛乱，重开议会，对外与英苏签订平等条约，威望得到极大提高。1925年，伊朗议会投票废除卡扎尔末代国王艾哈迈德，任命礼萨为国家元首，并修改宪法授予他及后裔君主地位。1926年4月25日，礼萨·巴列维在德黑兰古利斯坦宫举行加冕典礼，成为礼萨沙①（Reza Shah），巴列维王朝由此拉开历史帷幕。

在礼萨沙的统治下，伊朗的国家秩序得到恢复，内部局势进一步稳定。受土耳其凯末尔改革的影响，礼萨沙要求政府机构进行现代化改革，建立君主立宪制，设立内阁和立法议会。同时，礼萨沙在社会领域进行了大刀阔斧的改革。他限制宗教人士的权力，镇压和放逐宗教反对势力，同时大力发展世俗教育，兴建中小学和大学。礼萨沙还特别注意提高女性地位，他禁止强迫妇女在公共场所蒙面纱，赋予女性接受教育的权利，允许妇女在德黑兰大学学习，甚至资助女性出国学习。

礼萨沙激进的现代化和世俗化改革，需要内部的高度团结和支持。因此，他将大力弘扬波斯民族主义、增强国家凝聚力作为意识形态工作的主要目标。为实现这一目标，伊朗政府大力提高菲尔多西和《列王纪》的地位。在礼萨沙的授意下，菲尔多西的陵墓得到重建，并被打造为国家纪念馆和爱国主义教育基地。政府还出资召开国际菲尔多西研讨会，出版和发行《列王纪》的节选本和全本。此外，菲尔多西的形象还大量出现在邮票、街道甚至刚刚出现的电影中。1934年10月，礼萨沙来到菲尔多西的出生地图斯，以盛大的典礼纪念诗人的千年诞辰，并发表了热情洋溢的演讲。在接下来的一个月中，各种纪念活动和学术研讨会陆续召开。经过近十年的运作和宣传，菲尔多西成为伊朗民族的灵魂人物，《列王纪》则成为其民族文学经典的核心支柱。

1935年，礼萨沙正式下令将国名由"波斯"改为"伊朗"，并要求世界各国从此以"伊朗"指称这个继承了古波斯文明遗产、以什叶派穆斯林占多数的民族国家。礼萨沙的现代化世俗改革，以弘扬民族主义意识形态来增强国家认同感和民族自豪感，为现代伊朗的国家民族主义内涵奠定了基础。

---

① 波斯语音译，意为"国王"。

第二节　1979年之前两国关系的历史回顾

一、礼萨沙时期的沙伊（波斯）关系（1925—1941年）

沙特与伊朗两国的首次外交接触可追溯到1925年。20世纪初，阿卜杜勒—阿齐兹带领伊赫万军队在希贾兹地区与侯赛因之子阿里作战取得优势，并于1925年将阿里包围在吉达。波斯（伊朗）试图居中调停，劝说阿卜杜勒—阿齐兹退兵。沙特表示愿意接受波斯的居中调停，但要求阿里必须随其父流亡塞浦路斯。由于该条件难以满足，谈判最终破裂，沙特军队于当年年底占领吉达。尽管波斯（伊朗）的外交调解最终失败，但这次接触奠定了两国建立外交关系的基础。[①]

1926年1月，阿卜杜勒—阿齐兹获得了希贾兹地区各部落的效忠，确立了其在阿拉伯地区的领导地位，基本奠定了沙特阿拉伯王国的版图。1926年4月，礼萨沙正式加冕波斯（伊朗）国王，成为巴列维王朝开国君主。同年6月，阿卜杜勒—阿齐兹召开伊斯兰大会，向波斯（伊朗）礼萨沙发出邀请，后者则派代表出席，这被视为沙特与波斯（伊朗）间的第一次正式外交接触。1927年，哈比卜拉·汗·胡维达成为首位出访沙特的波斯（伊朗）外交官员，他与沙特官员商讨了两国建交的若干事宜。1927年5月，阿卜杜勒—阿齐兹与英国签署《吉达条约》，确认巴林、科威特和阿曼的自治地位，但遭到波斯（伊朗）强烈反对。1929年8月，沙波两国在德黑兰签署了友好条约，这是两国签署的第一份正式条约，确立了两国发展政治、外交和商业关系的基本原则。[②]

[①] 穆罕默德·拉比阿：《伊朗与沙特在海湾的博弈（1922—1988）》，巴萨伊尔出版社2012年版，第21页。

[②] 阿卜杜勒哈基姆：《沙特与伊朗关系及其对海湾国家的影响（1951—1981）》，欧贝肯出版社2004年版，第25—28页。

1930年3月，礼萨沙派遣胡维达作为驻吉达大使。1932年5月，为获得伊斯兰国家对沙特在外交层面的承认，阿卜杜勒—阿齐兹派其子费萨尔（Faisal bin Abdulaziz Al Saud）出访包括波斯在内的伊斯兰国家。费萨尔在波斯访问6天，受到礼萨沙的礼遇。费萨尔向礼萨沙转交了阿卜杜勒—阿齐兹的书信。双方都表达了建立睦邻友好关系的意愿，还讨论了波斯（伊朗）朝圣者赴麦加和麦地那朝觐的相关事宜。费萨尔的访问，开启了两国间高层互访的大门。尽管礼萨沙并未实现回访，但仍推动了两国关系的发展，增强了两国间的互信。

1934年，礼萨沙试图将巴林并入伊朗版图，并向居住在巴林的阿拉伯人派发伊朗国籍，遭到沙特的反对。1935年4月，沙特与巴林签署了双边贸易协定。伊朗政府对此表示强烈抗议，但由于英国实际控制巴林等海湾小酋长国，并与沙特保持友好关系，伊朗暂时搁置了自己的诉求。从1932年到1939年，沙特与伊朗关系总体平稳发展，直到第二次世界大战爆发。

二战爆发后，两国都宣布保持中立。沙特继续与英国保持良好关系，与美国关系也取得较大进展。伊朗则在战争爆发前与德国建立了外交关系，造成其与英国和美国关系紧张。此外，礼萨沙维护国家独立的愿望十分强烈，对苏联也多有防备和警惕。这些因素使得伊朗与德国越走越近，引发了盟国的强烈不安和担忧。1941年9月，在要求礼萨沙驱逐德国顾问被拒绝后，英国与苏联对伊朗实施占领。礼萨沙被迫退位流亡，其子穆罕默德·礼萨·巴列维（Mohammad Reza Pahlavi）[1]继位。

二、巴列维时期的沙伊关系（1941—1979年）

登基后，巴列维采取向美国靠拢的政策。与此同时，沙特与伊朗的关系却出现倒退。1943年12月，沙特逮捕并处死了一名来自伊朗的朝圣者，理由是其在麦加禁寺内向天房投掷污物。伊朗驻吉达大使馆向沙特外交部发出

---

[1] 下文简称巴列维。

抗议信，强烈抗议沙特的行为，认为沙特对伊朗朝圣者的处置是非法的，并且违反人道主义精神。沙特外交部则回应称，如果伊朗使馆了解这起事件的全部情况，就绝不会写出这封措辞强硬的抗议信。伊朗在1944年2月的回信中再次谴责沙特政府的行为，称"伊朗的精神和荣誉没有得到应有的尊重和保障"，并威胁中断两国的外交关系。① 同年3月，两国宣布断交。在当年的朝觐季，伊朗政府下令禁止伊朗国民前往沙特麦加朝觐。1946年10月，两国外交关系出现恢复契机。阿卜杜勒—阿齐兹致信巴列维，希望恢复和改善两国关系。巴列维对此做出积极回应，表示愿意恢复两国关系。1947年初，沙特与伊朗宣布恢复外交关系。②

1947年到1953年，两国关系稳步发展，这主要得益于两国亲西方的外交政策，以及石油工业上的共同发展。虽然1951年巴列维国王被驱逐出伊朗，但摩萨台政府的上台并未给沙伊关系造成实质影响。1953年，阿卜杜勒—阿齐兹国王去世，王储沙特（Saud bin Abdulaziz Al Saud）继位。同年，巴列维国王在美国情报部门的帮助下重回伊朗，两国关系发展的新阶段拉开序幕。

二战后，美国与苏联成为世界强国，从而开启了美、苏两个强权对抗的政治格局。为了遏制苏联势力的扩张，美国公开推行反苏的"冷战"政策。此时的中东正处于民族主义意识形态的高潮期，民族解放运动声势浩大。埃及、也门、伊拉克和利比亚等国相继推翻君主制，并驱逐英、法殖民者，废除不平等条约，实现国家和民族的独立。

在中东地区，美国与英国开始组建反苏同盟，拉拢土耳其、伊朗、阿富汗等国，利用这些国家的领土建立军事基地，并建立巴格达条约组织等形式对苏联形成包围之势。苏联则针对美国的围堵，以阿拉伯民族解放运动为意识形态武器，通过提供大量军事援助，支持埃及和叙利亚等国的民族主义运

---

① 穆罕默德·拉比阿：《伊朗和沙特在阿拉伯湾的博弈（1922—1988）》，巴萨伊尔出版社2012年版，第36页。
② Badeeb, S. M., *Saudi-Iranian relations 1932–1982*. London: Centre for Arab and Iranian Studies and Echoes, 1993, pp. 50–51.

动,扩大在中东地区的影响力。

随着苏联在中东的影响力持续上升,共产主义意识形态成为地区的主流。在此形势下,沙特与伊朗感受到共同的威胁。沙特认为共产主义思想强调无神论,与伊斯兰教的"一神"思想有着本质上的冲突和对立。巴列维则认为共产主义会激励左派革命行动,威胁王权统治。此外,苏联利用巴勒斯坦问题增加地区威望的行为也让两国感到忧虑。为了对抗苏联的扩张与威胁,两国都选择与美国结盟,依靠美国的力量遏制苏联在海湾和整个中东地区的扩张。

1955年8月,巴列维国王邀请沙特国王访问伊朗,这是两国建国以来的首次元首访问。在为期一周的访问中,两位国王讨论了一系列政治、经济和安全等方面的问题,一致认为社会主义是中东地区的最大威胁,并同意加入西方阵营加以抗衡。他们还认为,伊斯兰国家需要解决地区争端,并讨论了《巴格达条约》对地区格局的影响。两国认为有必要在共同关心的领域加强合作。[1] 虽然伊朗迫于英、美的压力加入《巴格达条约》,但由于其在领土争端上支持沙特,两国关系并未受到较大影响。

1957年3月,巴列维国王受邀回访沙特,与沙特国王就布赖米绿洲(Al‑Buraimī)[2]、第二次中东战争、巴以冲突等问题交换了意见。双方最后发表联合宣言,称会谈取得巨大成功。[3] 彼时,双方都在政治上需要对方的支持,沙特在布赖米绿洲问题上需要得到伊朗的支持,而伊朗也需要沙特在巴林问题上给予支持。两国关系在这次访问后取得进一步发展,双方都认同纳赛尔的阿拉伯民族主义是君主国家的威胁,而纳赛尔也是将苏联势力引入中东的罪魁祸首。

1957年11月,伊朗再次对巴林提出主权要求。在巴列维的授意下,伊

---

[1] Badeeb, S. M., *Saudi‑Iranian Relations 1932‑1982*. London: Centre for Arab and Iranian Studies and Echoes, 1993, p. 52.

[2] 布赖米绿洲位于阿拉伯半岛东南部,曾是沙特、阿联酋和阿曼三国的争议地区。

[3] 穆罕默德·拉比阿:《伊朗和沙特在阿拉伯湾的博弈(1922—1988)》,巴萨伊尔出版社2012年版,第75页。

朗内阁批准了一项将巴林纳入伊朗版图的决议,巴林成为伊朗的第十四个省。沙特则强烈反对,发表声明称巴林是阿拉伯半岛的延伸,巴林人是阿拉伯人,与阿拉伯民族紧密相连。两国关系因巴林问题而变得紧张。伊朗对沙特的立场进行谴责,沙特则再次发表声明强调巴林的独立性和自决权,以及哈利法家族对巴林统治的合法性。[1] 此外,沙特还与巴林确定了两国之间水域的大陆架情况,并签署了边界协议。

然而,中东地区格局再次出现剧烈变化。1958 年,埃及与叙利亚宣布合并,伊拉克王室被左派军官组织推翻。一时间,由苏联支持的民族主义共和国对沙伊两国的王权统治构成巨大威胁,这让两国暂时搁置了在巴林问题上的争议,一致对抗威胁。

20 世纪 60 年代,沙特与伊朗两国关系开始持续向好。两国都参与了石油输出国组织(OPEC)的建立,成为该组织的重要成员国,并且通过磋商和沟通,两国关系实现了缓和。1961 年,两国在支持科威特独立方面的一致立场,进一步拉近了两国的关系。1962 年,纳赛尔对也门的军事介入使得两国关系愈加紧密。也门内战中,沙特支持的保皇派与纳赛尔支持的共和派进行了激烈的斗争和争夺。伊朗宣布支持沙特,谴责埃及对也门的军事介入。沙伊两国随后进行了多次重要的军事合作。沙特将也门战斗人员通过境内运送到伊朗,伊朗则负责在军事基地内对这些人员进行训练。[2]

1964 年 10 月,费萨尔在沙特王室长老的支持下,废黜了国王沙特。新国王的登基给沙伊关系带来了新变化。1965 年至 1967 年,费萨尔国王对伊斯兰国家进行了一系列的访问,并将伊朗作为自己登基后访问的第一个国家,显示出伊朗在沙特外交战略中的重要地位。费萨尔在伊朗受到了热烈的欢迎和热情的招待,并受邀在伊朗议会发表演讲。费萨尔在讲话中对沙伊两国关系进行了描述和定义,他说:"如果我们仔细观察阿拉伯民族和伊朗民

---

[1] 阿卜杜勒哈基姆:《沙特与伊朗关系及其对海湾国家的影响(1951—1981)》,欧贝肯出版社 2004 年版,第 78 页。

[2] 阿桑·拉比阿:《埃及与沙特政治关系研究(1957—1967)》,巴格达大学出版社 2006 年版,第 120 页。

族，我们只能发现共同的目标和利益而不是分歧和争端。最重要的是，伊斯兰信仰是维系我们之间关系的纽带……今天，我们需要进行沟通与合作，来改革我们的宗教，复兴我们的民族，改变我们的家园。"① 费萨尔还与巴列维讨论了共同关心的地区与国际问题，甚至一致同意成立由官方支持的伊朗—阿拉伯友好协会，在利雅得和德黑兰分别设立分支机构。总之，费萨尔对登基后的首次伊朗之行非常满意，两国关系也变得更加友好，在一些关键问题上相互予以支持。1966年6月，伊朗媒体声援沙特，批评纽约市长对到访的费萨尔国王傲慢无礼。② 沙特则帮助伊朗调解与伊拉克的边界纠纷，缓和紧张的阿拉伯—伊朗关系。

然而，1968年英国宣布撤离海湾地区，地区出现权力真空，伊朗再次表现出控制巴林、阿联酋等海湾小酋长国的意图。在两国关系可能因此恶化的情况下，1968年5月费萨尔国王发表声明宣布："阿拉伯国家有责任维护海湾地区的政治稳定，伊朗在海湾地区拥有利益，同样阿拉伯人民在海湾地区也有自己的利益，所以阿拉伯人民会维护自己的利益，就像伊朗维护自己的利益一样。"③ 尽管这份声明看起来措辞严厉，但表达了沙特对伊朗在海湾地区地位的认可。而且，费萨尔对"海湾"的地区属性进行了模糊处理，既未用"阿拉伯"，也未用"波斯"来限定，实际释放出共同合作以维护海湾安全的意愿。11月，沙特和伊朗开始就两国的海洋边界问题开展谈判，划分了海湾水域的边界和岛屿的归属。通过谈判，伊朗放弃了对巴林的主权要求，承认其是独立的阿拉伯主权国家。在这一时期，沙特与伊朗的平稳关系在帮助海湾酋长国获得独立方面发挥了积极作用。然而，1971年11月30日，伊朗在阿联酋成立前夕占领大小通布岛和阿布穆萨岛，这成为伊朗日后与阿联酋乃至海合会发生冲突的焦点。

---

① Badeeb, S. M., *Saudi–Iranian Relations 1932–1982*, London: Centre for Arab and Iranian Studies and Echoes, 1993, p. 57.
② Ibid., p. 58.
③ 阿卜杜勒哈基姆：《沙特与伊朗关系及其对海湾国家的影响（1951—1981）》，欧贝肯出版社2004年版，第111页。

在解决了地区问题的争端后，两国关系呈现显著发展态势，双方外交大臣等各级官员互访不断。1969年，第一次伊斯兰国家首脑会议在摩洛哥首都拉巴特举行，大会决定成立伊斯兰会议组织（Organization of the Islamic Conference, OIC）①。费萨尔与巴列维携手走入会场，表现出两国之间的友好关系以及共同领导伊斯兰世界的立场。②

在整个20世纪70年代，两国都实行保守的外交政策，旨在维持地区现状，协助其他亲西方政府反对共产主义，抵制革命思潮的影响。两国共同帮助北也门、扎伊尔、索马里和阿曼对抗左派力量，试图颠覆南非、南也门（也门人民民主共和国）等国的政权。两国还在伊拉克问题上进行过合作，支持科威特对抗伊拉克。沙特还曾暗中支持伊朗颠覆伊拉克政府的计划，并帮助伊朗迫使伊拉克在两国分歧上做出让步。③ 1975年，两国又进行了一次重要合作。两国与摩洛哥、法国以及刚刚与苏联交恶的埃及举行秘密会谈，协商建立一个秘密的反共产主义联盟，抵抗苏联在亚洲、非洲和欧洲传播的共产主义意识形态。④

1975年4月，费萨尔国王遇刺身亡，巴列维前往沙特悼念。巴列维与沙特新国王哈立德（Khalid bin Abdulaziz）进行会谈，就共同关心的巴以冲突、海湾局势等问题达成共识，并邀请哈立德访问伊朗。1975年底，沙特王储法赫德（Fahd bin Abdulaziz）访问伊朗。1976年5月24日，哈立德国王访问伊朗。此后，沙特国防大臣苏尔坦（Sultan）、内政大臣纳伊夫（Nayef）、外交大臣萨乌德·本·费萨尔⑤（Saud bin Faisal）及其他高层官员均出访伊

---

① 1970年5月正式成立于沙特吉达，2011年改名为"伊斯兰合作组织"（Organisation of the Islamic Cooperation）。

② 阿卜杜勒哈基姆：《沙特与伊朗关系及其对海湾国家的影响（1951—1981）》，欧贝肯出版社2004年版，第33页。

③ Miglietta, John P. *American Alliance Policy in the Middle East, 1945-1992: Iran, Israel, and Saudi Arabia*, Lanham, MD: Lexington Books, 2002, p.251.

④ 穆罕默德·拉比阿：《伊朗和沙特在阿拉伯湾的博弈（1922—1988）》，巴萨伊尔出版社2012年版，第123—124页。

⑤ 下文按惯例简称费萨尔。

朗。到1979年伊朗伊斯兰革命爆发前，两国关系稳定发展，在政治、经济和文化等领域取得了很多合作成果。

综上所述，民族与教派问题扎根于沙特与伊朗两国关系的深处，是历史性的影响因素。长久以来，对于这种历史关系的评价多是负面的，其属于不可调和的矛盾，似乎注定了两国对抗的宿命。本书第一章从这种"对立"的民族与教派关系的本体入手，希望呈现民族和教派关系的客观事实。

从历史长河来看，阿拉伯和波斯民族的冲突并非一以贯之，两个民族在某些历史时刻确实出现过尖锐的对抗，但在大部分时间是正常交往，并始终伴随着相互学习、借鉴和融合。虽然这样的交流与交融建立在阿拉伯对波斯的军事征服基础之上，但所谓的民族矛盾和仇恨被人为夸大的因素较多，其成为政治宣传服务的意识形态工具，而不是客观的历史事实。客观上看，阿拉伯民族与波斯民族之间的友好交往与冲突对抗占据同等重要的地位，而且两个民族存在共同的历史纽带，不应片面地强调负面因素而忽略正面因素。

伊斯兰教派问题纷繁复杂，逊尼派与什叶派斗争的二元论断过于简单。从伊斯兰教派问题的发展来看，逊尼派与什叶派的教派冲突并不是原生性的，其产生的根源是政治分歧。历史上看，两派学者在某些历史时期能够和平共处，关系良好。两派冲突的加剧出现在奥斯曼土耳其与波斯萨法维王朝的对抗时期，其根源还是因为政治斗争。20世纪以来，改善教派关系、促进教派和解是伊斯兰内部的主流声音，有诸多宗教学者在为此而努力。但是，受多种因素影响，教派分歧与斗争逐渐加剧也是不争的事实。

对于民族和教派矛盾是否是影响沙特与伊朗两国关系的核心因素这一问题，第二章通过对1979年之前两国关系的回顾，对这一问题进行了回答。1979年前，两国关系总体良好，偶有分歧。双方在涉及彼此核心利益和重大关切问题上相互支持，领导人之间相互理解，沟通顺畅。两国的分歧主要在于巴林和阿联酋岛屿的主权地位与归属问题，还有石油的政治经济作用与价格问题。但在两国领导人的理性沟通与大国势力的影响下，分歧都得到一定程度的解决，并没有对两国关系造成破坏性的影响。两国在处理双边关系方面始终采取理性和实用的立场，不以民族主义或教派意识形态为主导，对两国关系的平稳发展发挥了积极作用。

因此，阿拉伯民族与波斯民族之间并不只有民族矛盾，也有相互交流、相互融合与友好相处。对于教派矛盾，既不能否认其对现实政治的影响，也绝不能夸大其影响。应该注意的是，在分歧和对立之上，伊斯兰团结是两派的普遍共识，宣扬教派分歧与仇恨不是主流。总之，民族之间的矛盾与教派之间的分歧，不能被视为影响两国关系的核心因素。

第二部分
1979年后沙伊两国关系的历史变迁

第三章 对抗与冲突

第一节 伊朗伊斯兰革命初期的两国关系

1979年的伊朗伊斯兰革命最初源于反对巴列维国王的社会革命。自1978年起，伊朗国内严重的社会和经济问题总爆发，游行示威和罢工抗议此起彼伏。在偶然性事件的推波助澜下，游行逐步升级为血腥暴力冲突，伊朗社会陷入严重危机。伊朗左派、自由派和宗教力量逐渐形成合力，共同反对巴列维国王的统治。

1964年，阿亚图拉鲁霍拉·穆萨维·霍梅尼（Ruhollah Musavi Khomeini）因反对国王经济改革、与美国建立军事同盟而被驱逐至伊拉克。1978年10月，由于惧怕霍梅尼的影响力，伊朗政府向伊拉克施压，将霍梅尼驱逐出境，希望以此来削弱他的影响力。这一举动却进一步提高了霍梅尼的声望，左派与自由派陆续向他表示效忠，使其迅速成为革命领袖。1979年1月16日，巴列维国王乘飞机离开伊朗，从此再未回国。2月1日，霍梅尼从巴黎回到伊朗。2月11日，巴列维王朝宣告终结，伊朗革命取得胜利。

在伊朗经历剧变的这段时间里，沙特与伊朗的关系处于一种微妙的和谐状态。沙特领导人静观伊朗国内发生的种种变化，随时准备与伊朗出现的新政权建立和发展友好关系。霍梅尼回到伊朗后，沙特官方马上表态欢迎，承认由巴扎尔甘领导的伊朗新政府，哈立德国王发去贺电表示祝贺。① 1979 年 4 月 1 日，伊朗公投结果出炉，超过 98% 的投票者同意将伊朗的政体转变为伊斯兰共和国，伊朗伊斯兰共和国正式建立，伊斯兰革命取得初步胜利。考虑到伊朗对维持地区稳定的重要性以及对海湾国家的影响力，沙特政府发去了第二封贺电，希望与新建立的伊朗伊斯兰共和国继续发展友好双边关系。国王哈立德在贺电中表示"伊朗伊斯兰共和国建立在坚固的伊斯兰基础之上"，王储法赫德称"（沙特）不会改变对伊玛目霍梅尼和伊朗的立场"，阿卜杜拉亲王则表示"伊斯兰信仰将成为两国友好的基础和纽带"。② 1979 年 7 月，穆斯林世界联盟（Muslim World League）秘书长率领一个沙特代表团访问德黑兰，与巴扎尔甘政府举行会谈。该代表团希望加强沙伊两国间联系，并转达了沙特领导人对伊朗新政权的认可与尊重，还表示沙特愿意向伊朗出口煤油，以缓解伊朗国内的供应短缺状况。③ 而在伊朗方面，巴扎尔甘政府的温和倾向以及希望与美国缓和关系的立场，在某种程度上避免了与沙特等海湾君主国的关系恶化。除此之外，新政府采取强硬的反以色列立场，也争取到广大阿拉伯国家的支持。

此后，霍梅尼与他的教士盟友在经历了一系列的残酷内斗与流血冲突后，最终掌控伊朗的大权，并逐步将控制力渗入伊朗社会的每个角落。1979 年底，伊朗新宪法草案通过公投并生效，教士集团掌握了伊朗的最高权力。而新宪法能够顺利通过公投，与伊美关系的急转直下有很大关系。1979 年 10 月 22 日，美国政府接受流亡国王礼萨·巴列维赴美治病，从而激起了伊朗国内反国王势力的强烈愤慨。1979 年 11 月 4 日，一群激进学生占领美国驻

---

① 阿卜杜勒哈基姆：《沙特与伊朗关系及其对海湾国家的影响（1951—1981）》，欧贝肯出版社 2004 年版，第 158 页。
② Furtig, H., *Iran's Rivalry with Saudi Arabia Between the Gulf Wars*, Ithaca Press, 2002, p. 27. Al-Hawadith, Beirut, 11 January 1980. M. Khadduri, *The Gulf War: The Origins and Implications of the Iraq-Iran Conflict*, Oxford: Oxford University Press, 1988, p. 124.
③ Banafsheh Keynoush, *Saudi Arabia and Iran: Friend or Foes?* Palgrave Macmillan, 2016. p. 110.

德黑兰大使馆，将几十名大使馆人员扣为人质，严重恶化了伊朗与美国的关系。[①] 该事件也让巴扎尔甘政府与美国缓和关系的期望破灭，进而导致巴扎尔本人下台。

伊美关系的破裂对沙特与伊朗关系影响尤甚。首先，霍梅尼在与美国关系破裂后，正式号召对外发动伊斯兰革命，目标首当其冲就是沙特等海湾君主国。1979年11月，沙特相继发生麦加禁寺占领事件和东部什叶派民众起义。沙特坚称伊朗是这两起事件的幕后主使，而真实情况远比这种简单的阴谋论复杂得多。随着沙伊关系的不断恶化，伊朗开始对沙特发动宣传战。反沙特的标语与言论开始出现在阿拉伯国家的大街上，一些贬低沙特的文章、书籍、音像制品在西方世界陆续出版和发放，宣传伊斯兰革命的小册子和传单每周五都在清真寺散发。[②]

其次，沙特作为美国的盟友，成为伊朗指责与攻击的对象。伊朗时任总统巴尼萨德尔称沙特为美国的代理人，害怕伊朗伊斯兰革命和内部国民的反抗。他认为沙特等海湾君主国不具有独立的政府，因此没有与其合作的必要。"伊斯兰革命卫队则指责沙特作为伊斯兰国家，却执行亲西方的外交政策。王室独享所有石油收入，人民却生活在贫穷、落后与愚昧中。"[③] 意识形态上的对抗发生后，地缘政治上的变化很快也将影响两国关系。

第二节 两伊战争期间的两国关系

1980年9月22日，伊拉克总统萨达姆撕毁《阿尔及尔协定》，宣布对伊

[①] 根据内部人士披露，占领使馆为学生自发行为，霍梅尼并没有下令，而且还曾表示反对。见 Seyed Hossein Mousavian with Shahir Shahidsaless, *Iran and the United States: An Insider's View on the Failed Past and the Road to Peace*, New York: Bloomsbury Academic, 2014, pp. 57–58.

[②] Badeeb, S. M., *Saudi-Iranian Relations 1932–1982*, London: Centre for Arab and Iranian Studies and Echoes, 1993, p. 91.

[③] Furtig, H., *Iran's Rivalry with Saudi Arabia between the Gulf Wars*, Ithaca Press, 2002, p. 27.

朗发动攻击，两伊战争爆发。自从萨达姆在1979年7月成为伊拉克总统后，伊拉克与伊朗关系就开始迅速恶化。表面上，萨达姆指责伊朗对外输出伊斯兰革命，占领阿拉伯国家领土，威胁地区的安全与稳定。但实际上，伊朗正处于革命后的内乱中，军队力量被严重削弱，伊拉克如果能趁机击败伊朗，并占领石油资源丰富的胡齐斯坦省，将可进一步增强自身地区实力，削弱伊朗。这些综合因素最终让萨达姆决定进攻伊朗。

1980年10月，两伊战争爆发数周后，沙特国防大臣苏尔坦呼吁海湾君主国建立共同防卫机制，以应对来自伊朗的威胁。1981年1月17—21日，伊斯兰国家外长会议在塔伊夫举行，沙特、科威特、巴林、卡塔尔、阿联酋和阿曼一致同意成立海湾合作委员会（Gulf Cooperation Council，简称GCC）。同年5月26日，海湾各国首脑齐聚阿布扎比，正式宣告了海合会的成立。在这段时间，伊朗一方面与伊拉克作战，另一方面开始向海湾地区输出伊斯兰革命。

在战争的最初阶段，沙特表面上持谨慎立场，不发表任何官方声明，以避免被外界视为伊拉克盟友，但暗地里却向伊拉克提供经济支援以对抗伊朗。随着战场形势发生逆转，沙特的官方立场发生变化。1982年5月，伊朗夺回被占领土并首次攻入伊拉克境内，沙特感受到巨大的威胁。6月，哈立德国王去世，王储法赫德即位，沙特的外交政策随之出现变化。法赫德国王公开宣布站在伊拉克一边，称"沙特支持伊拉克是为了保护伊拉克剩下的领土"。[①] 随后，沙特开始寻求埃及的军事干预来保护伊拉克，但被拒绝。于是，沙特敦促萨达姆接受联合国第514号决议，单方面撤出被占领的伊朗领土并接受停火，希望用和谈阻止伊朗的进攻。沙特还帮助通过了联合国第522号决议，希望伊朗接受停火。1982年底，沙特等国以海合会的名义与伊朗秘密进行谈判，愿意拿出25亿至30亿美元的战争补偿，希望伊朗结束战争。但初尝胜利的伊朗人不愿很快结束战争，提出100亿美元的赔偿。[②] 伊

[①] 艾哈迈德·扎赫拉尼：《沙特在阿拉伯事务上的政策（1979—1990）》，欧卡兹出版社1992年版，第186页。

[②] Furtig, H., *Iran's Rivalry with Saudi Arabia between the Gulf Wars*, Ithaca Press, 2002, p. 75.

朗拒签停火协议让沙特感到震惊和不解。此外，在霍梅尼发出解放卡尔巴拉的号召后，沙特等海湾国家看到了伊朗染指阿拉伯什叶派的企图，愈发感到不安与恐惧，更加坚定了继续支持伊拉克对抗伊朗的立场。[1]

在两伊战争进入僵持阶段后，沙特与伊朗之间开始出现小规模军事摩擦。1984年3月后，两伊战争进入僵持阶段，双方都无力进行大规模进攻，进而将攻击目标转为对方的出口油轮，以断绝对方经济来源，逼迫对方结束战争，即"油轮战"阶段（war of the tankers）。从那时起，伊朗开始在海湾地区袭击伊拉克油轮，驶离沙特、科威特港口的油轮也往往遭到袭击。在此情况下，沙伊两国的军事冲突无可避免。

1984年5月，一艘驶离沙特塔努拉角（Ras Tanura）港口的科威特油轮遭到伊朗F-4E战机的攻击。6月5日，在美国预警机的协助下，沙特一架F-15S战机在朱贝尔（Jubail）东北约60公里处击落一架曾袭击沙特港口驶离油轮的伊朗F-4E战机。一天后，11架沙特战机与同等数量的伊朗战机在空中对峙。此事件之后，沙特划定了称为"法赫德线"（Fahd Line）的防空区域，两国之间未再发生军事冲突。但伊朗媒体发动反沙特舆论浪潮，称沙特政权为"反动、虚伪和肮脏的"政权。伊朗政府则对沙特与科威特发出威胁，并称如果两国继续支持伊拉克，将视其为两国的参战行为。[2]

战机对峙事件后，沙特方面首先做出缓和姿态。1984年9月，法赫德国王以个人名义邀请拉夫桑贾尼（Akbar Hashemi Rafsanjani）赴麦加朝觐。尽管被霍梅尼阻止，但两国开始进行秘密谈判与外长互访。由于厌倦了对伊拉克的长期经济支持，沙特与伊朗之间进行了一系列的秘密谈判。沙特意图摸清伊朗结束停火的底牌，希望以经济补偿作为结束战争的条件。1985年5月，沙特外交大臣费萨尔访问伊朗，斡旋两伊停火。12月，伊朗外长阿里·艾克拜尔·韦拉亚提（Ali Akbar Velayati）回访沙特。

但两国之间的谈判最终未能起到任何实质作用，而且沙特增产的石油政

---

[1] Banafshen Keynoush, *Saudi Arabia and Iran: Friend or Foes?* Palgrave Macmillan, 2016, p. 10.
[2] Furtig, H., *Iran's Rivalry with Saudi Arabia between the Gulf Wars*, Ithaca Press, 2002, p. 67.

策又引发了伊朗的不满与谴责。1985年后,沙特又回到支持伊拉克的政策路线上,伊朗则开始直接发出威胁。韦拉亚提警告沙特等海湾国家"任何支持伊拉克的国家都将遭受伊朗的惩罚",时任伊朗总统的阿里·哈梅内伊（Ali Hosseini Khamenei）则暗示伊朗将采取强硬措施。但沙特等国采取与美国进行军事合作的策略寻求保护,这更加激怒了伊朗。自1984年起,海合会就请求美国等西方国家以保护自由贸易为借口,派遣军事力量进驻海湾地区,为国际油轮保驾护航,以免遭受伊朗和伊拉克的袭击。在海合会的框架下,沙特与美国举行联合军演。卡塔尔、巴林、科威特和沙特等国与美国签署了军事合作协议,建设军事基地。

随着战争不断升级,萨达姆开始对伊朗军队使用化学武器,该举动受到联合国的谴责。1986年10月,伊朗要求海合会国家停止支持伊拉克。同时,伊朗内部存在争论,以拉夫桑贾尼为代表的务实派希望继续与沙特沟通,以早日结束战争,但受到保守派的强烈反对。1987年7月,联合国安理会通过第598号决议,要求两伊立即停火,但再次被伊朗拒绝。

在两伊战争的最后阶段,沙特与伊朗的关系因朝觐争端而进一步恶化,两国最终断交。1987年7月31日,伊朗朝圣者在麦加进行政治示威,打出反对伊拉克、反对美国的标语。随后,示威者与沙特安全部队发生激烈冲突,造成402人死亡,其中包括275名伊朗人和85名沙特人,还有649人受伤。[①] 沙特与伊朗政府互相指责。霍梅尼攻击沙特王室已经失去了管理圣地的合法性,时任议会议长的拉夫桑贾尼则称"如果沙特统治者选择走上邪恶的道路,那我们就送他们下地狱"。8月,一群愤怒的伊朗民众包围沙特使馆进行示威抗议,最终造成使馆部分被焚毁和一名沙特外交官死亡。[②]

海合会谴责伊朗政府没有尽到保护使领馆的义务。11月,阿拉伯首脑会

---

① Badeeb, S. M., *Saudi-Iranian Relations 1932-1982*. London: Centre for Arab and Iranian Studies and Echoes, 1993, p. 31.
② Furtig, H., *Iran's Rivalry with Saudi Arabia between the Gulf Wars*, Ithaca Press, 2002, pp. 48-49.

议发布反伊朗宣言。在几个月的口水战和媒体战后，1988年3月，两国在朝觐配额上发生巨大分歧。由于1987年的朝觐冲突，沙特将伊朗的朝觐人数配额下调至4.5万人，远远低于伊朗坚持要求的15万人。[①] 作为抗议，霍梅尼宣布抵制当年的朝觐，并指责沙特妨碍穆斯林履行朝圣的基本义务。4月26日，沙特宣布与伊朗断交。

1987年的朝觐冲突对之后两国关系的影响不容低估。两国官方基于各自立场，对冲突的前因后果进行不同甚至相反的官方叙述，给两国人民留下了难以磨灭的历史记忆。而这种历史记忆所产生的惯性，将继续作用于两国之后的朝觐冲突，并对两国的国家行为和斗争策略选择产生影响。

随着两国关系步入断交阶段，伊朗在两伊战争中的坚持也达到了极限。1988年春天，伊拉克对伊朗发动第二轮"袭城战"，使用了可打击到伊朗首都德黑兰的导弹，让伊朗方面措手不及，人员和财产受损严重，国内陷入恐慌。4月，为报复护卫舰触雷造成的舰体受损和人员伤亡，美军发动代号为"祈祷螳螂"的军事行动，迅速摧毁了伊朗海军的主要作战力量，迫使霍梅尼和伊朗国内激进势力考虑与伊拉克停战。7月3日，美国"文森斯"号巡洋舰将伊朗航空公司的655航班误认作伊朗空军战机而击落，这成为压垮霍梅尼的最后一根稻草。八年的战争让伊朗在国内与国际上都陷入绝境，尤其担忧美国正式介入战争，霍梅尼不得不"吞下毒药"，接受联合国第598号决议，与伊拉克停火。

第三节 缓和受阻

实际上，在两伊战争的后期，伊朗首先出现与沙特缓和关系的举动。当曾经是伊朗领袖继承人的阿亚图拉蒙塔泽里（Hussen – Ali Montazeri）因与

[①] Banafshen Keynoush, *Saudi Arabia and Iran: Friend or Foes?* Palgrave Macmillan, 2016, p. 122.

霍梅尼意见不合而被驱逐出权力中心后，拉夫桑贾尼接替蒙塔泽里成为武装部队代总司令。随后，伊朗开始限制对沙特什叶派反对组织的支持，以释放善意，缓和关系。两伊战争刚一结束，沙特高层就着手准备与伊朗缓和关系。考虑到宗教势力的反对，法赫德国王首先与保守宗教人士会面，要求他们支持高层缓和沙伊关系的决定。1988年8月，在阿曼代表团来访后，伊朗公开表示愿意与海合会合作，清除海湾水域内的水雷，并随即开始与沙特展开秘密会谈，缓和两国的对立关系。①

10月初，沙特公开释放缓和信号。外交大臣费萨尔表示沙特准备与伊朗改善关系，实现两国关系的正常化。在伊斯兰会议组织的部长级会议上，法赫德国王甚至表示："这不是一个沙特的会议，而是整个伊斯兰世界的会议。伊朗也是伊斯兰国家，如果能够出席的话，就再好不过了。我衷心希望伊朗兄弟能够出现在这里。"10月21日，法赫德国王要求沙特媒体停止攻击伊朗。一天后，作为回应，伊朗媒体也被伊朗官方要求停止对沙特的攻击。②之后，来自伊朗高层的改善关系的信号不断出现，总统哈梅内伊等伊朗政治家也认为，有必要重新评估革命主义外交的优先性，给经济重建创造一个可行的国际氛围。拉夫桑贾尼称"我们认为没有理由与波斯湾南岸的任何国家发生争执"，甚至称，"如果伊朗（在两伊战争中）能表现得再灵活一些，他们（阿拉伯国家）就不会支持伊拉克"。③

1989年6月3日，伊朗最高领袖霍梅尼去世，这成为伊朗外交政策的转折点，伊朗开始进入后伊斯兰革命时代。其间，伊朗的政权实现了平稳过渡，哈梅内伊通过专家会议的投票，以多数票当选伊朗最高精神领袖。拉夫桑贾尼则当选新一届伊朗总统。

拉夫桑贾尼年轻时就读于相对保守的伊朗什叶派圣城库姆的神学院，曾

---

① Banafshen Keynoush, *Saudi Arabia and Iran: Friend or Foes?* Palgrave Macmillan, 2016, pp. 123 - 124.
② Alsultan F M, Saeid P, *The Development of Saudi - Iranian Relations since the 1990s: Between Conflict and Accommodation*, Routledge, 2016, p. 76. 转自 The Associated Press, 12 October 1988.
③ Furtig, H., *Iran's Rivalry with Saudi Arabia between the Gulf Wars*, Ithaca Press, 2002, p. 94.

多次参加反对王权的政治活动，1979年积极支持伊斯兰革命，并发挥过重要作用。作为拥有阿亚图拉头衔的宗教人士，他本人的思想相对开放和务实。他认为伊朗和美国关系不应长期处于绝对对立的状态，也对伊朗对外输出伊斯兰革命的方式和方法有不同的见解，认为伊朗应该在国际上寻求广泛的支持和认同而不是敌对和孤立，这奠定了他任总统期间伊朗务实的外交风格。此外，由于伊朗国内面临严重的经济困难，其在外交中采取务实原则，改善与周边国家和世界的关系，进而恢复经济建设也成为必然选择。与此同时，伊朗的革命激进派开始受到哈梅内伊及其他有影响力教士的约束和压制，革命主义意识形态外交开始让位于国家利益。

然而，就在沙伊两国关系似乎可以实现"破冰"之时，一场发生在麦加的恐怖袭击事件中断了这一进程。1989年7月9日，两颗炸弹在麦加禁寺附近爆炸，造成1人死亡，16人受伤。沙特官方逮捕了很多科威特什叶派穆斯林，指控他们涉嫌策划和实施了爆炸，并以斩首的方式处死了16名主犯。在行刑前夕，沙特电视台播放了其中一名主犯的供述，他承认爆炸物是从伊朗驻科威特使馆处获得的。伊朗方面对此予以坚决否认，称沙特政府伪造证据，呼吁全世界穆斯林反对沙特政府的虚假行为。最高领袖哈梅内伊对沙特政府的判决做出了强硬的回应，称"这是沙特统治者犯下的又一起罪行"，总统拉夫桑贾尼则回应称"沙特政府毫无根据地指控，正在制造科威特的内部分裂，这违背沙特的利益"。[1]

麦加爆炸事件导致两国政府刚刚停息不久的舆论攻击再次开战。而且，尚未得到妥善解决的1987年朝觐冲突还在发挥影响。1990年4月，伊朗议会要求沙特归还1987年朝觐冲突中遇难者遗体并做出赔偿，遭到沙特的拒绝。一时间，对沙特政权的尖锐批评和抨击又开始充斥伊朗的各大报纸和电视媒体。而三个月后的麦加朝觐踩踏事故，再度加剧了两国间的口水战。7月2日，麦加至米纳之间的隧道内发生重大踩踏事故，造成1400多名朝圣者死亡。伊朗政府指责沙特政府管理不力。"沙特没有能力管理圣地""圣地应

---

[1] Furtig, H., *Iran's Rivalry with Saudi Arabia between the Gulf Wars*, Ithaca Press, 2002, p. 96.

该由伊斯兰国家共同管理"的呼声让两国关系趋向紧张。

两伊战争结束、霍梅尼去世、伊朗外交政策转向务实，以及双方释放的缓和信号和善意，本可让两国关系慢慢走向缓和，但朝觐争端让这一过程变得一波三折。而在两国似乎又将回到无休止的舆论战时，海湾地区地缘政治的剧烈变化为两国关系的改变提供了新的契机。

第四章 缓和、改善与停滞

第一节 海湾战争后两国关系的修复

尽管两国关系的缓和迹象最早可追溯到两伊战争末期，但两国关系真正实现修复的转折点是萨达姆入侵科威特与海湾战争的爆发。1990年10月3日，即伊拉克军队占领科威特两个月后，伊朗外长韦拉亚提与海湾国家外长会面，表达了伊朗希望与海湾阿拉伯国家改善关系的立场。12月，海合会各国在首脑峰会上达成初步共识，认为有必要改善与伊朗关系，并将伊朗纳入海湾地区的安全框架。① 随后，阿曼、卡塔尔等国都表示地区安全需要伊朗的力量。

1991年1—2月，伊拉克军队在美国及其盟友的军事打击下遭受重创，被迫从科威特撤军，海湾战争结束。之后，沙特与伊朗恢复外交关系被提上日程。3月中旬，伊朗外长韦拉亚提访问沙特，与费萨尔会面。会谈顺利且富有成果，韦拉亚提称"沙特阿拉伯王国与伊朗伊斯兰共和国已经在所有问题上达成共识"。沙特媒体报道"两人就朝觐和双边关系等问题进行了积极

---

① Malek, Mohammed H., *Iran after Khomeini: Perpetual Crisis or Opportunity?* London: Research Institute for the Study of Conflict and Terrorism, 1991, p.17.

的会谈，并在原则上达成了共识"。① 1991年3月19日，沙特宣布与伊朗恢复外交关系。

尽管在对美政策、阿富汗内战等问题上依然存在分歧，但恢复外交关系的两国随后开始了一系列高层互访。1991年4月，韦拉亚提访问沙特，与沙特外交大臣费萨尔进行会谈。双方就海湾安全、经济合作、朝觐问题，以及伊斯兰会议组织和OPEC政策等问题交换了意见。会谈后，法赫德国王宣布建立伊朗—沙特经济委员会，并取消沙特对伊朗商品的进口禁令。费萨尔对韦拉亚提表示，沙特已经准备好拓展与伊朗的双边关系，海湾各国也愿意与伊朗开展合作。②

双方的第二轮谈判很快在德黑兰举行。6月，沙特外交大臣费萨尔与石油大臣希夏姆回访伊朗，就上次会谈的内容继续与伊朗进行沟通与协调。这次会谈最终解决了朝觐配额问题，沙特政府将伊朗的朝觐配额大幅提升至12万人，伊朗方面则不再抵制麦加朝觐，并限制和减少朝觐期间的大规模游行示威。③ 此次会谈后，两国宣布提升外交关系至大使级别。在随后的朝觐期间，尽管伊朗朝圣者仍然打出反美和反以的标语，但示威游行显然受到伊朗政府的约束，总体和平有序地进行。9月，在纽约联合国大会期间，海合会（GCC）国家的外长与伊朗外长会面，共同讨论了海湾安全方面的事务，其中包括伊朗在地区的作用及海湾国家与伊朗的合作。

在两国外交关系修复和政治交往顺利开展的基础上，沙特期待在宗教领域与伊朗改善关系，希望伊朗承认沙特在伊斯兰世界的合法性和对麦加及麦地那的监护权。1991年10月，伊朗外交部副部长穆塔基（Manuchehr Motaki）受邀访问沙特，与沙特官员讨论发展双边关系，并就之后举行的达喀尔

---

① Adel AlToraifi, *Understanding the Role of State Identity in Foreign Policy Decision-Making: the Rise of Saudi-Iranian Rapprochement (1997-2009)*, The London School of Economics and Political Science (LSE) PHD 2012, p. 162.
② Banafsheh Keynoush, *Saudi Arabia and Iran: Friend or Foes?* Palgrave Macmillan, 2016, pp. 129-131.
③ Alsultan F M, Saeid P, *The Development of Saudi-Iranian Relations since the 1990s: Between Conflict and Accommodation*, Routledge, 2016, p. 91.

伊斯兰会议组织峰会进行磋商。11月，法赫德国王向拉夫桑贾尼赠送了一块麦加天方的幔帐，以表达善意。拉夫桑贾尼对此表示感谢，并希望两国在所有领域都发展友好关系。①

1991年12月，在塞内加尔首都达喀尔举行的伊斯兰会议组织峰会上，拉夫桑贾尼与阿卜杜拉王储实现会面，这成为自伊朗伊斯兰革命后两国最高领导层的首次会面。在会谈中，拉夫桑贾尼表示，他与阿卜杜拉的这次会面可能会受到国内保守势力的批评，因为两国间朝觐冲突的遗留问题尚未得到有效解决，而这可能会成为两国改善关系的一大障碍。② 但正是这次OIC会议的会面促进了两国关系的正常化，为两国恢复外交关系之后的正常交往拓展了后续空间。随后的历史不断证明，OIC会议上两国领导人的互动往往体现着两国关系变化的方向与趋势。这次会面后，拉夫桑贾尼收到访问沙特的邀请，两国关系持续转暖。

但是，伊朗、沙特与海湾其他国家的领土争端影响了两国关系的继续改善。1992年3月，拉夫桑贾尼登上位于海湾入口处的阿布穆萨岛视察，宣布伊朗对该岛行使主权，导致伊朗与海合会刚刚转暖的关系再度陷入紧张。沙特坚持认为阿布穆萨等三岛属于阿联酋，呼吁伊朗表明诚意，和平解决争端，将岛屿归还阿联酋，将相互尊重、互不干涉内政作为建设性合作的"前提"。③ 此后，海合会将此问题交予联合国仲裁，其虽并未对沙特与伊朗关系造成破坏性影响，但确实阻碍了两国关系正常化的进一步发展。

1992年9月，沙特与卡塔尔因边境冲突而关系恶化。卡塔尔指责沙特军队袭击边界哨卡，造成卡塔尔士兵伤亡。出于拉拢卡塔尔的考虑，拉夫桑贾尼选择站在卡塔尔一边，呼吁沙特与卡塔尔建立良好合作关系。历史上，伊

---

① Furtig, H., *Iran's Rivalry with Saudi Arabia between the Gulf Wars*, Ithaca Press, 2002, p. 106.
② Adel AlToraifi, *Understanding the Role of State Identity in Foreign Policy Decision-Making: the Rise of Saudi-Iranian Rapprochement (1997-2009)*, The London School of Economics and Political Science (LSE) PHD 2012, p. 161.
③ Chubin S., Tripp C., *Iran-Saudi Arabia Relations and Regional Order*, Oxford University Press, 1996, p. 30.

朗一直与卡塔尔保持相对友好的关系。在两伊战争后期，卡塔尔率先与伊朗进行接触，修复关系。沙特与卡塔尔的领土争端促使卡塔尔更加靠近伊朗。沙特和其他海湾国家间的任何紧张关系都有可能打破地区的权力平衡，增加伊朗的地区权重，这一点在之后的历史中一再得到验证。此次事件后，卡塔尔与伊朗的关系变得更加紧密。两国在教育、就业、航空运输、贸易等领域开展了一系列双边合作。卡塔尔领导人甚至请求伊朗在自己国家受到沙特威胁时予以保护。①

针对阿联酋岛屿和卡塔尔问题可能导致的沙伊关系变化，拉夫桑贾尼在1992年10月通过伊朗驻沙特大使传递消息给法赫德国王，表示目前海湾地区存在的问题"可以通过沟通与协商解决"。法赫德国王认可伊朗在维护海湾地区安全稳定方面所发挥的重要作用。② 阿布穆萨岛问题并未导致沙特与伊朗再次回到对抗。一方面，三岛不属于沙特与伊朗之间的直接领土争端。另一方面，沙特也认为，阿布穆萨岛是伊朗国内派系斗争的工具，如果一味在该问题上向伊朗施加压力，可能会助长伊国内激进派的势力。但在卡塔尔问题上，两国仍存在争议。

1993年，拉夫桑贾尼连任总统，依旧采取务实的外交政策，希望与沙特继续缓和关系，但受到伊朗国内保守势力的反对和阻挠。当年朝觐期间，伊朗朝圣者与沙特警方发生小规模冲突。之后，沙特将伊朗的朝觐配额降至5.5万人，遭到伊朗的强烈抗议。③ 油价也在这时对两国关系造成了一定影响。1993年9月，拉夫桑贾尼直接致电法赫德国王，以私人身份与法赫德讨论石油价格，希望沙特能够减产，以提高油价，法赫德同意调整产量。④ 随后石油价格上升，但不久后再次暴跌。1994年2月，伊朗媒体开始控诉沙特

---

① David B. Boberts, "Qatar Securing the Global Ambitions of a City - State", Hurst&Company, London, p. 72. 转自 Misr Al Fatah, "Iranian Protection Asked against Saudi Threats", Cairo: FBIS - NES - 92 - 201 on 1992 - 10 - 16, 12 October 1992.
② Banafshen Keynoush, *Saudi Arabia and Iran: Frienul or Foes?* Palgrave Macmillan, 2016, p. 134.
③ Chubin S., Tripp C., *Iran - Saudi Arabia Relations and Regional Order*, Oxford University Press, 1996, p. 56.
④ Ibid., pp. 68 - 69.

第四章 缓和、改善与停滞

操纵世界石油市场。同年 12 月,巴林爆发群众示威游行,并迅速升级为武装冲突和炸弹袭击。巴林政府在沙特的帮助下镇压、逮捕了大量示威者,其中绝大多数为什叶派穆斯林。巴林和沙特一致指责伊朗对暴乱负有主要责任,伊朗则予以否认。

在两国关系重现紧张的阶段,改善希望却悄然出现。1995 年 1 月,沙特内政大臣纳伊夫在海合会会议上表示,希望与伊朗建立正常关系。[①] 5 月,沙特安全部队在麦加及周围部署,以应对伊朗朝圣者举行的反美集会。但朝觐活动总体顺利,伊朗朝圣者没有与沙特方面发生暴力冲突。10 月,伊朗朝觐和宗教基金组织负责人抵达吉达,同沙特朝觐事务部长进行会谈。双方都认可彼此为确保朝觐顺利所付出的巨大努力。[②]

1995 年底,法赫德国王因中风而丧失行动能力,作为王储的阿卜杜拉在 1996—1997 年开始成为沙特实际上的统治者。在他的领导下,沙特的对外政策逐步发生变化,积极寻求与伊朗改善关系。1996 年夏天,拉夫桑贾尼派他的儿子马赫迪和伊朗驻德国大使侯赛因·穆萨维赴卡萨布兰卡与阿卜杜拉王储进行秘密会面。穆萨维称,阿卜杜拉王储表现出愿意与伊朗改善关系的强烈意愿。一个月后,穆萨维和马赫迪又在吉达与阿卜杜拉进行了第二次会面,并与阿卜杜拉就改善两国关系的具体细节进行了谈论和磋商。他们还先后与法赫德国王和内政大臣纳伊夫亲王会面。[③]

但就在此时,一场突如其来的爆炸发生在沙特东部的美军基地,造成大量人员伤亡。1996 年 6 月 25 日,一辆装着炸弹的卡车在位于沙特东部宰赫兰的胡拜尔塔外发生爆炸,造成 19 名美军士兵死亡、500 多人受伤,伤者大部分也为美军士兵。沙美两国情报机构调查的结果显示,爆炸为希贾兹真主党所为,该组织与伊朗伊斯兰革命卫队和黎巴嫩真主党有密切联系。美国通

[①] Marschall, C., *Iran's Persian Gulf Policy: From Khomeini to Khatami*, Routledge, 2003, p. 138.
[②] Furtig, H., *Iran's Rivalry with Saudi Arabia Between the Gulf Wars*, Ithaca Press, 2002, p. 230, p. 262.
[③] Seyed Hossein Mousavian, Shahir Shahidsaless, *Iran and the United States: An Insider's View on the Failed Past and the Road to Peace*, New York: Bloomsbury Academic, 2014, pp. 244-248.

过《伊朗—利比亚制裁法案》（ILSA Iran – Libya Sanctions Act）对伊朗进行经济制裁，并将伊朗称为"最危险的恐怖主义支持者"。[1] 伊朗则否认卷入爆炸案，指责"基地"组织应对此负责。也许是因为沙伊两国在爆炸发生后进行了及时的沟通，而且袭击的目标是美军基地，该事件没有对沙伊两国关系的改善造成较大负面影响，甚至沙特还斡旋其中，劝说美国不要对伊朗发动军事打击。美国考虑到哈塔米上台后的温和倾向，最终放弃了对伊朗进行军事打击。"胡拜尔爆炸案"最终没有造成沙伊两国关系的恶化，但其真相至今仍扑朔迷离。值得注意的是，2015年8月，沙特政府宣布在黎巴嫩贝鲁特逮捕了一个叫艾哈迈德·穆阿希勒（Ahmed al – Mughassil）的人，指控他是"胡拜尔爆炸案"的主谋。为何在事隔将近20年后，沙特才将主谋抓捕，而且是在黎巴嫩抓获的？这其中的真相也许要等到相关档案资料解密后才能知晓。

1991年两国关系实现"破冰"并取得良好进展后，沙特与伊朗关系总体上得到了修复，由对抗走向缓和。但是，在1992—1996年期间，两国仍在很多方面存在分歧，并由此引发相互指责和批评。这是因为：一方面，两国在地缘上存在相互竞争的结构，这种竞争不仅存在于对海湾安全和秩序的主导，也涉及到在中亚和非洲地区的软实力竞争；另一方面，两国在宗教意识形态领域仍存在对抗，朝觐问题没有得到根本解决。在巴勒斯坦问题上，两国存在对以色列的立场分歧，而马德里和会的召开与"土地换和平"原则的确立，进一步限制了伊朗的地区影响力。此外，两国内部的保守势力似乎不希望两国关系改善，通过朝觐和恐怖袭击制造各种障碍和麻烦。但是，尽管面临重重阻碍，两国关系还是进入了新的历史阶段。

---

[1] "Clinton Signs Bill against Investing in Iran and Libya", *The New York Times*, http：//www.nytimes.com/1996/08/06/world/clinton – signs – bill – against – investing – in – iran – and – libya.html，登录时间：2017年2月13日。

第四章 缓和、改善与停滞

第二节 两国关系的显著改善

1997年在两国关系史上是一个重要的年份,可视作两国由缓和走向亲近的开始。在1997年3月于伊斯兰堡举行的伊斯兰会议组织特别首脑会议上,阿卜杜拉王储与拉夫桑贾尼总统进行了长时间的会谈,就两国关系正常化所面临的阻碍深入交换了意见。之后,伊朗外长韦拉亚提访问沙特,就签署合作协定的事宜与沙特方面进行了沟通与讨论,并邀请沙特等海湾国家领导人出席12月在德黑兰举行的OIC峰会。随后,两国官员及高层又就合作协定的框架内容进行了多轮会面和讨论。

1997年6月,改革派教士赛义德·穆罕默德·哈塔米(Seyyed Mohammad Khatami)出人意料地赢得伊朗总统大选。哈塔米年轻时受过良好的多元化教育,在库姆接受了严格的宗教知识训练,在伊斯法罕大学系统性地学习了西方哲学,这决定了他具有开放包容的思想。哈塔米就职总统后提出"文明对话"的理念,在外交部长、情报部长等人选上做出重大调整,展示出伊朗对外政策的积极变化。哈塔米的当选,得到来自沙特方面的积极回应,沙伊关系的进一步改善获得了新机遇。

1997年12月,阿卜杜拉王储率领规模庞大的代表团出席德黑兰OIC首脑峰会。这除了表示对伊朗的尊重和重视外,其主要目的是为了沙特官员可以在私下与各领域相关的伊朗负责人和官员进行会面,利用峰会提供的便利条件推动两国关系发展。在峰会开幕式上,阿卜杜拉王储发表讲话呼吁伊斯兰国家加强团结与合作,同时赞扬主办国伊朗:"伊朗穆斯林以在伊斯兰世界的不朽成就和对伊斯兰文明的无价贡献而闻名,德黑兰主办此次伊斯兰盛会当之无愧。"[1] 在伊朗期间,阿卜杜拉还与最高领袖哈梅内伊、总统哈塔米

---

[1] Cordesman, A. H., *Saudi Arabia Enters the Twenty-First Century: The Military and International Security Dimensions*, Praeger Publishers, 2003, p. 46.

和拉夫桑贾尼等高层领导人进行了会谈。

在此次重要访问取得成功后，两国关系渐入佳境。1998 年 2 月，卸任总统后担任确定国家利益委员会主席的拉夫桑贾尼访问沙特首都利雅得，与沙特官方签署了一系列经贸和文化协定。到访期间，拉夫桑贾尼与法赫德国王、阿卜杜拉王储、国防大臣苏尔坦和沙特宗教领袖大穆夫提谢赫阿卜杜勒—阿齐兹·本·巴兹（Abdulaziz Bin - Baz）进行了会面。之后，拉夫桑贾尼访问了沙特协商会议等官方机构，并在利雅得、吉达和达曼与当地商务人士进行了会谈。除此之外，他还前往麦加完成了副朝。[①] 在 1998 年 4 月的朝觐前，法赫德国王邀请哈塔米赴麦加朝觐，后者谢绝了邀请，但表示以后会尽快前往麦加朝觐。

随着两国关系的显著改善，两国间的友好合作与互访愈加频繁。1999 年 3 月，时任沙特国防大臣的苏尔坦访问伊朗。5 月，哈塔米对沙特进行了为期 10 天的正式访问。法赫德国王亲赴机场，坐在轮椅上迎接哈塔米。随后，哈塔米与法赫德国王进行正式会面，并与阿卜杜拉王储和其他沙特高级官员会谈。同年 4 月，伊朗国防部长阿里·沙姆哈尼（Ali Shamkhani）[②] 访问沙特，成为自 1979 年后首位访问沙特的伊朗国防部长。2000 年 9 月，在纽约联合国千年首脑会议上，阿卜杜拉王储与哈塔米总统进行会谈。2001 年 4 月，沙特内政大臣纳伊夫访问伊朗。

在这一系列的互访中，双方关系取得了两项关键成果：

一是 1998 年 5 月《沙伊合作协议》（The Saudi - Iranian Cooperation Agreement）的签署。继 1997 年阿卜杜拉王储率团参加德黑兰 OIC 首脑会议取得良好成果后，1998 年 2 月拉夫桑贾尼率代表团回访沙特，也成果颇丰。代表团成员包括伊朗最高领袖外事顾问、前外交部长阿里·韦拉亚提，石油部

[①] Alsultan F M, Saeid, *The Development of Saudi - Iranian Relations since the 1990s: Between Conflict and Accommodation*, Routledge, 2016, p. 115.

[②] 阿里·沙姆哈尼出生于胡齐斯坦省阿瓦士市的一个阿拉伯人家庭，伊斯兰革命后加入伊斯兰革命卫队。

长比赞·桑加尼（Bijan Namdar Zangeneh）① 以及农业部长和劳动部长。此次访问进行得非常顺利，两国各部门间的会谈取得很大成功。最后，双方发布联合公报，一致同意建立部长级联合委员会。②

1998年5月27日，在一系列磋商后，两国终于在德黑兰签署了《沙伊合作协议》。该合作协议由三部分组成，分别涉及经济、贸易投资、教育、科学技术、文化、体育和青年福利等领域的合作。该协议还建议增进两国人民的相互了解，播放关于两国风土人情与历史文化的纪录片。此外，两国将设立部长级联合委员会，定期举行会晤，就发展双边关系进行研究和沟通。在此基础上，两国双边关系的改善具备了组织化的指导和规范，各领域的合作开始日益增加与活跃。③

二是2001年《沙伊安全合作协议》（The Security Accord of 2001）的签署。该协议的签署对两国关系正常化具有里程碑的意义。在这轮关系改善的进程中，两国的国防负责人实现互访，被认为是1979年之后两国关系改善的巅峰。1999年5月3日，沙特国防大臣苏尔坦亲王访问伊朗，成为自1979年后首访伊朗的沙特国防大臣。在抵达前，伊朗国防部长阿里·沙姆哈尼呼吁沙特与伊朗建立联合部队以"保卫伊斯兰世界"。他对伊朗媒体说："天空是伊朗与沙特关系和合作的极限（意为两国合作没有限制），伊朗伊斯兰共和国的军队愿意为沙特和穆斯林兄弟服务。"④ 会谈后，两国同意互派武官，在内部安全方面进行合作，并保证互不干涉内政。此外，双方还决定增加两国间的商业航班次数。⑤

---

① 2013年，桑加尼在鲁哈尼政府内阁中再次担任石油部长。

② Adel AlToraifi, *Understanding the Role of State Identity in Foreign Policy Decision-Making: the Rise of Saudi-Iranian Rapprochement (1997-2009)*, The London School of Economics and Political Science (LSE) PHD 2012, p. 210.

③ Ibid., pp. 211-212.

④ "Saudi Defence Minister Visit to Iran Good For Persian Gulf Peace And Securit", http://iran-press-service.com/articles/iran-saudi_359902.html, 登录时间：2016年10月1日。

⑤ Cordesman, A. H., *Saudi Arabia Enters the Twenty-First Century: The Military and International Security Dimensions*, London: Praeger Publishers, 2003, p. 49

2000年4月27日，伊朗国防和后勤部长阿里·沙姆哈尼访问吉达，成为伊朗伊斯兰革命后首访沙特的伊朗国防部长，受到沙特方面的高度重视。访问期间，法赫德国王与阿卜杜拉王储分别会见了沙姆哈尼，第二副首相兼国防和航空大臣苏尔坦不仅同沙姆哈尼举行了会谈，还专程从吉达飞到利雅得出席伊朗建军节的招待会。根据国王的指示，苏尔坦亲王还授予沙姆哈尼二级阿卜杜勒—阿齐兹国王绶带。[①] 沙姆哈尼向沙特方面再次提议两国签署共同防卫协议，并表示该协议可将其他海湾国家纳入其中，以共同维护海湾地区的和平与稳定。但沙特方面考虑到与美国和海合会其他成员国的关系，表示要慎重考虑伊朗的提议。虽然在签署共同防卫协议上有所犹豫，但沙特仍向伊朗表示愿意改善两国关系，提议与伊朗签署一份以保障双方内部安全为核心的协议。沙特的考虑主要从国内安全问题出发，在尚未确定伊朗（特别是伊斯兰革命卫队）是否会破坏沙特和其他海湾国家内部安全之前，沙特不准备进一步升级与伊朗的关系。[②]

2001年4月18日，两国内政部门负责人——沙特内政大臣纳伊夫亲王与伊朗内政部长穆萨维·拉里在德黑兰签署《沙伊安全合作协议》。协议的主要内容为：沙伊双方彼此尊重国家主权和领土完整，不煽动任何暴力或向试图破坏两国国内安全的团体或组织提供任何支持，以及打击有组织犯罪、恐怖主义和毒品交易等。协议签署后，双方对此给予了高度评价。哈塔米称，"安全协议的签署是地区国家富有成果合作的良好示范"，并希望该协议能够促进海湾国家的整体合作，海湾的安全与稳定应该由海湾国家做主。纳伊夫表示"为了实现安全与稳定，我们非常希望与伊朗继续合作……我们认

[①] "沙特伊朗关系稳步发展"，新华社，2000年5月2日，http://www.people.com.cn/GB/channel2/18/20000503/55583.html，登录时间：2017年2月24日。

[②] Adel AlToraifi, *Understanding the Role of State Identity in Foreign Policy Decision – Making: the Rise of Saudi – Iranian Rapprochement（1997 – 2009）*, The London School of Economics and Political Science (LSE) PHD 2012, p. 217.

第四章 缓和、改善与停滞

为，海湾地区的稳定只有建立在两国安全的基础上才能实现"。①《沙伊安全合作协议》的签署确实对整个海湾地区的安全起到了促进作用。在与沙特关系改善的基础上，伊朗计划下一步与科威特、卡塔尔等酋长国签署相应安全协议，与阿联酋的领土纠纷也有望在海湾安全的大框架下得以妥善解决。

除了政治和军事关系的改善与合作外，两国之间文化与经济方面的合作也随之增强。2000年，沙特放松了对伊朗商人的签证限制，一些联合项目初步确定。伊朗同意派遣医生、护士和医疗专业人员前往沙特。两国之间的贸易额也急剧增加。1999年两国贸易额为9500万美元，2000年这一数字增加到1.3亿美元，2001年则更进一步增长到2.485亿美元。2003年初，伊朗—沙特联合委员会第五届会议圆满结束，那时已有18家沙特—伊朗合资企业在两国运营。②

随着两国关系不断改善，对美国的立场分歧成为阻碍两国关系深入发展的关键因素。沙特作为美国的盟友，一直受到伊朗内部反美保守势力的攻击，他们不愿伊朗与美国的盟友发展关系。但是，如果伊朗与美国关系能够打破1979年以来的僵局，无疑会促进沙伊关系继续深入改善。因此，沙特表示愿意做伊朗与美国关系缓和的中间人。阿卜杜拉王储曾对伊朗领导人表示："（伊朗）是时候放下与美国的分歧……要让美国明白伊朗已经改变，不再是海湾地区安全和稳定的威胁者……如果美国需要协调与伊朗的关系，那么沙特会毫不犹豫地充当这一角色。"③

然而，2001年9月11日，一场举世震惊的恐怖袭击重创了美国。小布什政府在之后发动的反恐战争，不仅深刻地改变了中东的地缘政治格局，也改变了两国关系改善的方向。

---

① "沙特和伊朗签署安全协议"，Al Bawaba，https：//www.albawaba.com/ar/الاتفاقية-الامنية-على-ساخرون/السعودية-وايران-توقعان；"沙伊合作超越安全协议"，Al Bawaba，http：//www.albainah.net/Index.aspx? function = Item&id = 1476，登录时间：2016 年 12 月 4 日。

② Okruhlik, G., "Saudi Arabian – Iranian Relations: External Rapprochement and Internal Consolidation", *Middle East Policy*, 2003, 10 (2), p. 118.

③ Alsultan F M, Saeid P, *The Development of Saudi – Iranian Relations since the 1990s: Between Conflict and Accommodation*, Routledge, 2016, pp. 121 – 122.

第三节 后"9·11"时代的两国关系

"9·11"事件发生后,沙特与伊朗都对此表示严厉谴责,哀悼遇难者。伊朗政府甚至在当天禁止了20年来一直出现的"美国去死"的标语。在随后的日子里,沙特与伊朗都积极配合了美国在阿富汗进行的反恐战争。由于策划和参与袭击的恐怖分子大多数为沙特籍,沙特政府希望以配合反恐自证清白。伊朗则在"6+2集团"(Six plus Two Group on Afghanistan)框架内与美国进行秘密会谈,希望以此为突破口缓和伊美关系。

一、阿富汗战争

2001年10月7日,以美国为首的联军对阿富汗的塔利班武装和"基地"组织发动武装打击,以报复"9·11"恐怖袭击对美国造成的重大伤亡,标志着美国全球反恐战争和单边主义行动的开始。

美军入侵阿富汗的军事行动,虽未对沙伊两国关系造成直接的影响,但两国间刚刚建立起来的脆弱信任开始出现裂痕。塔利班是伊朗的死敌,伊朗也希望为在1998年8月被塔利班杀死的9名伊朗外交人员复仇,因而伊朗政府在情报、战略策划等方面不遗余力,为美军在阿富汗的军事行动提供帮助。正是在伊朗的建议和影响下,美军开始与伊朗盟友"北方联盟"合作,短时间内就攻下了喀布尔,打垮了塔利班政权。伊朗在阿富汗战争中发挥的作用和强大的影响力让沙特感到震惊和不安。塔利班政权垮台后,伊朗继续在阿富汗发挥影响力,帮助美国扶植新政权。考虑到伊朗可能在美国撤出后控制卡尔扎伊政府,同时会大力支持信仰什叶派的哈扎尔人,从而影响到逊尼派穆斯林的地位,沙特的怀疑和担忧开始与日俱增。

塔利班政权倒台后,"基地"组织的高级成员甚至本·拉登本人藏匿在伊朗的传闻不绝于耳。2003年5月，利雅得三个西方人居住的小区发生连环爆炸，造成35人死亡，其中9人为美国公民，另外造成100多人受伤。袭击发生后，美国情报机构坚称，这是"基地"组织负责安全事务的头目赛义夫·阿德尔（Saif al-Adel）在伊朗用卫星电话下达的袭击命令。2001年阿富汗战争后期，阿德尔率领500名"基地"组织成员逃往伊朗，被伊朗军队抓获。之后他和一些"基地"组织成员被释放，住在伊朗北部，并与外界保持联系。① 伊朗外交部否认本·拉登等"基地"组织高级成员在伊朗，称其为谣言，并表示一直在努力打击"基地"组织。尽管如此，这起恐怖袭击事件在2001年刚刚签署完《沙伊安全合作协议》的背景下，确实影响了两国在安全领域合作的互信，给两国关系的改善蒙上了一层阴影。

二、伊朗核计划

2002—2003年伊朗核计划曝光，再为两国关系改善蒙上了一层阴影。2002年2月，伊朗国防部长阿里·沙姆哈尼对沙特媒体发表讲话，表示伊朗即使有能力，也不会谋求生产或拥有核武器。沙姆哈尼还表示，伊朗希望其所在的地区成为无核区，以维护地区安全与稳定，不愿同任何地区国家搞军备竞赛。② 然而，仅仅半年后，伊朗境外反对派组织"人民圣战者组织"就曝光了伊朗政府的核计划，称自2000年起伊朗就开始在纳坦兹秘密建设地下核设施，在阿拉克秘密建有重水工厂。9月，美国情报机构用两幅侦察卫星照片确认了上述秘密核设施的存在。同月，哈塔米紧急出访沙特吉达，就伊核问题、海湾局势和巴勒斯坦问题与阿卜杜拉等沙特领导人进行磋商。出访前，哈塔米主持召开了国家最高安全委员会会议，伊朗最高领袖哈梅内伊罕见地出席会议。2003年2月9日，哈塔米突然宣布伊朗已经开始开采铀矿并

---

① "赛义夫·阿德尔等3名'基地'组织成员藏匿在伊朗"，*Al Yaum*，http：//www.alyaum.com/article/1078608，登录时间：2017年6月10日。

② "伊朗国防部长表示伊朗不会谋求拥有或生产核武器"，新华网，http：//news.xinhuanet.com/newscenter/2002-02/05/content_268799.htm，登录时间：2016年10月26日。

进行加工，供其进行研究和发展民用核能。第二天，伊朗国家原子能组织主席阿加扎德称，伊朗正在伊斯法罕和卡桑两个城市附近分别兴建两座铀提炼加工厂。

伊朗曝光的核计划引起了美国、欧盟，以及包括海湾国家在内的国际社会的极大担忧。针对伊朗的核计划，小布什政府一再声称"保留所有的选项"（all options are on the table），武力打击伊朗、颠覆伊朗政权以阻止其拥有核武的阴云从此笼罩在海湾的上空，一直持续到2015年伊朗核问题全面协议签署。

在此背景下，法国、德国和英国（EU3）肩负起与伊朗进行谈判的重任。2003年12月18日，哈塔米政府签署了《不扩散核武器条约》附加议定书，中止铀浓缩活动以换取开放贸易。但是，由于对"中止"的定义存在分歧，且欧盟未能及时兑现承诺，伊朗国内强硬保守势力趁机发难，批评哈塔米政府对西方的妥协与屈服不仅没有带来实际好处，还损害了伊朗的利益。而这一次，最高领袖哈梅内伊选择了站在强硬派一边。在2004年的议会选举中，强硬派战胜改革派赢得了多数席位，揭示出伊朗政坛走向保守的趋势。

伊朗核问题首席谈判代表鲁哈尼在2005年6月来到沙特，向沙特高层表示，伊朗没有发展核武器的野心。他还提议建立一个安全委员会，每年举行一次会晤。但是，沙特没有同意该建议，对于共同开发铀浓缩和建立核燃料银行的建议也没有积极回应。[①] 伊朗发展核能的强烈意愿与掌握铀浓缩技术的可能性，让沙特开始感到不安，心存戒备。

三、伊拉克战争

伊拉克战争的爆发无疑引发了两国之后一系列的地区博弈与分歧。自2002年起，美国以存在"大规模杀伤性武器"为由准备进攻伊拉克。沙伊两国在一开始基本持相同立场，即反对美国的军事入侵。沙特方面多次表示，

[①] Banafshen Keynoush, *Saudi Arabia and Iran: Friend or Foes?* Palgrave Macmillan, 2016, p. 161.

坚决反对美军使用沙特基地对伊拉克发动进攻。王储阿卜杜拉对美国的军事行动持强烈反对的态度，但在2002年8月27日小布什与阿卜杜拉通话后，沙特的官方立场出现转变。外交大臣费萨尔表示，一旦联合国授权美国攻打伊拉克，那么沙特将"允许美军使用该国境内的军事基地"。[①] 但原则上，沙特仍不同意美军攻打伊拉克。伊朗方面尽管公开声称不支持美国入侵，但私下里表示愿意与美国合作，复制打败阿富汗塔利班的合作模式，终结敌人萨达姆在伊拉克的统治。但最终美国没有选择与伊朗二度合作。

萨达姆政权覆灭后，沙特与伊朗都在伊拉克发挥各自的影响力。沙特协助结束了逊尼派武装与美军在费卢杰的战斗。伊朗则调解各什叶派武装间的矛盾，并平息什叶派萨德尔军与伊拉克临时权力机构（CPA）的纠纷。随着伊拉克政治进程的开展，两国之间的矛盾逐渐浮出水面。在2005年的伊拉克大选中，沙特内部怀疑伊朗伊斯兰革命卫队暗中支持伊拉克什叶派武装力量，影响伊拉克政治进程，指责伊朗花费数百万美元让什叶派"伊拉克团结联盟"赢得议会大选，提名达瓦党总书记贾法里为过渡政府总理，损害了伊拉克逊尼派的利益。

两国政治和安全关系的改善进程在"9·11"之后明显放缓，甚至出现停滞。2001年11月13日，沙特与伊朗安全委员会第一次会议在利雅得举行，双方在《沙伊安全合作协议》的框架下就共同关心的安全问题进行了讨论与磋商。按照约定，第二次会议将在伊朗首都德黑兰举行，但直到2005年哈塔米卸任，两国也未能就第二次安全会议的召开达成一致。仅仅在2002年1月，伊朗伊斯兰议会发言人马赫迪·卡如比（Mahdi Kharroubi）访问利雅得，与沙特协商会议主席阿卜杜拉·本·穆罕默德（Abdullah ibn Muhammad）见面会谈。会谈结束后，双方发表了一份联合声明，谴责西方媒体攻击伊斯兰教，强调《沙伊安全合作协议》对地区稳定的重要性，并就巴勒斯

---

① "沙特将不再坚决反对美军攻打伊拉克"，人民网，http://www.people.com.cn/GB/guoji/22/83/20020916/823082.html，登录时间：2016年12月31日。

坦问题、阿富汗的稳定与伊拉克的主权完整等问题统一立场，反对单边行动。①

虽然两国政治和安全领域关系的改善在"9·11"事件后变得缓慢，但两国的经济合作还是取得了较大进展。2005年1月，伊朗贸易部长召开针对沙特记者的招待会，表示两国近年来在双边贸易和OPEC领域的合作取得了巨大成就。② 5月16—18日，沙伊经济委员会工作会议在利雅得召开。在这次会议上，两国签署了《沙伊海运合作协议》，以鼓励在港口和航线方面的投资，增加两国之间的货物贸易量。海运承担着两国间90%的货物运输量，因此该协议的签署具有重要意义。③

但是，最终决定两国战略关系的是安全因素，而不是经济因素。阿富汗战争、伊朗核计划、伊拉克战争和萨达姆政权消亡，让沙特及其他阿拉伯国家开始怀疑伊朗的地区影响力正在上升。《贝鲁特和平宣言》和利雅得连环爆炸案，以及伊朗内部保守强硬派的不断壮大，让沙伊关系开始出现不和谐的音符。

2005年6月，保守派马哈茂德·艾哈迈迪—内贾德（Mahmoud Ahmadinejad）当选新一任伊朗总统，标志着以哈塔米为代表的改革派彻底离开权力中心。在获胜演讲中，艾哈迈迪—内贾德说："今天，是6月24日，真主保佑，这是伊朗民族政治生活新时代的开始。"④ 正如他所言，这不仅是伊朗政治的新变化，也将给沙伊关系带来巨大的变化。

---

① Alsultan F M, Saeid P, *The Development of Saudi – Iranian Relations since the 1990s: Between Conflict and Accommodation*, New York: Routledge, 2016, p. 126.
② "伊朗商务部长举行沙特媒体招待会"，SPA, http://www.spa.gov.sa/viewstory.php?lang=ar&newsid=229885, 登录时间：2017年10月4日。
③ "沙特与伊朗签署航运协议"，SPA, http://www.spa.gov.sa/viewstory.php?lang=ar&newsid=263105, 登录时间：2017年10月4日。
④ Alsultan F M, Saeid P, *The Development of Saudi – Iranian Relations since the 1990s: Between Conflict and Accommodation*, Routledge, 2016, p. 132.

第五章 从分歧到对立

第一节 艾哈迈迪—内贾德上台与沙特的反应

2005年8月,艾哈迈迪—内贾德宣誓就职伊朗伊斯兰共和国总统。艾哈迈迪—内贾德出身贫寒,但具有领袖气质,擅长与人民直接对话,特别受到底层民众的支持与拥护,享有"平民总统"的称号。然而,作为参加过1978—1979年伊斯兰革命的激进学生,他又有着激进与强硬的一面。在两伊战争中,艾哈迈迪—内贾德加入伊斯兰革命卫队(IRGC),与一些高层指挥官建立了亲密关系,这些人成为他日后政治上的盟友。而2004年伊朗保守派赢得议会大选,让艾哈迈迪—内贾德的强硬路线顺理成章地改变了伊朗的外交方向。

也许是历史的巧合,2005年8月,法赫德国王病逝,摄政近10年之久的阿卜杜拉登基成为国王。如果从1982年哈立德国王去世算起,他已经在王储的位置上执政23年之久,在沙特王室和国内拥有很高的威信和。沙伊两国关系又进入到一个充满变化的新时期。

实际上,在艾哈迈迪—内贾德赢得总统大选后,阿卜杜拉首先发去贺电,表示希望与伊朗加强互信与友好往来。对于沙特释放的善意,艾哈迈迪—内贾德在大选后的第一次记者招待会上表示,与沙特和其他海湾国家发展关系是伊朗外交的重中之重,并希望通过加强友好关系来维护共同利益。但是,仅仅就任总统数日后,艾哈迈迪—内贾德就宣布重启伊斯法罕的铀转化设备,表明继续开展核能研究的决心,强硬激进的外交政策一览无余。

在这段时间内,沙伊关系出现微妙的变化。一方面,两国高层领导显然希望继续改善关系。2005年9月20日,拉夫桑贾尼对沙特进行了为期一周的正式访问,其间与阿卜杜拉国王和沙特高级官员进行了多次会面与会谈。但另一方面,伊拉克局势的动荡让两国陷入相互争执和辩论不休的局面,伊朗外长穆塔基甚至推迟了访问沙特的计划。11月26日,伊朗最高领袖哈梅内伊通过其外交事务顾问韦拉亚提向阿卜杜拉国王转交了一封亲笔信,引发外界的广泛关注。沙特官方没有披露信件的具体内容,只是报道称这封信建立在两国兄弟般亲密的关系上。① 值得注意的是,这是伊朗最高领袖第一次委托现任政府之外的人员作为特使转达他的信件。也许哈梅内伊是为了建立直接与沙特进行沟通的渠道,缓和艾哈迈迪—内贾德和伊朗的激进保守派上台带来的紧张局面。② 此外,这封信显然与艾哈迈迪—内贾德在数日后出席在麦加召开的伊斯兰国家特别首脑会议有关。

2005年12月,伊斯兰会议组织第三次特别首脑会议在麦加召开,艾哈迈迪—内贾德受邀参加。阿卜杜拉国王希望通过这次会议展示伊斯兰教温和包容的形象,彰显反对恐怖主义和极端主义的决心。但艾哈迈迪—内贾德关于以色列的强硬讲话却与会议的精神格格不入。他在讲话中表示,"如果欧洲国家出于对纳粹屠杀犹太人的愧疚而建立以色列,那也应该建立在欧洲的土地上"。③ 沙特官方没有对此进行公开评论,但一些沙特官员私下表示不满,认为艾哈迈迪—内贾德的极端言论严重破坏了峰会原本倡导的宽容精

---

① "哈梅内伊来信",SPA,http://www.spa.gov.sa/viewstory.php?lang=ar&newsid=305661,登录时间:2017年12月15日。
② The Letter of Khamenei to King Abudulla, *Financial Times*, 20 Feb. 2006.
③ "Iran's President Calls Holocaust 'Myth' in Latest Assault on Jews", *Washington Post*, 14 December 2005.

神。① 尽管如此，也许是哈梅内伊的亲笔信起到了一定的缓和作用，艾哈迈迪—内贾德与阿卜杜拉国王的会面充满友好气氛，其本人和随行代表团也受到沙特方面的热情接待。

由此可见，两国领导层都在尽力避免好不容易缓和的关系重回紧张状态。沙特避免直接批评伊朗干涉阿拉伯事务，对艾哈迈迪—内贾德以礼相待。而艾哈迈迪—内贾德尽管强烈反对美国和以色列，在核问题上持强硬立场，强调伊朗的地区大国地位和作用，但对于沙特和阿卜杜拉国王一直表示友好，没有任何言语上的直接批评和攻击。

第二节　战略对话

尽管沙伊两国高层都认识到两国关系或不可避免地受到地区格局变化的影响，但双方还是进行了一系列的通信、互访与谈判，并不断释放善意，希望为地区分歧找到妥善的解决办法。

2006年4月11日，法新社发布一则题为《沙特求助俄罗斯阻止美国打击伊朗》的报道。报道称，沙特国家安全委员会（The Saudi National Security Council，SNSC）②秘书长班达尔·苏尔坦亲王4日与俄外长拉夫罗夫会面时，曾"敦促俄罗斯阻止联合国安理会通过制裁伊朗的相关决议，以免美国借口对伊朗的核设施进行军事打击"。班达尔称，沙特不认为伊朗获取核能知识的行为是一种危险，伊朗和平利用核能并不导致核扩散。③ 4月11日，伊朗最高安全委员会（Supreme National Security Council）秘书阿里·拉里贾尼访问利雅得，与班达尔等进行会谈。沙特提出条件，如果伊朗能够推迟铀

---

① "Ahmadinejads remarks anger Saudis", https://www.ncr-iran.org/en/news/terrorism-fundamentalism/666-iran-saudi-ahmadinejads-remarks-anger-saudis，登录时间：2017年12月4日。
② 该机构于2005年10月由阿卜杜拉国王建立，主要负责制定沙特的内政与外交政策。2015年1月，萨勒曼国王登基后，发布敕令解散该机构。
③ "Riyadh seeks Russian help to prevent US strike on Iran", AFP, 11 April 2006.

浓缩活动并允许国际原子能机构核查人员进入伊朗进行检查监督，沙特就支持伊朗发展民用核能。但此次会谈中，双方并没有达成一致。

6月12日，沙特外交大臣费萨尔访问伊朗，与最高领袖哈梅内伊见面并转交了阿卜杜拉国王的信件。哈梅内伊表示伊朗愿意消除与沙特之间的紧张关系，支持通过战略对话解决两国在伊拉克等地区问题上的分歧。他甚至表示，"应继续推动两国合作，增加联合委员会的互动，并履行之前签署的协议……"① 访问结束后，费萨尔称"伊朗伊斯兰共和国有明确的责任意识，它并不追求发展核武器……支持伊朗开发利用核能的权利，通过外交手段解决伊朗核问题……"② 作为回应，艾哈迈迪—内贾德表示："伊朗和沙特在不同领域的合作对两国、地区和伊斯兰世界都是有利的。两国可以在解决地区问题上发挥更有效的作用。"③

6月16日，班达尔再赴伊朗，与哈梅内伊和拉里贾尼就伊朗核计划与黎巴嫩真主党问题进行磋商。在会谈中，班达尔再次表示，沙特支持伊朗发展核能，并将努力斡旋伊朗与美国关系，以避免两国间不必要的冲突。④ 但是，就在两国间的战略对话进行过程中，黎巴嫩真主党却突然发动针对以色列的武装行动。7月12日，真主党对以色列边境目标实施袭击，导致以军对黎巴嫩南部采取大规模军事报复行动。沙伊双方立即进行磋商和会谈，希望尽快实现停火，避免战争进一步升级。7月15日，拉里贾尼到访沙特，与班达尔进行会谈，表示将帮助黎巴嫩政府解决危机，支持停火。之后，他会见了阿卜杜拉国王。根据阿德尔·图莱非（Altouraifi）2011年对时任沙特驻美大使

---

① "Saudi FM Meets with Ayatollah Khamenei", The Office of the Supreme Leader, http://leader.ir/en/content/3530/Saudi-FM-meets-with-Ayatollah-Khamenei, 登录时间：2016年3月4日。

② "沙特外交大臣与伊朗外交部长进行会谈", SPA, http://www.spa.gov.sa/viewstory.php?lang=ar&newsid=368169, 登录时间：2016年3月4日。

③ "President Calls for Expansion of Iran-Saudi Arabia 'Brotherly' Ties", IRNA, www.irna.ir/en/News/8137638, 登录时间：2017年10月2日。

④ Adel AlToraifi, *Understanding the Role of State Identity in Foreign Policy Decision-Making: the Rise of Saudi-Iranian Rapprochement (1997-2009)*, The London School of Economics and Political Science (LSE) PHD 2012, p.246.

第五章 从分歧到对立

阿德尔·朱拜尔（Adel Al-Jubeir）的采访，此次斡旋会谈没有取得任何实质性成果。国王强烈谴责真主党的行为，并警告伊朗不要以牺牲黎巴嫩为代价增强自身的地区影响力。[①] 黎以武装冲突一直持续到8月初，直到安理会通过第1701号决议后，真主党与以色列才实现停火。

这场突如其来的武装冲突给正在进行战略对话的沙伊双方造成了负面影响，扩大了两国的地区分歧和裂痕。但冲突结束后，两国高层依然保持着密切的联系。8月和11月，伊朗外长穆塔基、副总统马沙伊先后访问沙特，向阿卜杜拉国王转交艾哈迈迪—内贾德的亲笔信。

进入2007年，沙特一方面继续调解黎巴嫩、巴勒斯坦的内部矛盾，希望在阿拉伯与伊斯兰的框架内解决争端。另一方面，沙特试图与伊朗的盟友改善关系，以争取在与伊朗的博弈中占据主动。伊朗则由于面临美国的军事威胁，向沙特发出了缓和关系的信号。2007年初发生的一系列重大又相互关联的事件，预示着两国关系来到了变局前的敏感时刻。

2007年1月15日，路透社发布消息称，拉里贾尼带了一封伊朗领导人的信给沙特政府，希望沙特能帮助缓和伊朗与美国间的紧张关系。[②] 随后，费萨尔亲王与美国国务卿赖斯共同出席记者招待会否认了这一传闻。[③] 16日，艾哈迈迪—内贾德接受采访时表示，他已经给阿卜杜拉国王写信建议两国合作稳定伊拉克局势。"我们（伊朗）、沙特和其他邻国可以帮助伊拉克人民维护国家的安全与稳定"，他还表示"沙特国王对此的答复，总体来说，是肯定的"。[④] 1月27日，阿卜杜拉国王在接受科威特《政治报》专访时称，他

[①] Adel AlToraifi, *Understanding the Role of State Identity in Foreign Policy Decision-Making: the Rise of Saudi-Iranian Rapprochement (1997-2009)*, The London School of Economics and Political Science (LSE) PHD 2012, pp. 247-248.

[②] "Iran sends message to Saudi Arabia amid rising tension", Reuters, 15 Jan. 2007.

[③] "沙特否认受伊朗邀请调解美伊关系", 人民网, http://world.people.com.cn/GB/1029/42361/5296935.html, 登录时间：2017年6月。

[④] "Iran president sends note to Saudi king", *China Daily*, 17 Jan. 2007.

已向伊朗领导人就如何避免战争和保证海湾地区局势稳定提出了若干建议。[1] 30 日，外交大臣费萨尔称沙特正与伊朗展开合作，努力解决伊拉克和黎巴嫩的内部危机。费萨尔表示："伊朗已向沙特提议展开合作，以消除伊拉克和黎巴嫩的逊尼派和什叶派之间的冲突……沙特唯一希望的就是本地区实现和平……利雅得和德黑兰之间一直保持着联络和沟通。"[2] 2 月 14 日，拉里贾尼来到利雅得，与沙特的政治和安全官员讨论了核问题和地区问题。[3] 在这次会谈中，伊朗方面表示希望恢复两国高层中断的战略谈判。[4] 此后，伊朗的官方和半官方媒体开始报道沙特在伊拉克的正面作用，并淡化处理伊朗与阿拉伯国家特别是沙特之间的紧张关系。[5]

而在拉里贾尼到访前，俄罗斯总统普京应邀于 2 月 11 日访问沙特，成为自两国建交以来访问沙特的首位俄罗斯总统。普京与沙特国王阿卜杜拉举行会谈，就加强双边关系、反恐和中东局势等议题交换意见，其中伊拉克局势、巴以争端和伊朗核计划是讨论的重点。沙特希望与俄罗斯加强关系，以在与伊朗的谈判中掌握更多筹码，同时也希望俄罗斯对伊朗的地区活动施加影响。

最终，在关系缓和的预期下，两国的最高元首实现会晤。2007 年 3 月 3 日，艾哈迈迪—内贾德到访利雅得，阿卜杜拉国王亲自赴机场迎接，并拉着艾哈迈迪—内贾德的手一同行进。[6] 两国元首就伊拉克、黎巴嫩、巴勒斯坦和伊朗核问题进行了会谈。会谈结束后，双方就努力阻止教派冲突扩散达成

---

[1] "沙特阿拉伯国王称已经向伊朗提出避免战争建议"，新华网，http://news.xinhuanet.com/world/2007-01/27/content_5483256.htm，登录时间：2017 年 6 月 14 日。

[2] "沙特称与伊朗合作缓解中东危机"，新华网，http://news.xinhuanet.com/world/2007-02/01/content_5680567.htm，登录时间：2016 年 11 月 14 日。

[3] "Iran envoy Larijani in Saudi for nuclear talks", Reuters, 14 Feb. 2007.

[4] Adel AlToraifi, *Understanding the Role of State Identity in Foreign Policy Decision-Making: the Rise of Saudi-Iranian Rapprochement (1997-2009)*, The London School of Economics and Political Science (LSE) PHD 2012, p. 250.

[5] Wehrey, F., et al., *Saudi-Iranian Relations since the Fall of Saddam: Rivalry, Cooperation, and Implications for US Policy*, Rand Corporation, 2009, p. 87.

[6] 在沙特的风俗中，这种行为表示对到访者的尊重与礼遇。

第五章　从分歧到对立

一致。艾哈迈迪—内贾德称："两国领导人一致认为，应共同合作，挫败'敌人'企图分裂伊斯兰世界的'阴谋'。"沙特官方通讯社报道称："目前威胁伊斯兰国家最大的危险是有人阴谋激化什叶派和逊尼派的教派冲突，因此两国必须通力合作，弥合教派分歧，粉碎阴谋。"①

然而，在热情接待与友好会谈的表面之下，一些细节让人不禁对两国关系重回友好充满疑问。艾哈迈迪—内贾德仅仅在沙特停留了8个小时就匆匆离去，而原计划的访问为期两天。② 尽管双方同意联手阻止教派冲突，但最后没有实际上达成任何具体的计划或措施来解决不断升级的地区教派和政治危机。而且，两国也没有签署任何正式的官方文件或协议。此外，沙通社（SPA）报道称，艾哈迈迪—内贾德在会谈中表态支持《阿拉伯和平倡议》。对此，伊朗马上予以坚决否认，伊朗总统新闻办公室官员表示，总统与沙特国王的会谈没有涉及2002年的和平倡议。③ 但无论如何，艾哈迈迪—内贾德的这次访问让两国一度紧张的关系开始缓和，停滞的战略对话也重新开启。因此，尽管地区分歧和矛盾造成对话停滞或关系紧张，但两国高层还是会保持某种形式的沟通和接触，这种重要的方式能够避免两国关系进一步恶化。

2007年底，伊朗与海合会关系实现重大历史性突破。10月31日，伊朗外长穆塔基在访问伊拉克时表示，伊朗希望与所有海湾阿拉伯国家共同签署一份安全协定，以推动各方在反恐等领域的合作。④ 12月3日，艾哈迈迪—内贾德受邀出席在卡塔尔首都多哈举行的第28届海湾合作委员会首脑会议，成为自1981年海合会成立以来首位出席该会议的伊朗总统。在演讲中，艾哈迈迪—内贾德提出了促进伊朗与海湾国家友好关系的多项建议，引起广泛关

---

① "沙特伊朗会谈结束 共言警惕'阴谋'"，新华社，http://news.xinhuanet.com/world/2007-03/05/content_5804460.htm，登录时间：2016年11月20日。
② "Iran President Meets Saudi to Discuss Mideast Issues", *New York Times*, 4 March 2007.
③ "伊朗否认支持阿拉伯倡议"，Mehr News Agency, https://ar.mehrnews.com/news/456693/ایران-تنفی-دعمها-المبادره-العربیه-فی-الشرق-الاوسط，登录时间：2016年11月20日。
④ "伊朗有意与海湾阿拉伯国家签署安全协定推动反恐"，新华社，http://news.xinhuanet.com/world/2007-11/01/content_6991495.htm，登录时间：2016年11月20日。

注和讨论。

在此基础上，沙特与伊朗关系呈现出改善的趋势。在海合会峰会上，阿卜杜拉国王对艾哈迈迪—内贾德的出席表示热烈欢迎，并再次拉着他的手走入会场。12月12日，阿卜杜拉正式邀请艾哈迈迪—内贾德赴麦加参加朝觐。对此，艾哈迈迪—内贾德表示："应该尊重并积极地回应这份来自兄弟的邀请。"[1] 随后，艾哈迈迪内贾德前往沙特麦加朝觐，成为自伊朗伊斯兰共和国建立以来首位应沙特官方邀请完成朝觐义务的在职伊朗总统。在麦加米纳的宫殿内，艾哈迈迪内贾德与马来西亚元首、毛里塔尼亚总统、马尔代夫总统一同受到阿卜杜拉国王的接待。根据沙通社的图片显示，艾哈迈迪—内贾德坐在国王的右侧，体现出受到较高的礼遇。[2]

但是，2007年底出现的两国关系改善小高潮，只是一种表面上的变化。虽然一度中断的战略对话得以继续，但并没有取得任何实质性成果。艾哈迈迪—内贾德在海合会上的历史性出席，也是源于卡塔尔的战略平衡需求，与沙特、伊朗之间关系的改善没有直接关系。而且，阿卜杜拉国王对于卡塔尔擅自邀请艾哈迈迪—内贾德出席峰会实际上非常愤怒。[3] 沙特的朝觐外交可以在政治外交陷入困境时发挥作用，为两国的对话寻找新的途径，缓和关系。但这次邀请朝觐也许只是遵循礼遇艾哈迈迪—内贾德的外交惯例，或者是在卡塔尔与伊朗关系取得公开化进展后，沙特的一种应对策略。总之，若没有沙特高层官员就两国关系与伊朗代表团进行会谈的官方报道或记录，这种改善终归是"雷声大雨点小"，对于两国关系并没有任何实质性的改善和推动作用。

---

[1] "艾哈迈迪—内贾德收到阿卜杜拉国王邀请朝觐"，Aljazeera, http：//www.aljazeera.net/news/arabic/2007/12/13/أحمدي-نجاد-يتلقى-دعوة-من-الملك-السعودي-لأداء-الحج，登录时间：2017年4月17日。

[2] "两圣地仆人迎接客人"，SPA, http：//www.spa.gov.sa/viewstory.php?lang=ar&newsid=511029，登录时间：2017年10月20日。

[3] 本书作者对新华社驻沙特首席记者王波的采访，2007年王波本人曾在卡塔尔现场报道海合会首脑峰会。

第三节　地区博弈与分歧加剧

2008年初，美国即将攻打伊朗再一次成为各大媒体的关注点，甚至出现美军负责中东地区的中央司令部司令因反对攻打伊朗而辞职的传闻。在此之前，沙特曾希望以支持伊朗发展民用核能为筹码，换取伊朗在巴林、伊拉克和黎巴嫩等问题上的让步，甚至有消息称沙特希望促成伊朗与美国达成和解，以避免两国发生军事冲突殃及沙特。但是随着两国地区博弈的加剧，沙特调解伊核问题已无可能。

就在两国关系再次陷入僵局，几乎重回对抗之时，沙伊安全委员会第二轮会议在伊朗首都德黑兰举行。值得注意的是，第一轮会议的举行地还是七年之前的利雅得，而那时两国正处于关系改善的高峰。以再次召开安全对话会议的方式来挽救濒临破裂的两国关系，似乎成为无奈下的最后努力。2008年4月26日，沙特内政部副大臣艾哈迈德·本·穆罕默德率代表团赴德黑兰参加会议，与伊朗方面就上次会议中涉及的安全问题继续进行磋商。[①] 会议结束后，艾哈迈德表示："双方就共同关心的安全问题在两国签署的协议框架下进行了讨论与磋商……双方就所有安全问题都进行了讨论，两国都有加强在安全领域合作的强烈意愿。"[②] 但是，时过境迁，在两国的巨大分歧和矛盾面前，最后的政治努力成果显得苍白无力。

就在"七年会议"结束后不久，黎巴嫩内部爆发大规模冲突，反映出沙伊两国通过政治对话缓和对立的努力彻底失败。5月7日，黎巴嫩真主党和"阿迈勒"运动武装人员进入贝鲁特西区，与"3月14日联盟"的武装人员

[①] "内政部副大臣发表声明"，SPA，http：//www.spa.gov.sa/viewstory.php? lang = ar&newsid = 550804，登录时间：2017年12月9日。

[②] "沙伊安全委员会会议在德黑兰召开"，SPA，http：//www.spa.gov.sa/viewstory.php? lang = ar&newsid = 549833，登录时间：2017年12月9日。

发生冲突，继而占领整个西区。沙特对此予以强烈谴责，并首次公开指责伊朗干涉阿拉伯事务。① 在沙特内部高层看来，这次武装冲突就是伊朗与叙利亚在背后主使，目的是削弱和打击沙特支持的逊尼派政治力量，进而控制整个黎巴嫩。

当政治领域的对话遇到严重障碍，宗教和文化领域则成为打开局面的最后希望。5月14日，阿卜杜拉国王正式邀请拉夫桑贾尼参加伊斯兰对话国际会议。邀请拉夫桑贾尼而非艾哈迈迪—内贾德，一方面是因为拉夫桑贾尼的宗教地位很高，既是享有"阿亚图拉"称号的高阶宗教学者，还是德黑兰星期五礼拜的主持者，适合出席伊斯兰宗教学者云集的对话大会。另一方面，拉夫桑贾尼在卸任总统后一直担任确定国家利益会议主席，2007年还被推选为专家委员会主席，在伊朗国内拥有很大的政治影响力。阿卜杜拉希望借助其影响改变伊朗的地区政策，缓和已经严重对立的两国关系。此外，拉夫桑贾尼自20世纪90年代初就与沙特政府保持友好关系，卸任后还一直扮演两国关系协调者的角色，无论阿卜杜拉本人还是沙特王室都对其比较信任。

拉夫桑贾尼感谢阿卜杜拉国王的邀请，称"希望此次大会能够在伊斯兰世界形成广泛共识，消除伊斯兰国家间的紧张和分歧"。② 6月2日，拉夫桑贾尼抵达吉达，沙特人以极高的规格接待了这位前伊朗总统。3日，在麦加萨法的宫殿内，拉夫桑贾尼一行受到阿卜杜拉国王的热情欢迎与款待。在次日的大会开幕式上，拉夫桑贾尼与阿卜杜拉国王、沙特大穆夫提阿卜杜勒—阿齐兹·阿勒谢赫（Abdulaziz Al Sheikh）③ 一同步入会场，并在二人之后第三个发表讲话。拉夫桑贾尼对沙特举办这次对话会议给予高度评价，在讲话中他提到"如果我们想在不同宗教之间进行对话，那我们首先应该在（伊斯

---

① "沙特警告伊朗不要干涉黎嫩内部事务"，人民网，http://news.sohu.com/20080515/n256873791.shtml，登录时间：2016年10月8日。
② "国王向拉夫桑贾尼发出邀请"，SPA，http://www.spa.gov.sa/viewstory.php?lang=ar&newsid=555963，登录时间：2017年9月6日。
③ 1999年他被法赫德国王任命为大穆夫提，以接替当年去世的阿卜杜勒—阿齐兹·本·巴兹。

兰教）内部进行对话，以促进相互理解、达成共识"。① 会议结束后，阿卜杜拉国王与拉夫桑贾尼就黎巴嫩、伊拉克和教派冲突等问题进行了讨论。双方都同意尊重彼此的需求，以缓和关系，恢复互信。② 之后，拉夫桑贾尼前往麦地那，在先知清真寺礼拜，并前往沙特南部的阿希尔省。根据沙通社的报道，拉夫桑贾尼受到了来自两省省长和高级别官员的热情欢迎与款待，直到6月11日才返回伊朗，访问共持续十天，与艾哈迈迪—内贾德在2007年3月仅持续8小时的访问形成鲜明对照。也许是得益于拉夫桑贾尼的到访和会谈，沙伊两国间的对立态势在之后的半年内有所缓和。

然而，2008年12月，加沙战争的爆发彻底将两国推向对立面。27日，以色列称哈马斯不愿延长停火协议期限，并以哈马斯向以色列南部领土持续发射火箭弹为由，对加沙发动大规模空袭和武装入侵。加沙战争加剧了阿拉伯国家本就存在的分歧，阿卜杜拉国王呼吁阿拉伯国家实现和解。与此同时，各阿拉伯国家内部要求政府抵抗以色列，结束加沙人道主义灾难的示威游行开始出现。而伊朗政府则指责埃及政府关闭边境，不顾巴勒斯坦难民死活。伊朗媒体还攻击阿联酋、沙特和埃及与以色列进行秘密谈判，限制伊朗在巴勒斯坦事务上的影响力。

战争结束后，哈马斯领导人在2009年2月初访问了伊朗，与最高领袖哈梅内伊和总统艾哈迈迪—内贾德会面，赞扬和感谢伊朗向加沙人民及哈马斯提供的政治和精神支持。伊朗在阿拉伯国家中威望和政治影响力的上升引起了沙特的担忧和愤怒。3月，沙特外交大臣费萨尔在开罗阿盟外长会议上呼吁阿拉伯国家团结一致以"应对来自伊朗的挑战"，督促伊朗遵守其在中东地区的核心义务，使中东地区"远离冲突、军备竞赛和严重的环境危害"。③

---

① "两圣地仆人主持伊斯兰世界对话会议开幕式"，SPA，http：//www. spa. gov. sa/viewstory. php? lang = ar&newsid = 562188，登录时间：2017年9月6日。

② Alsultan F M, Saeid P, *The Development of Saudi – Iranian Relations since the 1990s: Between Conflict and Accommodation*, New York：Routledge, 2016, p. 157.

③ "Saudi FM urges joint Arab strategy on Iran", *Al Arabiya*, http：//www. alarabiya. net/articles/2009/03/03/67644. html，登录时间：2017年5月20日。

同月，伊朗外长穆塔基访问沙特，给阿卜杜拉国王带去艾哈迈迪—内贾德的一封信，并与国王和沙特外交大臣探讨了双边共同关心的问题。但这次会谈的结果很不理想，根据阿德尔·图莱非2010年对沙特驻美大使阿德尔·朱拜尔的采访，阿卜杜拉国王向伊朗发出了措辞严厉的警告。他指出，除非伊朗停止干涉阿拉伯事务，否则沙特不会继续与德黑兰谈判，并考虑采取一切措施捍卫沙特的利益。① 费萨尔则对媒体公开表示：

"我们赞赏伊朗对阿拉伯事业的支持，但我们不希望看到（这种支持）是以损害阿拉伯的（国家政权）合法性为代价，并希望看到伊朗与这些国家和睦相处。"②

一些阿拉伯学者攻击伊朗政府利用巴勒斯坦问题和加沙地带冲突，转移国际社会对其核计划的注意力，同时提高自身在阿拉伯国家民众和伊斯兰世界的正当性与合法性。而这一切都建立在牺牲阿拉伯国家的利益、以破坏阿拉伯国家团结为代价的基础上。

2009年6月，艾哈迈迪—内贾德连任伊朗总统，击败之前呼声很高的改革派候选人穆萨维。这引发了改革派支持者的强烈不满，他们指责政府在选举中存在舞弊行为，并发动"绿色运动"街头抗议活动。这场示威游行声势浩大，参与人数数以万计，且前后历时半年之久。伊朗当局对示威游行进行了镇压，逮捕了大量改革派人士和支持者。而对于艾哈迈迪—内贾德的连任，沙特官方表现低调，按照惯例发去贺电表示祝贺。但伊朗强硬派宗士艾哈迈德·贾纳提（Ahmad Jannati）指责美国通过沙特个人账户将资金汇给支持"绿色运动"的组织和个人，以干涉伊朗大选，破坏伊朗的内部稳定。

---

① Adel AlToraifi, *Understanding the Role of State Identity in Foreign Policy Decision - Making: the Rise of Saudi - Iranian Rapprochement（1997 - 2009）*, The London School of Economics and Political Science (LSE) PHD 2012, p. 257.

② "Saudi FM criticizes Iran", http://nation.com.pk/international/16 - Mar -2009/Saudi - FM - criticises - Iran, 登录时间：2016年11月25日。

第五章 从分歧到对立

在此期间，一个名叫沙赫拉姆·阿米里的伊朗核专家在沙特麦地那的神秘失踪，引发了关于伊朗核计划的一系列事件。① 伊朗坚称是美国情报人员绑架了阿米里，同时指责沙特情报部门向美国提供了协助，负有不可推卸的责任。之后，伊朗在库姆修建核燃料铀浓缩工厂的消息不胫而走。7月，《泰晤士报》报道，以色列正在与沙特就使用其领空打击伊朗核设施进行谈判。沙特和以色列都对此予以否认。沙特外交部发言人乌萨玛指责这是有人蓄意破坏阿拉伯团结，称"沙特的政策一直是透明的，对以色列的立场非常坚定"。② 此前，以色列媒体陆续报道沙特与以色列的高层官员进行了接触和见面，但都遭到沙特方面的否认。此后，沙特允许以色列使用其领空甚至空军基地打击伊朗核设施的传闻不断出现，一直持续到伊核协议签署的最后阶段。9月下旬，伊朗公开承认在库姆修建了第二座铀浓缩设施。

随后，两国就朝觐问题再次出现争执与分歧，沙伊关系进一步对立。伊朗宗教学者阿亚图拉穆卡拉姆·舍拉子（Makarem Shrazi）指责沙特制造矛盾，不包容什叶派穆斯林，反而与以色列合作，号召伊朗穆斯林抵制副朝。③ 10月底，哈梅内伊和艾哈迈迪—内贾德相继发表声明，称前往麦加和麦地那朝觐的伊朗朝圣者受到沙特政府的不公正待遇，要求沙特保证伊朗朝圣者的安全，并且不要对他们的朝觐活动"施加限制"，④ 否则伊朗将采取相应措施。沙特方面则声称绝不允许利用朝觐来实现政治目的，内政大臣纳伊夫亲王表示："沙特已经为今年的朝觐做好了准备……但无论朝圣者来自哪个国

---

① 阿米里在2010年7月返回伊朗，自称被美国情报部门绑架后逃脱，2012年被伊朗当局以"危害国家安全"等罪名逮捕判刑。2016年8月，伊朗官方称阿米里"向敌人出卖了国家最高机密"，判处他死刑并执行。
② "沙特否认其攻打伊朗的立场"，Aljazeera，http：//www.aljazeera.net/news/arabic/2009/7/6/السعودية تنفي موافقتها لضرب إيران，登录时间：2017年10月14日。
③ "Iran to boycott Umrah if insults to Iranians continue：cleric"，Tehrantimes，http：//www.tehrantimes.com/news/201046/Iran-to-boycott-Umrah-if-insults-to-Iranians-continue-cleric，登录时间：2017年10月14日。
④ "学者警告伊朗可能在朝觐期间发起游行"，CNN，http：//archive.arabic.cnn.com/2009/middle_east/10/29/iransaudi.hajj/index.html；"沙特绝不允许朝觐政治化"，Aljazeera，http：//www.aljazeera.net/news/arabic/2009/11/22/السعودية لن تسمح بالإساءة للحج，登录时间：2017年10月14日。

家，都绝不允许破坏朝觐活动。"

两国的媒体也在这段时间发表相互攻击的文章，对两国关系的恶化起到推波助澜的作用。根据"维基解密"的电文，伊朗大使曾向沙特外交副大臣图尔基亲王抱怨沙特媒体上的一篇反伊朗的文章。作为回应，图尔基亲王向他展示了伊朗媒体上6篇反沙特言论的文章，并称"伊朗每发布一篇反沙特的文章，沙特就会双倍奉还，直到伊朗停止这种敌对行为"。①

时间进入2010年，伊朗核问题再次成为主要焦点。年初，艾哈迈迪—内贾德首先宣布增加铀浓缩活动，随后命令开始进行20%丰度的铀浓缩活动，伊核危机加速升级。一些机构甚至预测伊朗最早将在2010年年底拥有核武器。6月，联合国安理会通过对伊朗实行自2006年以来的第四轮制裁决议。

针对愈演愈烈的伊核问题，沙特与以色列合作打击伊朗核设施的传闻再度甚嚣尘上。6月12日，英国《泰晤士报》报道称，沙特已经与以色列私下达成协议，将允许以色列使用其领空发动对伊朗核设施的军事打击。对此，沙特发表官方声明予以坚决否认，称绝不允许任何一国使用其领土或领空攻打第三国，沙特与以色列没有任何形式的关系。②

2010年9月，美国与沙特达成美国军售史上最大宗的军售协议，军火交易价值达600亿美元，包括84架新式F-15战斗机以及"黑鹰""阿帕奇"等先进直升机。虽然美国五角大楼表示这笔军火交易并不是针对伊朗，但实际上，沙特一方面希望用先进武器威慑伊朗，另一方面也希望以金钱换取美国的支持和保护，以应对伊朗日趋增长的威胁。

由于地区博弈的加剧，两国间的对立状况似乎已经很难通过沟通得以协调和解决，但两国的联系机制仍然有效运转。2010年10月，艾哈迈迪—内贾德在出访黎巴嫩前后都致电阿卜杜拉国王，就两国关系与地区问题进行交

---

① "维基解密"，https://search.wikileaks.org/plusd/cables/09RIYADH61_a.html，登录时间：2017年1月16日。
② "沙特否认允许以色列使用其领空攻打伊朗"，环球网，http://world.huanqiu.com/roll/2010-06/856304.html，登录时间：2017年1月16日。

流。11月21日，拉夫桑贾尼也与阿卜杜拉国王通过电话进行了沟通。尽管据沙特官方通讯社报道，两人之间仅为互致问候，[①] 但这次通话在当年朝觐之后，也有可能是拉夫桑贾尼代表伊朗向沙特组织朝觐活动表示感谢。

综上所述，艾哈迈迪—内贾德上台后，两国地区冲突频发，黎巴嫩、伊拉克、巴勒斯坦再成双方博弈战场。伊朗核计划的重启，对沙特构成了巨大威胁，对于伊核问题的立场也由之前的有条件支持转为反对和打击。平静多时的朝觐也开始出现争端和冲突，体现出两国的政治摩擦和冲突已经蔓延到宗教领域。两国关系在经历了缓和与改善后，似乎又将回到1991年前的对抗轨道。

[①] "国王与拉夫桑贾尼通电话"，SPA，http：//www.spa.gov.sa/viewstory.php?lang=ar&newsid=838149，登录时间：2017年11月17日。

第六章 从恶化到断交

第一节 "阿拉伯之春"与两国关系的全面恶化

2010年底爆发的"阿拉伯之春"乱局，剧烈地改变了中东地区的地缘政治格局，打断了正在进行的沙特—叙利亚和解进程，也进一步加剧了沙特与伊朗的对抗。2011年1月14日，突尼斯总统本·阿里出逃沙特。1月20日，沙特、卡塔尔和土耳其放弃调解黎巴嫩危机。1月25日，埃及爆发街头革命，迫使穆巴拉克于2月11日下台。2月14日，以什叶派为主的巴林民众开始走上街头，要求得到平等对待。随后，沙特和阿联酋派出军队，帮助巴林政府平息骚乱。3月，叙利亚的示威游行发展为武装冲突，叙之后陷入内战。

"阿拉伯之春"爆发之初，沙特与伊朗两国政府都陷入短暂的震惊之中。之后局势向着有利于伊朗的方面发展，穆巴拉克和本·阿里政权的崩溃，为伊朗消除了两个敌对政权，特别是埃及在1979年与伊朗断交后，两国一直没有恢复外交关系。这场"意外"的变动，无形中为伊朗的外交活动拓展了空间，间接提升了伊朗的地区影响力。与此同时，沙特却一下子损失了两个重要盟友，而且威权政府的垮台伴随着政治伊斯兰力量和伊斯兰主义思想的再度崛起，与伊朗伊斯兰政府的意识形态相契合。因此，当伊朗最高领袖哈梅

第六章 从恶化到断交

内伊将这场革命称为"受1979年伊斯兰革命启发的伊斯兰觉醒运动"① 时，沙特感受到巨大的威胁，开始全力对抗伊朗的影响力。叙利亚内战爆发后，沙特一方面利用自身在海合会和阿拉伯联盟中的影响力，向巴沙尔政府施压，另一方面向反政府力量提供资助。伊朗则力保巴沙尔政府。而随着两国"代理人战争"对抗的公开化，本已对立的双边关系迅速转向全面恶化。

在海湾地区，沙特和阿联酋对巴林发生的示威游行和骚乱进行的武装干涉，招致伊朗国内的批评和遣责，哈梅内伊称沙特对巴林的军事干涉是"巨大错误"，这将增加地区人民对沙特政府的厌恶，沙特会为此付出沉重代价。② 沙特驻德黑兰使馆成为伊朗民众发泄不满的场所。2月17日，伊朗民众在沙特驻德黑兰大使馆和驻马什哈德领事馆前举行集会，抗议沙特出兵镇压巴林示威民众。4月，沙特使馆遭示威人群投掷七枚汽油燃烧瓶，海合会要求伊朗政府对此进行调查，保护沙特使馆和外交人员的安全。③ 之后，伊朗青年学生开始在沙特使馆门前举行示威游行，高举结束沙特王权统治的标语。沙特外交部要求伊朗政府制止侵犯沙使馆的行为，否则将撤回所有外交人员。

此外，伊朗铀浓缩进程加速的迹象引发沙特的不安。2011年6月，前沙特情报局局长、驻美国大使图尔基·费萨尔（Turki bin Faisal）表示，如果伊朗拥有核武，沙特也必将寻求发展核武器。在同年底的"海湾地区与全球

---

① "当前地区的伊斯兰觉醒运动受伊斯兰革命启发"，伊朗"最高领袖办公室"，http://www.leader.ir/ar/content/7855/القائد:-الصحوة-الاسلامية-الحالية-بالمنطقة-مستلهمة-من-الثورة-الإسلامية，登录时间：2017年12月3日。

② "挑起巴林逊尼派与什叶派冲突符合美国利益"，伊朗"最高领袖办公室"，http://www.leader.ir/ar/content/7900/القائد:-اثارة-موضوع-الشيعة-والسنة-في-قضايا-البحرين،-هي-اكبر-خدمة-لاميركا，登录时间：2017年12月3日。

③ "海湾各国要求伊朗惩处侵犯沙特使馆罪犯"，Middle-east online，http://www.middle-east-online.com/?id=108584，登录时间：2017年12月4日。

—089—

安全论坛"上，他再次呼吁海合会成员国考虑以核武器保障地区安全。① 6月，沙特增加石油产量，以弥补利比亚战乱造成的供给不足，遭到伊朗的严厉批评。

2011年10月，伊朗涉嫌暗杀沙特驻美国大使阿德尔·朱拜尔让两国关系进一步恶化到极点。10月11日，美国司法部宣布美方挫败一起有伊朗伊斯兰革命卫队参与的阴谋刺杀朱拜尔的恐怖案件。12日，沙特发表声明，严厉谴责伊朗暗杀其驻美大使的阴谋，称这是"罪恶"和"可耻"的行径。沙特国内各大报纸严厉谴责伊朗，沙特《欧卡兹报》12日在头版头条发表以《无耻行径！德黑兰！》为题的文章谴责伊朗。② 《利雅得报》也发表社论文章猛烈抨击伊朗，称"伊朗不是第一次铤而走险……伊朗的核心目的是要用波斯民族主义统治阿拉伯国家和伊斯兰世界……"③

伊朗方面则断然否认与暗杀事件有染。哈梅内伊称这一指控"无聊且荒谬"。艾哈迈迪—内贾德则称是美国制造了"暗杀门"事件，目的是挑拨伊朗与沙特的关系，转移民众对美国国内经济困境的注意力。西方分析家们普遍认为伊朗不会进行如此鲁莽而愚蠢的计划，但其中也有人认为这是伊朗转移国内压力的一贯策略。④ 这有可能是艾哈迈迪—内贾德的一次政治冒险，一方面是为了掩盖陷入困境的经济状况，另一方面艾哈迈迪—内贾德与哈梅内伊陷入内部权力斗争，"暗杀事件"只是争夺权力的工具。⑤

---

① 参见："沙特亲王称若伊朗获得核武器 沙特也将生产"，新华网，http://news.xinhuanet.com/world/2011-06/30/c_121606230.htm；"沙特官员呼吁海湾国家"核武"保障地区安全"，新华网，http://news.xinhuanet.com/mil/2011-12/07/c_122386750.htm，登录时间：2016年11月25日。

② 费萨尔·卡塔尼："无耻行径！德黑兰！"，*Okaz*，2011年10月12日。

③ 阿卜杜勒哈基姆："伊朗是恐怖主义的职业玩家"，*Al Riyadh*，2011年10月13日。

④ 参见："伊朗没必要暗杀沙特驻美大使"，中青在线，http://zqb.cyol.com/html/2011-10/17/nw.D110000zgqnb_20111017_3-04.htm；"美国争论伊朗暗杀沙特大使图谋"，人民网，http://world.people.com.cn/GB/1029/42355/15891240.html，登录时间：2016年5月19日。

⑤ Alsultan F M, Saeid P, *The Development of Saudi-Iranian Relations since the 1990s: Between Conflict and Accommodation*, New York: Routledge, 2016, p.163.

第六章 从恶化到断交

在两国关系陷入全面恶化的情况下,2011年12月12日,伊朗情报部长海德尔·穆斯利希(Heider Moslehi)访问沙特,与王储兼内政大臣纳伊夫会谈。沙特情报局局长穆格林(Muqrin bin Abdulaziz Al Saud)① 会谈时在座。据报道,双方就共同关心的问题进行了会谈,但会谈内容没有透露。② 在这次会谈之前,10月25日伊朗外交部长萨利希率代表团出席了沙特王储苏尔坦③的葬礼。应该说,伊朗对于沙特的指责和攻击保持了极大的克制,这一策略暂时避免了两国关系的进一步恶化。

进入2012年,伊朗因其核计划而承受了巨大的安全和经济压力,付出了极为高昂的代价。一方面,美国和以色列对伊朗发动军事打击的可能性急剧增加;另一方面,欧盟宣布将对伊朗石油出口施加史无前例的严厉制裁,以截断其核项目的资金。针对国际石油市场上伊朗受制裁所造成的供给缺口,沙特石油大臣纳伊米表示沙特有能力弥补原油市场出现的任何供应缺口,沙特的原油产量将根据市场的供求关系进行调整。伊朗则对此发出警告,伊朗驻欧佩克(OPEC)代表穆罕默德·哈提比甚至称:"如果波斯湾地区产油国同意补偿伊朗遭西方石油禁运后出现的世界原油供应缺口,他们将为相关后果负责。"④

阿布穆萨岛再一次成为伊朗的政治工具,而这一次登上它的是艾哈迈迪—内贾德。4月11日,艾哈迈迪—内贾德登上阿布穆萨岛,引发阿联酋抗议和海合会谴责。沙特媒体则继续对伊朗和艾哈迈迪—内贾德进行攻击,称这不仅是对阿联酋的侵犯,更是对海合会所有成员国的挑衅。⑤

---

① 沙特开国君主阿卜杜勒—阿齐兹最小的儿子,也是王位继承序列中的最后一位。2015年,阿卜杜拉国王去世后成为王储,后被萨勒曼国王废黜。
② "沙特王储会见伊朗情报部长",新华网,http://news.xinhuanet.com/world/2011 - 12/13/c_122412269.htm,登录时间:2016年12月15日。
③ 苏尔坦亲王在2005年后因健康问题而逐渐退出决策层,2011年10月22日去世。
④ "伊朗警告他国 勿增产补缺",央视网,http://news.cntv.cn/20120118/118641.shtml,登录时间:2017年3月19日。
⑤ "沙特报纸对艾哈迈迪—内贾德登上阿布穆萨岛的报道",SPA,http://www.spa.gov.sa/viewstory.php? lang = ar&newsid = 989522,登录时间:2017年3月19日。

6月，本已恶化的两国关系再生事端。由于沙特政府不顾伊朗反对，处决了伊朗籍毒贩，伊朗外交部长推迟了原定对沙特的访问。艾哈迈迪—内贾德也因此决定不邀请阿卜杜拉国王出席8月底在伊朗举行的不结盟运动首脑会议。① 两国关系陷入僵局。

8月初，阿卜杜拉国王邀请艾哈迈迪—内贾德出席在麦加举行的伊斯兰国家首脑特别会议，似乎为打破僵局提供契机。会议旨在加强伊斯兰国家的对话和沟通，以化解愈演愈烈的教派矛盾和冲突，解决叙利亚危机，被外界普遍认为是沙伊解决矛盾和分歧的机会。12日，伊朗外交部长萨利希抵达吉达，在记者招待会上，他对阿卜杜拉国王的邀请表示感谢，称"这次会议将进一步增进伊斯兰世界的统一和伊斯兰国家的团结"，并确认艾哈迈迪—内贾德将出席会议。② 13日，艾哈迈迪—内贾德抵达吉达，并在开幕式前的迎宾仪式上坐在阿卜杜拉国王的左侧，被解读为"沙特向伊朗释放善意"。卡塔尔埃米尔哈马德坐在阿卜杜拉的右侧，被媒体看作沙特试图调解叙利亚冲突的姿态，因为伊朗是叙利亚政府的盟友，而卡塔尔是反对派武装的主要支持者。③ 艾哈迈迪—内贾德在长达55分钟的讲话中，只字未提叙利亚问题，而阿卜杜拉的讲话在开始部分就提及解决叙利亚的内部冲突，两国似乎已达成某种共识。沙特《欧卡兹报》发表社论称："艾哈迈迪—内贾德总统对两国关系的未来表示乐观，对阿卜杜拉国王希望修复两国关系的善意感到高兴……目前两国间持续存在的紧张关系对双方没有任何好处，希望伊朗能够将这种乐观态度转化为结束紧张关系的实际行动。"④ 实际上，在到访沙特之前，艾哈迈迪—内贾德也已经向沙特国王和巴林国王发出了出席不结盟运动

---

① "伊朗不邀沙特出席不结盟峰会"，新华网，http://news.xinhuanet.com/world/2012-06/16/c_123291736.htm，登录时间：2017年1月6日。
② "国王的邀请恰逢其时，将促进伊斯兰团结"，SPA，http://www.spa.gov.sa/viewstory.php?lang=ar&newsid=1022124，登录时间：2017年12月14日。
③ "沙特国王安排与内贾德邻坐，被指向伊释放善意"，环球网，http://world.huanqiu.com/exclusive/2012-08/3028124.html，登录时间：2017年1月6日。
④ "沙特与伊朗合作的未来"，Okaz，http://www.okaz.com.sa/article/499968/مستقبل-التعاون-السعودي-الإيراني，登录时间：2017年12月20日。

第六章　从恶化到断交

峰会的邀请。①

但是，根据沙通社发布的闭幕式合影照片显示，艾哈迈迪—内贾德站在右侧靠角落的位置，与开幕式前的礼遇位置有很大差别。而且，正是在这次会议上，与会的伊斯兰国家外长们决定暂停叙利亚成员国资格。② 而伊朗则反对将叙利亚"除名"，外交部长萨利希称"这只是将问题搁置在一旁，而不是解决问题的正确途径"。③

2012年8月30日，不结盟运动首脑会议在德黑兰召开。阿卜杜拉国王派遣他的儿子、外交副大臣阿卜杜勒—阿齐兹出席会议。④ 与埃及、巴基斯坦、阿富汗等国元首出席相比，沙特代表团的规格较低，说明麦加会议并未实质上修复两国关系。而且，就在伊朗石油出口遭欧盟最严厉制裁开始后不久，一场突如其来的大规模网络攻击在海湾地区爆发。8月中旬左右，沙特、卡塔尔等国的多家石油巨头遭到网络病毒袭击，一度导致沙特阿美石油公司3万台电脑瘫痪。美国认为伊朗是首要嫌疑国，其动机为报复石油制裁和沙特的石油增产，⑤ 但迄今仍缺乏足够的证据证明伊朗与此次网络攻击有关。

进入2013年，艾哈迈迪—内贾德的任期只剩下半年，伊朗进入到紧张的总统大选阶段。在保守强硬派执政的八年里，伊朗对外政策持续强硬，在核计划上毫不妥协，坚持发展核能，承受着来自西方巨大的制裁压力，对经济发展影响巨大，国内通货膨胀严重，失业率居高不下，人民要求变革的呼

---

① "艾哈迈迪—内贾德向沙特国王和巴林国王发出邀请"，https：//alahednews.com.lb/fastnews/93427/%20 احمدي-نجاد-يدعو-الملكين-السعودي-والبحريني-لحضور-قمة-عدم-الإنحياز，登录时间：2017年12月20日。

② "麦加伊斯兰团结峰会宣言"，SPA，http：//www.spa.gov.sa/viewstory.php?lang=ar&newsid=1022919，登录时间：2017年12月20日。

③ "暂定叙利亚伊斯兰合作组织成员国的决议"，Aljazeera，http：//www.aljazeera.net/news/arabic/2012/8/14/ توصية-بتعليق-عضوية-سوريا-بـ-التعاون-الإسلامي，登录时间：2017年12月20日。

④ "不结盟峰会闭幕"，SPA，http：//www.spa.gov.sa/viewstory.php?lang=ar&newsid=1025957，登录时间：2017年12月22日。

⑤ Perloth, Nicole, "Cyberattack On Saudi Firm Disquiets U.S," *The New York Times*, https：//www.nytimes.com/2012/10/24/business/global/cyberattack-on-saudi-oil-firm-disquiets-us.html; Richard Sale, "Iran behind Shamoon Attack", http：//www.isssource.com/iran-behind-shamoon-attack/，登录时间：2018年1月4日。

—093—

声越来越强烈,改革派有望重回执政。而在这段时间里,沙特相继破获境内伊朗间谍组织,让麦加会议后两国关系修复的希望至此荡然无存。

2013年3月21日,沙特内政部发言人称,破获一个与伊朗情报机构有联系的间谍组织。该间谍组织一直在监视沙特的军事、经济和民用设施。该间谍组织共有18人,其中16人为沙特什叶派穆斯林,包括大学教授、医生、银行职员甚至宗教人士。[1] 随后,沙特官方呼吁民众提高警惕,一旦发现身边存在疑似伊朗的间谍组织要马上上报安全部门。[2] 5月21日,沙特安全部门又逮捕了该伊朗间谍网的10名成员。[3] 这说明,两国政治上的对立和敌视已经蔓延到两国的社会领域,增加了两国民众对彼此的敌视,更不利于两国正常关系的恢复。

第二节　鲁哈尼上台与两国关系缓和的失败

2013年6月15日,哈桑·鲁哈尼(Hassan Rouhani)当选伊朗第11届总统。阿卜杜拉国王在贺电中祝贺其当选总统,并希望伊朗能够繁荣发展。在贺电中,他还对伊朗重视两国合作、希望改善两国关系的意愿表示赞赏。[4] 沙特通讯社还罕见地以"伊朗人庆祝鲁哈尼当选与艾哈迈迪—内贾德离

---

[1] "沙特内政部指责伊朗情报部门窃取情报",Al Arabiya,http://www.alarabiya.net/ar/saudi-today/2013/03/26/الداخلية-السعودية-المتهمون-بالتجسس-مرتبطون-بالاستخبارات-الإيرانية.html,登录时间:2017年12月24日。

[2] 艾哈迈德·萨勒米、哈提米·马斯欧迪:"团结一致打击间谍网络",Okaz,http://www.okaz.com.sa/article/813703/يقظة-المواطن-وتعاونه-تفوت-الفرصة-على-الخونة-والمجرمين,登录时间:2017年12月24日。

[3] "沙特逮捕10名伊朗间谍网成员",Al Arabiya,http://www.alarabiya.net/ar/saudi-today/2013/05/21/السعودية-القبض-على-خلية-تجسس-لإيران-من-10-أفراد.html,登录时间:2017年12月24日。

[4] "沙特国王祝贺鲁哈尼当选伊朗总统",Al Arabiya,https://www.alarabiya.net/ar/saudi-today/2013/06/16/العاهل-السعودي-يهنئ-روحاني-بفوزه-في-انتخابات-الرئاسة.html,登录时间:2017年1月12日。

开"为题进行了报道。① 鲁哈尼政府就职后，首先就解决核问题与西方展开谈判并取得重大进展。2013年11月24日，伊朗与美国、英国等六国在瑞士日内瓦就解决伊朗核问题达成一项阶段性协议，伊核问题全面解决初现曙光。

鲁哈尼当选后伊朗对外政策的调整，为两国关系提供了第一个缓和契机。拉夫桑贾尼再次发挥协调作用，明确表态希望与沙特进行谈判，缓和已经严重对立的两国关系，并称"已做好准备前往利雅得"。② 12月2日，正在阿曼访问的伊朗外交部长扎里夫也发出呼吁，希望沙特与伊朗合作，携手促进中东地区的稳定。扎里夫说："我们认为应该扩展与沙特的关系，我们把沙特视为中东和伊斯兰世界一个极为重要的国家。我们相信伊朗和沙特应该一道努力，促进该地区的稳定。"③

然而，叙利亚问题成为两国绕不开的障碍。2014年1月20日，沙特政府发表声明，反对伊朗参加旨在解决叙利亚问题的第二次日内瓦国际会议。因为伊朗未正式支持"叙利亚过渡管理机构"。而且，伊朗伊斯兰革命卫队派遣武装力量在叙境内协助叙政府作战，没有资格参加和谈。

恐怖组织"伊拉克和黎凡特伊斯兰国"（Islamic State of Iraq and al Shams，ISIS，2014年6月该组织建立"伊斯兰国"）不断发展壮大，在叙利亚和伊拉克扩张迅速，对地区安全造成严重威胁。这为两国协调地区分歧，加强反恐合作，进而缓和关系提供了契机。4月，沙特新任驻伊朗大使阿卜杜拉赫曼·谢赫利（Abdulrahman Shahri）拜访拉夫桑贾尼。据称，此次拜访的目的是为了向拉夫桑贾尼转交阿卜杜拉国王的邀请信，邀请他赴沙特就解决两国之间的问题进行沟通与协调。根据"监控器"网站的披露，拉夫桑贾

---

① "伊朗人庆祝鲁哈尼当选与艾哈迈迪—内贾德离开"，SPA，http：//www.spa.gov.sa/viewstory.php? lang=ar&newsid=1120552，登录时间：2017年1月12日。

② "Rafsanjani ready to work on improving Saudi – Iranian ties"，*Arab News*，http：//www.arabnews.com/news/483806，登录时间：2017年1月12日。

③ "伊朗愿与沙特合作，促进中东地区稳定"，《联合早报》，http：//www.zaobao.com/special/report/politic/peacetalk/story20131203 – 283597，登录时间：2017年1月12日。

尼希望先与沙特解决巴林和黎巴嫩问题，然后是也门，一旦协商成功，最后再着手解决叙利亚分歧。① 但是，大使亲吻拉夫桑贾尼额头的照片在沙特媒体和推特上传播后引发争议。有沙特国内人士称该图片为 PS 之作，谢赫利并未亲吻拉夫桑贾尼，② 表现出沙特普遍弥漫的反伊朗情绪。

5月13日，沙特外交大臣费萨尔邀请伊朗外交部长扎里夫访问沙特，协商解决"伊斯兰国"问题。费萨尔表示："伊朗是沙特重要的邻国，沙特愿意与伊朗举行会谈以消除两国的分歧。沙特希望伊朗成为实现海湾地区安全与繁荣的重要力量，而不是不稳定因素。"③ 伊朗副外长阿卜杜拉希安（Abdollahian）称伊朗欢迎沙特的言论和邀请。伊朗政府发言人也表示伊朗愿意推动与沙特关系的缓和，愿意促进两国关系的发展。④

2014年9月21日，期待中的伊朗和沙特两国外长会面在纽约如期进行，成为鲁哈尼政府上台后两国外交层面的第一次高级别会面。会后，费萨尔表示，"伊斯兰国"的出现既是威胁，也是"宝贵机会"。如果能利用好这个机会，就可以成功地解决地区危机，避免过去的历史错误。此外，沙特与伊朗是地区有影响力的国家，两国的合作将为建立地区和世界安全机制发挥积极的作用。扎里夫则称，此次对话是两国双边关系"新的一页"，希望能为实现地区和平与稳定发挥积极作用。⑤

---

① "Rafsanjani offers road map for Iran – Saudi ties", Al – Monitor, http：//www.al – monitor.com/pulse/originals/2014/05/iran – saudi – arabia – relations – road – map – rafsanjani – regional.html，登录时间：2016年1月12日。

② "沙特驻伊朗大使亲吻拉夫桑贾尼"，Al – Monitor, http：//www.al – monitor.com/pulse/ar/originals/2015/01/kiss – sends – saudi – iran – ambassador – home.html；"推特上关于沙特大使亲吻拉夫桑贾尼的争论"，CNN Arabic, http：//arabic.cnn.com/middleeast/2014/04/23/saudi – iran – rafsanjani – twitter；"亲吻拉夫桑贾尼的真相"，http：//www.fadaeyat.co/vb/fadaeyat74659/，登录时间：2016年9月10日。

③ "沙特称已准备好同伊朗就改善关系举行会谈"，新华网，http：//news.xinhuanet.com/world/2014 – 05/14/c_1110671845.htm，登录时间：2017年1月25日。

④ "沙特伊朗互递善意 两国关系有望解冻"，国际在线，http：//gb.cri.cn/42071/2014/05/16/6071s4543185.htm，登录时间：2016年12月26日。

⑤ "Thaw in Saudi – Iran ties as FMs meet in US", Arab News, http：//www.arabnews.com/saudi – arabia/news/634386，登录时间：2016年9月20日。

第六章 从恶化到断交

但是，就在两国关系艰难"破冰"的同时，内部分歧与地区危机一直伴随左右。9月11日，打击"伊斯兰国"国际会议在沙特吉达举行。会议最终决定建立多国联盟，共同对抗、削弱直至最终消灭该组织。但是该会议并没有邀请伊朗参加，反恐联盟也最终将伊朗排除在外。在也门，胡塞武装在9月中旬不断攻击首都萨那，威胁沙特支持的也门总统哈迪，最终导致其流亡沙特。沙特指责胡塞武装得到了伊朗的支持和援助。

此外，油价暴跌导致的两国在石油政策上的分歧，无疑加剧了两国的对立。2014年下半年起，国际油价自每桶100多美元的高位持续下跌。沙特利用自身影响力，说服石油输出国组织（OPEC）其他成员国，维持日均3000万桶石油产量，以捍卫市场份额。沙特石油大臣纳伊米甚至放出豪言："即使油价跌到20美元/桶，沙特也绝不减产……在我们感到痛苦前，（其他产油国）已经遍体鳞伤。"① 很显然，在地区博弈处于劣势的情况下，沙特有意用低油价作为武器"报复"伊朗。但这种策略不仅打击了伊朗，沙特自身也蒙受了巨大损失。

最终，期待中的两国外长互访没有成行，两国关系却愈发紧张。10月13日，沙特外交大臣费萨尔与德国外长联合召开记者招待会，批评伊朗干涉阿拉伯国家内政，要求伊朗撤出在叙利亚、伊拉克和也门的军事力量，"伊朗应该解决问题而不是制造问题"。②

2014年10月15日，沙特政府正式宣布判处什叶派教士尼姆尔死刑，引发伊朗激进宗教势力的强烈抗议，后者称沙特的行为严重伤害了各国穆斯林的感情，警告沙特若执行死刑将会付出沉重代价。③ 拉夫桑贾尼写信给阿卜

---

① "沙特：油价跌到20美元也不减产"，人民网，http：//world.people.com.cn/n/2014/1225/c157278-26271895.html，登录时间：2017年12月26日。
② "费萨尔：如果伊朗结束对叙利亚、伊拉克和也门的占领，那它就是解决问题的一部分"，Al Yaum, http：//www.alyaum.com/article/4020262，登录时间：2017年月11月17日。
③ "沙特宣判尼姆尔死刑引发伊朗抗议"，CNN, https：//arabic.cnn.com/middleeast/2014/10/19/iraq-iran-sunni-shiite-saudi-nimr-alnimr，登录时间：2017年12月1日。

杜拉国王，请求暂停对尼姆尔执行死刑。① 虽然之后沙特政府推迟了死刑的执行，但是由于阿卜杜拉国王健康情况的恶化及离世，新国王萨勒曼转而对伊朗采取更加强硬的政策。而对尼姆尔的死刑执行变成两国博弈的政治工具，并最终成为两国断交的导火索。

第三节　走向断交

2015年1月23日，90岁高龄的阿卜杜拉国王去世，79岁的王储萨勒曼·本·阿卜杜勒—阿齐兹（Salman bin Abdulaziz）即位。伊朗总统鲁哈尼与萨勒曼国王通电话，对阿卜杜拉国王的去世表示哀悼，并派遣外长扎里夫率代表团出席葬礼。

事实上，阿卜杜拉国王的身体状况在2010年后就开始走下坡路。2010—2011年，阿卜杜拉先后在美国和沙特接受三次背部手术。尽管沙特官方称国王在手术后健康状况良好，并无大碍，但他走路已经需要借助拐杖。2014年6月底，阿卜杜拉从摩洛哥结束休养返回沙特后，健康状况逐渐恶化，不得不由其长子、国民卫队司令米特阿卜（Miteb bin Abdullah）②代为打理政务直至去世。而时任王储的萨勒曼亲王成为实际上的最高决策人。2015年即位后，萨勒曼终结了兄终弟及的王位继承规则，并通过更换王位继承人、人事调整等手段，一步步地构筑了以其子穆罕默德·本·萨勒曼（Mohammad bin Salman）为统治核心的政权结构。在对外方面，沙特稳健平衡的外交风格发生变化，采取主动出击甚至激进的对外政策，特别是谋求抗衡伊朗的地区影响力。2015年4月底，任职40年的外交大臣费萨尔亲王因健康问题辞职，两个月后逝世。前驻美大使阿德尔·朱拜尔开始担任外交大臣，也许是受

---

①　"拉夫桑贾尼给阿卜杜拉国王写信请求暂缓尼姆尔死刑"，CNN Arabic, https://arabic.cnn.com/middleeast/2014/10/25/iran-rafsanjani-king-abdullah-ksa-sheikh-nimr-al-mimr-execution, 登录时间：2016年9月22日。

②　2017年11月，萨勒曼国王将米特阿卜免职，以贪污腐败为由对其进行逮捕和羁押，后被释放。

"暗杀门"事件影响，他上任后对伊朗采取了十分强硬的立场。总之，沙特内政外交方针的巨大变化，给两国关系带来了新的剧烈影响。

2015年3月26日凌晨，沙特联合阿联酋、科威特等海湾国家发起代号为"果断风暴"的军事行动，空袭也门胡塞武装。沙特方面坚信，胡塞武装得到了伊朗的暗中帮助，伊朗伊斯兰革命卫队通过海运等方式向其提供武器和导弹。伊朗方面则强烈谴责沙特等国对也门的空袭行动，坚决否认与胡塞武装有任何形式的联系。但同时伊朗也表示，可以考虑向也门派遣军事顾问，以帮助胡塞武装与沙特领导的联军作战。①

就在也门战事正酣之际，伊朗核问题有了突破性进展。4月，伊朗核问题六国（美国、英国、法国、俄罗斯、中国和德国）与伊朗达成伊核问题框架性解决方案。7月14日，六国与伊朗达成历史性的全面解决伊朗核问题的协议。科威特、卡塔尔、阿联酋等海湾国家对协议的签署表示欢迎，称将促进地区的和平与稳定。唯独沙特仅表示谨慎乐观和欢迎。随后，哈梅内伊"无论如何都不会放弃对地区盟友支持"的言论激怒了沙特和其他海合会国家，又一轮的批评和谴责爆发了。8月，伊朗外长扎里夫先后访问叙利亚、黎巴嫩和伊拉克，表示愿意同阿拉伯国家发展友好关系。沙特《欧卡兹报》发表社论称，这只是"没有实际行动的口号"。②

在这段时间内，沙特等海湾国家的反恐形势空前严峻。沙特东部的什叶派清真寺两次遭到"伊斯兰国"的自杀式炸弹袭击，造成上百人死伤。"伊斯兰国"希望在沙特东部挑起教派冲突，制造混乱。海湾其他阿拉伯国家则频频出现未遂的恐怖袭击事件，这些恐怖事件的背后主使都指向伊朗。2015年7月，巴林安全部门宣布破获一起从伊朗通过海路向巴林运送烈性炸药和枪支弹药的案件。8月，科威特安全部门抓获了三名藏匿大量武器弹药的恐怖分子，他们供认由伊朗方面指使。9月，巴林警方在首都麦纳麦查获两个

---

① "伊朗被指或向也门派军事顾问：帮胡塞武装打沙特"，新华社，2016年3月11日，http://www.xinhuanet.com/world/2016-03/11/C_128790734.htm，登录时间：2017年5月20日。

② 法赫米·哈米德："扎里夫……言行合一？"，*Okaz*, http://www.okaz.com.sa/article/1009263/ظريف-واقتران-الأقوال-بالأفعال，登录时间：2017年12月19日。

地下炸弹制造窝点，从中共搜出 1.5 吨烈性炸药，以及炸弹制造设备和手雷、枪支等。① 在沙特等海湾国家频频遭受恐怖袭击的同时，伊朗境内却没有受到"伊斯兰国"等恐怖组织的袭击，沙特以此为理由指责伊朗支持恐怖主义。伊朗则指责沙特是恐怖主义的幕后推手和金主。

到 2015 年 9 月为止，用"紧张与对立"已难以形容沙伊两国关系，双方在各个层面与领域都充斥着难以化解的敌意。而随后发生的麦加朝觐踩踏事件，更是让两国关系驶入了加剧恶化的轨道，就如同一辆失去刹车的列车，无法挽回地驶向断交的终点。9 月 24 日，麦加发生朝觐踩踏事件，造成 717 人死亡，800 多人受伤。其中伊朗公民死亡 155 人，受伤 103 人，另有 321 人失踪。② 两国政府就此事进行了措辞激烈的相互指责和攻击，两国关系尖锐对立。

10 月 25 日，沙特最高法院核准了尼姆尔死刑执行，这无疑更加剧了两国的对抗。伊朗就该问题再次向沙特发出警告。伊朗外交部副部长阿卜杜拉希安在接受电视采访时表示，如果沙特对尼姆尔执行死刑，将要承担严重后果。③ 10 月底，伊朗首次出席在维也纳举行的叙利亚问题多边会议，叙利亚危机和平解决出现曙光。然而，沙伊两国外长在会议上就巴沙尔政权的去留进行了激烈的交锋与争论，④ 甚至有报道称伊朗一度威胁退出和谈，以抗议沙特的"负面作用"。⑤ 11—12 月，沙特不顾伊朗反对处死伊朗籍毒贩，⑥ 在

---

① "巴林宣布查获地下炸弹制造窝"，新华网，http：//world.people.com.cn/n/2015/1001/c157278-276555，登录时间：2016 年 7 月 8 日。

② "综述：麦加朝觐缘何屡次发生踩踏事故"，新华网，http：//www.xinhuanet.com/world/2015-09/26/c_128269283.htm，登录时间：2016 年 4 月 26 日。

③ "沙特核准尼姆尔死刑判决，伊朗发出警告"，https：//www.annahar.com/article/278420-النمر-الشيخ-إعدام-على-حكم-تصادق-السعودية，登录时间：2018 年 1 月 10 日。

④ "伊朗：沙特外交大臣在维也纳的不当言论引发扎里夫激烈回应"，CNN Arabic，https：//arabic.cnn.com/middleeast/2015/11/01/iran-saudi-jubai-vienna-syria-meeting，登录时间：2018 年 1 月 14 日。

⑤ "莫斯科召集叙利亚政府和反对派对话，伊朗却因沙特退出"，Al Bawaba，https：//www.al-bawaba.com/ar/763102 – أخبار/موسكو-تجمع-الحكومة-والمعارضة-وايران-تنسحب-من-محادثات-بسبب-السعودية，登录时间：2018 年 1 月 14 日。

⑥ "东部省处决走私大麻罪犯"，SPA，http：//www.spa.gov.sa/viewstory.php?lang=ar&newsid=1416835，登录时间：2018 年 1 月 14 日。

利雅得召开叙利亚反对派大会，可谓处处针对伊朗，不断引发伊朗的强烈谴责和抗议。

2016年1月2日，靴子终于落地，沙特内政部宣布执行对尼姆尔的死刑判决。当日晚间，伊朗示威者冲击沙特驻德黑兰大使馆，造成使馆部分楼体被焚烧损坏。沙特驻马什哈德领事馆也受到冲击。3日夜间，沙特外交大臣朱拜尔紧急召开记者招待会，指责伊朗没有尽到保护义务，纵容示威者冲击和破坏沙特使领馆，宣布与伊朗断交，并限伊朗外交人员48小时内离境。①之后，巴林、苏丹和索马里相继宣布与伊朗断交。在接受美国媒体采访时，朱拜尔表示：

> "伊朗一直在中东地区进行破坏活动。我们曾（就这一问题）与伊朗政府沟通，清楚地表达了我们的要求，甚至警告他们，如果想与其他国家保持良好关系，就必须停止这种恶意的干涉和侵略行为，成为在国际社会中的一个负责任的国家，但是最终我们并没有看到这些（改变），所以，这最近的一轮，我们受够了。我们的人民不会容忍伊朗对沙特的持续侵犯，我们必须做出回应，我们的回应就是，断绝与伊朗的外交关系，关闭伊朗驻沙特使馆。"②

伊朗政府方面对沙特处死尼姆尔反应强烈，哈梅内伊称沙特政府的行为是"极大的罪恶，将受到惩罚"。③ 鲁哈尼指责沙特与伊朗断交是为了掩饰处死尼姆尔的罪行。扎里夫则称沙特蓄意制造断交事件，其目的是破坏刚刚达

---

① "外交大臣宣布与伊朗断绝外交关系"，SPA，http://www.spa.gov.sa/viewstory.php?lang=ar&newsid=1442609，登录时间：2016年1月4日。

② "Interview with Saudi Foreign Minister – Adel al – Jubeir"，CNBC，http://www.cnbc.com/2016/01/05/cnbc-transcript-interview-with-saudi-foreign-minister-adel-al-jubeir.html，登录时间：2017年4月23日。

③ "最高领袖强烈谴责沙特杀害尼姆尔谢赫"，伊朗"最高领袖办公室"，http://www.leader.ir/ar/content/14013/قائد-الثورة-الإسلامية-المعظم-يُدين-بشدة-قتل-العالم-المظلوم-المؤمن-الشيخ-نمر-باقر-النمر，登录时间：2017年10月3日。

成的伊核问题全面协议。

　　断交之后，两国关系仍不断恶化。2016年4月14日，第13届伊斯兰合作组织首脑会议在土耳其伊斯坦布尔召开。会议议题原本聚焦反恐，试图弥合成员国之间的分歧。沙特国王萨勒曼和伊朗总统鲁哈尼都参加了会议，但两国元首并没有利用这次机会弥合分歧、修复关系。根据各大媒体拍摄的照片和视频显示，萨勒曼国王在领导人集体合影后，由埃尔多安陪伴经过鲁哈尼面前时，并没有理睬向他望去的鲁哈尼。大会的闭幕宣言还谴责伊朗对巴林、也门、叙利亚和索马里事务的干涉，谴责伊朗支持恐怖主义，同时也谴责黎巴嫩真主党对伊斯兰国家稳定的破坏。鲁哈尼率领伊朗代表团集体退场，以表达对闭幕宣言的抗议。伊朗官方媒体称沙特用金钱控制了OIC，总有一天各成员国会后悔他们所采取的反伊朗立场。伊朗学者还指责沙特的金钱政治，称沙特用金钱收买了大部分伊斯兰国家，并试图阻止伊朗参加此次峰会。①

　　两国断交后，两国媒体上充斥着反对和敌视对方的言论。伊朗社会发起"抵制沙特商品"的活动。活动的组织者称："我们与袭击沙特使馆的极端者不一样，我们用文明的行为表达对沙特的不满。"伊朗媒体公布了一批在伊朗的沙特公司，号召民众抵制。这些公司中包括沙特著名快餐品牌"贝克"（Albaik）。在抵制活动开始后，已经有一家位于德黑兰的"贝克"连锁店因利润下降而关闭，伊朗全国的店铺数量也由15家下降至10家。沙特政府此后也发起了抵制伊朗商品的活动，而沙特民间的抵制行动更是早于政府数月，在推特上发布的抵制伊朗商品的微博在首日就有3.2万人关注和点赞。绝大多数沙特推特使用者支持抵制伊朗商品，甚至还有人要求伊朗店铺和餐厅去掉招牌上的"伊朗"字样，如果保留将视为对沙特的挑衅。②

---

　　① "为什么大多数伊斯兰国家反对伊朗"，Aljazeera, http：//www.aljazeera.net/programs/behindthenews/2016/4/15/لماذا-وقفت-الغالبية-الإسلامية-ضد-إيران，登录时间：2016年11月15日。
　　② 参见：萨比伊："伊朗抵制沙特商品"，Al‐Monitor, http：//www.al‐monitor.com/pulse/ar/originals/2016/01/iran‐saudi‐firms；侯赛因："沙特人民宣布抵制伊朗产品"，https：//al‐ain.com/%20article/38411，登录时间：2017年3月4日。

第六章　从恶化到断交

2016年朝觐季到来前,双方开始就断交后的朝觐事宜进行谈判。7月,伊朗开始审判攻击沙特使馆的暴徒,希望与沙特缓和关系。① 但是,随着两国朝觐谈判的破裂,9月底,两国高层之间爆发了自1990年以来最激烈的隔空骂战。10月4日,沙特海军部队在海湾、霍尔木兹海峡和阿曼湾海域举行代号为"海湾盾牌1"的大规模军事演习,目标直指伊朗。演习次日,伊朗革命卫队海军发表声明称,沙特进行的军事演习旨在加剧该海域的紧张局势,破坏这一地区的长期安全稳定,伊朗绝不容忍本国领海遭受侵犯,一旦沙特侵犯伊朗领海,伊朗将做出及时有力的回击。② 至此,两国来到自1979年以来最接近战争的临界点。

综上所述,通过以上各章的描述,可以将1979年后两国关系的历史变迁划分为以下阶段:

第一阶段:1979—1990年,两国关系处于紧张与冲突的状态。伊朗对外输出伊斯兰革命,沙特则在两伊战争中支持伊拉克。两国在政治、经济和意识形态方面进行对抗。1984年,两国出现首次军事摩擦。1987年朝觐冲突后,两国关系恶化到极点,并于次年断交。霍梅尼去世后,两国一度迎来关系缓和的契机,但被朝觐冲突打断。

第二阶段:1991—1996年,两国关系的特点是缓和与分歧并存。海湾战争后,两国恢复外交关系,开始关系正常化进程。拉夫桑贾尼的实用主义外交原则,得到沙特高层领导的良好回应,两国关系持续缓和。在此期间,两国也有分歧,主要集中在海湾岛屿、油价和朝觐等问题上。1996年地区与两国内部的一系列变化为两国关系的改善提供了契机。

第三阶段:1997—2005年,两国关系经历了加速改善、放缓和停滞三个阶段。1997—2001年两国关系实现巨大改善。1997年伊朗改革派教士哈塔米就任伊朗总统,沙特阿卜杜拉王储率代表团参加德黑兰OIC会议,历史性地

---

① "伊朗开始审判攻击沙特使馆的罪犯", https://arabic.rt.com/news/832751 - طهران/ايران-محاكمة-المتهمين-الهجوم-سفارة-السعودية /,登录时间:2017年10月5日。
② "伊朗警告沙特在波斯湾军演:若侵犯伊领海必将反击",环球网,http://world.huanqiu.com/hot/2016-10/9516270.html,登录时间:2016年10月30日。

访问伊朗，这是两国关系加速改善的开始。之后，两国签署了具有里程碑意义的经济协议和安全协议，让合作成为主旋律。2001 年后，两国关系改善进程明显放慢。2003 年伊拉克战争后，两国重回对抗的预期开始升温，关系改善进程彻底停滞。但两国领导人都尽力维持来之不易的改善成果。

第四阶段：2005—2010 年，两国之间的分歧不断加剧，关系重回紧张对峙状态。2005 年艾哈迈迪—内贾德上台，两国关系重回紧张成为现实。2006—2007 年，两国间进行了多次战略对话，希望妥善解决分歧，但受地区因素的影响，对话最终没有取得成果。2008 年，沙特首次公开指责伊朗干涉阿拉伯地区内部事务，两国关系改善的大门彻底关闭，就此走向对立。此后，两国的地区博弈和对抗呈上升趋势。

第五阶段：2011—2016 年，两国关系加速恶化，最终导致断交。"阿拉伯之春"导致中东地区格局剧变，加剧了两国的地区博弈和对抗。"暗杀门"事件的出现，让两国关系短时间内恶化到极点。之后，两国做出过一些缓和关系的举动，甚至出现过缓和的迹象，但最终不了了之。2013 年，温和派鲁哈尼就任伊朗总统，但无法改变两国关系恶化的大趋势。之后，叙利亚代理人战争、伊朗核问题、朝觐踩踏等一系列事件让两国关系愈发紧张。2016 年 1 月，沙特斩首尼姆尔，伊朗民众攻击沙特驻德黑兰使馆，导致沙特与伊朗断交。

总之，在 1979 年后沙特与伊朗的两国关系中既有斗争、对抗，也有缓和、改善甚至合作，但总体而言斗争与对抗时期占多数。两国关系的改善和亲近虽引人注意，但即使在两国关系的最好时期，双方仍无法有效解决存在的根本分歧和矛盾。自 2011 年之后，两国关系加速恶化，最终导致全面对抗和断交。两国关系变化受到内外部因素的综合影响，因此本书第三部分将综合研究这些内外部因素，为两国关系的复杂变化提供合理的解释框架。

第三部分
内外部因素对两国关系的影响

第七章 两国的国内政治与对外政策

第一节 沙特的国内政治与对外政策

一、沙特政治体制结构

沙特作为君主制国家,国王拥有最高权力,君主统治扎根于伊斯兰教和历史文化传统,其合法性来源于沙里亚法。① 在现实政治运行中,沙特以《古兰经》、圣训为指导原则,由国王和内阁行使行政和立法权力,国家各部门和行政机构对国王负责。

国王是沙特阿拉伯王国的最高元首,兼任内阁首相、武装部队总司令和伊斯兰教长等职务,行使最高行政权和司法权;国王有权任命内阁副首相和内阁大臣、地区省长、驻外使节和上校以上级别的军官,有权批准和否决内阁会议通过的决议及与外国缔结的条约和协议。此外,国王还有权解散和改组内阁,有权立、废王储和解散协商会议。②

沙特的政府内阁又称大臣会议,是国家最高行政和立法机构,成立于1953年。内阁的各项权力由国王赋予,负责制定、监督和实施内政、外交、

---

① 沙特王室网站,http://www.mofa.gov.sa/Detail.asp?InsectionID=1545&InNewsItemId=24409,登录时间:2016年12月6日。
② 陈沫主编:《列国志·沙特阿拉伯》,社会科学文献出版社2011年版,第81页。

金融、经济、教育、国防以及与国家宏观事务相关的各项政策。内阁组成包括首相（国王）、第一副首相（王储）、第二副首相（副王储）、各部大臣（21人）、国务大臣（7人）、国王顾问。每届内阁任期4年。① 内阁成员构成按出身可分为三类：第一类是王室成员（即亲王大臣）；第二类是谢赫家族成员（沙特家族传统盟友，世代联姻）；第三类为普通大臣。

协商会议是沙特阿拉伯王国的咨议性机关，在沙特王室应对现代化挑战和维护国内政治稳定方面发挥了重要作用。但协商会议不同于西方的民主议会制度，其职能只属于顾问性质，国王保留君主权力。协商会议的成员由国王任命，任期4年。② 协商会议下设12个委员会，基本涵盖沙特阿拉伯国家政治、经济和社会生活的方方面面。近年来，协商会议的权力有所扩大，逐步具有了监督和制约政府的功能，但仍必须接受君主权力的各项制约。

沙特王室家族在沙特国家的政治生活和权力分配中占绝对优势。沙特家族的重要成员控制着大臣会议各个关键部门。沙特王室还控制着地方政府大权，全国13个地区的省长全部由沙特家族的重要成员担任。沙特家族还全面控制着军队、国民卫队等武装力量，以此维护国家主权，确保王室的统治地位。沙特王室成员也参与外交政策的制定。

沙特禁止一切形式的政党活动，任何组织或个人组建政党都被视为非法。为了缓和国内社会的矛盾，应对美国的政治改革压力，确保政权稳定，沙特自2005年逐步放开地方选举。2011年9月，阿卜杜拉国王宣布，沙特妇女将在2015年新一届地方议会选举时获得选举权和被选举权，有权成为协商会议议员，有权参选市政委员会委员，并于2013年1月11日任命了30名女性进入协商会议。2015年，沙特举行地方选举，妇女首次参选及参与

---

① 维基百科——沙特阿拉伯协商会议，https://ar.wikipedia.org/wiki/مجلس الوزراء السعودي，登录时间：2016年12月6日。
② 沙特阿拉伯协商委员会官方网站，https://shura.gov.sa/wps/wcm/connect/ShuraArabic/internet/Laws + and + Regulations/The + Shura + Council + and + the + rules + and + regulations + job/Shura + Council + Law/，登录时间：2016年12月6日。

投票。①

沙特的国内政治运行有两个显著特点,即王室的自我修正能力与政教依赖的政治结构。王室内部存在强大的自我修正与协调能力。王室长老会(1999年后称王室家族委员会)是沙特最高统治层内部非正式的决策团体,在协调王室内部矛盾,决定王位继承和立嗣人选方面发挥着决定性作用。沙特国王的权力受到王室长老会的节制,必要时后者能废黜国王。沙特王室内部派系庞杂,利益纠葛复杂,特别是在王位继承的次序上,存在年长亲王被迫让位给强势王弟甚至侄子而心存不满的情况。但在王室家族委员会的调解和斡旋下,分歧总能得到妥善处理和化解。2006年,阿卜杜拉国王设立效忠委员会,由沙特王室家族内部高级成员组成,负责选举国王、王储和副王储,将王位继承进一步制度化。2015年4月,国王萨勒曼"废长(即他同父异母的弟弟穆格林)立幼(即他的侄子纳伊夫)"后表示,该决定尊重穆格林王储的个人意愿,并符合选贤原则,得到了效忠委员会的多数通过。但实际上,这是王室内部各派力量相互妥协的结果。家族委员会与效忠委员会,一里一表,都是沙特王室内部有效化解权力斗争危机的手段,是为了不让家族分歧影响国家的政治、经济生活,巩固王室内部团结,维护沙特王室家族的统治地位不动摇。

宗教学者也为王权统治提供政治合法性,协助王室维护社会稳定。宗教学者(欧莱玛)与宗教组织是沙特阿拉伯王国政治的重要组成部分。瓦哈比派宗教学者为王权统治的合法性和正当性寻找教法上的依据。此外,当政府发布的政策存在争议时,有资格的学者可以发布法特瓦(教法裁决),进行合理性解释和辩护。同时,有些高级别的宗教学者还是王室与民众之间相互沟通的桥梁,可参与政府决策和王室重要会议,传达民情,为民请命。沙特的宗教组织是维护社会稳定、规范穆斯林行为举止、确保符合伊斯兰教义的重要力量。如惩恶扬善协会,通过劝告、监督、惩戒等手段,杜绝社会上违反教律的行为,强制国民恪守伊斯兰教义和瓦哈比派戒规,以此控制国民的

---

① "沙特举行史上首次有女性参加的选举",新华网,http://news.xinhuanet.com/ttgg/2015-12/12/c_1117440994.htm,登录时间:2016年6月12日。

社会行为，彰显沙特王国的宗教特征。

二、沙特对外政策的制定过程与特点

沙特对外政策的制定，是沙特国内的政治机构、团体和个人参与国家外交政策的讨论、规划、修改和批准的博弈过程。

沙特的对外政策制定权属于内部高级别团体，包括国王、核心亲王和政府官员等。国王虽然掌握最高权力，但在外交政策的制定方面往往受到国内各机构和政治势力的影响和牵制。国王虽然不享有绝对权力，但其意见具有极其重要的分量。根据阿德尔·图莱非2012年对沙特内阁成员穆萨阿德（Mosaad al‐Aiban）的采访，国王在外交政策的制定方面享有最终决定权。国王个人的立场和意见对沙特的外交政策有很大影响。[1]

但是，在国王之下，沙特家族的核心亲王和王子都参与到外交政策的讨论和制定中，每人都代表不同的利益需求。有些皇室成员负责针对专门国家的外交，拥有一定的独立性。如：阿卜杜拉国王在加冕前曾负责协调与叙利亚和伊朗的关系；1982年哈立德国王去世后，苏尔坦亲王成为内阁第二副首相兼国防大臣，沙特与美国建立起密切的军事伙伴关系，他的儿子班达尔则成为驻美国大使，负责维护和发展美沙关系；图尔基亲王负责与巴基斯坦关系。他们的立场、建议和意见会对国王最终的决定起到间接的影响作用。除此之外，有五个关键机构参与到沙特外交政策的制定，分别是：皇家委员会、国民卫队、国防部、内政部、外交部和王室的高级顾问。国王及王室高级成员会听取这些机构对外交形势的判断与建议。

除了最基本的原则不能受到质疑和挑战外，当外交政策的制定出现分歧时，国王通常扮演中间人的角色。根据科拉尼和法塔赫（Korany & Fattah）2008年的研究：当内部决策群体对某一项议题产生严重分歧时，国王的作用

---

[1] Adel AlToraifi, *Understanding the Role of State Identity in Foreign Policy Decision‐Making: the Rise of Saudi‐Iranian Rapprochement (1997–2009)*, The London School of Economics and Political Science (LSE) PHD 2012, p. 194.

不是以强权压制促成决策的通过，他要扮演的是中间人角色，尽全力让分歧双方在王室统治的大框架内达成共识。如果他没有能力做到这一点，就失去了他作为君主的合法性，有可能遭遇被废黜的危险，如1964年被废黜的沙特·本·阿卜杜勒—阿齐兹国王。①

宗教学者对沙特外交政策的影响有限。沙特政权期望宗教领袖肯定和批准外交政策领域的重要决定，增加政府决策在教法层面上的合法性，但如有必要可予以否决。宗教学者也有可能向政府施压，要求采取维护宗教权力的对外政策。如2006年伊拉克教派冲突加剧期间，沙特宗教学者就曾向阿卜杜拉国王施加压力，要求向伊拉克逊尼派提供帮助，抗击什叶派。协商会议属于资政性机构，有义务向国家就对外政策提供政策和建议，但对外交政策制定拥有的影响力也比较有限。

三、对外政策的基本原则和特点

沙特对外政策的服务核心为"内稳王、外抗敌"。内部要确保沙特王室的统治地位，避免出现动荡和革命。沙特自建国以来，既要应对民主化和民族主义等思潮的影响，又要应对伊斯兰极端主义与教派分裂的挑战，其内部长期承受着巨大压力。对于外部，则要抵抗敌国侵略，保障国家基本生存。相比埃及、伊拉克、伊朗等地区军事强国，沙特军力处于劣势，人口数量相对较少，必要时需要外部力量的保护。内部稳定、外部安全是沙特的红线，任何可能有损于王室统治和国家安全的企图，都会受到沙特的强烈抵制并对外交政策产生影响。

在保障基本生存的原则上，沙特的外交政策偏重意识形态，由阿拉伯和伊斯兰双重身份引导。沙特重视国家的阿拉伯属性，以阿拉伯国家的利益为重要考量因素。沙特《治国基本法》规定，"（沙特）努力实现阿拉伯和伊

---

① Korany, B. and M. A. Fattah, Irreconcilable Role-Partners? Saudi Foreign Policy between the U-lema and the U. S., 2008. In: B. Korany and A. E. H. Dessouki, eds. *The Foreign Policies of Arab States: The Challenge of Globlization*, Cairo: American University in Cairo Press, 2008. p. 367.

斯兰国家的团结和统一，巩固与友好国家的关系。"[①] 在巴以问题上，沙特坚定支持巴勒斯坦人民为恢复民族权力和重返家园所进行的斗争，为巴勒斯坦提供了大量援助，反对以色列占领巴领土的行为，并反对在巴以问题上偏袒以色列的国家。1973年，沙特曾发起对西方的石油禁运，以报复西方国家在巴以冲突中对以色列的支持和偏袒。近年来，由于共同面对来自伊朗的威胁，沙特与以色列关系有些暧昧，但顾忌自己的阿拉伯身份和阿拉伯国家的反对，沙特不可能和以色列有任何公开的往来与合作。

伊斯兰正统是决定沙特国内合法性与国际立场的重要因素。阿拉伯半岛是伊斯兰教的发源地，两大圣地——麦加、麦地那处于沙特境内，沙特的官方意识形态瓦哈比派为原教旨主义，自认为是最纯正的伊斯兰信仰。沙特非常注重自身的伊斯兰形象，在伊斯兰国家中以"最伊斯兰"国家自居。沙特负责组织和管理每年的朝觐活动。沙特是伊斯兰合作组织的发起国，致力于加强伊斯兰国家的团结，促进穆斯林国家间的沟通和交流。沙特政府每年都给予伊斯兰国家大量援助和低息贷款，还拥有规模庞大的官方和半官方宗教组织，对国外穆斯林群体和个人进行宣教和资助。

综上所述，沙特的外交政策以实用主义原则为基础，服务王室和沙特国民的利益。阿拉伯和伊斯兰意识形态是对外政策中的重要因素，但在多数情况下，这两个因素需要与沙特国家利益相调和，让步于实用主义原则。但在个别历史时期，沙特也曾牺牲国家利益而坚持意识形态。

第二节 伊朗的国内政治与对外政策

一、伊朗政治体制结构

1979年霍梅尼掌权后，伊朗实行政教合一的制度。伊朗宪法规定，最高

[①] 沙特《治国基本法》第25条。

第七章 两国的国内政治与对外政策

领袖拥有绝对权力，1989年7月通过新宪法，规定伊斯兰信仰、体制、教规、共和制及最高领袖的绝对权力不容更改。最高领袖掌握军权，担任武装力量总指挥。最高领袖任命司法总监，确定国家利益委员会、宪法监护委员会的六名成员以及武装部队指挥官，任命领导周五聚礼的伊玛目和电台、电视台负责人。此外，最高领袖还有大赦和减刑的权力。[1]

伊朗的政治系统较为复杂，图1展示了最高领袖、各政府部门与机构之间的关系：

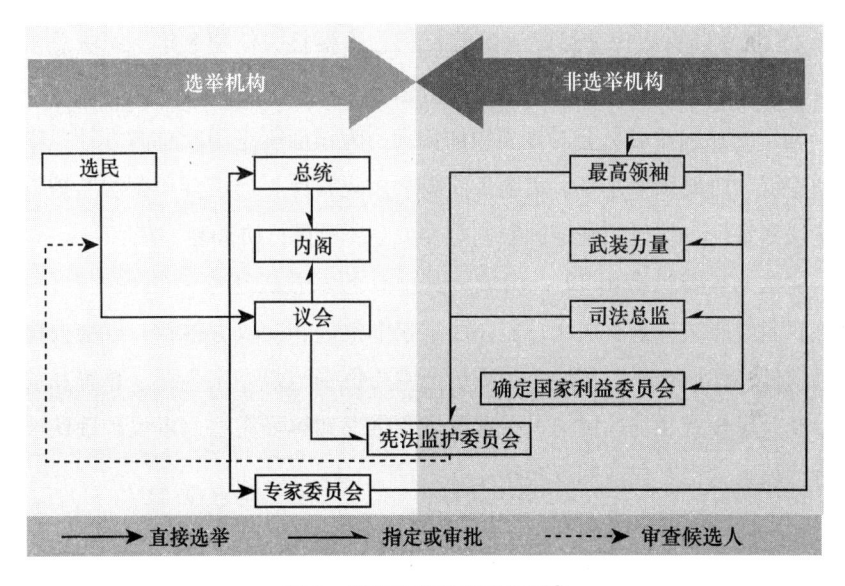

图1 伊朗政治体制结构图[2]

伊朗的政府机构和领袖分为直接选举和非选举两部分。如图1所示，总统、议会和专家委员会通过选民直接选举。

---

[1] 伊朗宪法第110条，http://iranonline.com/iran/iran-info/Government/constitution-8.html，登录时间：2016年9月2日。
[2] "Guide: How Iran is ruled", BBC, http://news.bbc.co.uk/1/hi/world/middle_east/8051750.stm, 登录时间：2016年9月3日。

总统拥有最高行政权，对人民、最高领袖和议会负责。总体上，总统权力受议会制约，总统有权任命内阁成员，与其他国家签订条约、协议等，但都需经议会批准。总统也有权批准和否决议会决议。① 议会是伊朗的最高立法机构，实行一院制。议员共 290 名，任期 4 年。议会受到宪法监护委员会的监督，议会制定的法律不能违背伊斯兰教法和宪法法律。②

专家会议是伊朗的关键机构，其主要职责为选举和罢免领袖，由公民投票选举的 86 名法学家和宗教学者组成。

司法总监是国家司法方面的最高首脑，拥有独立权，由领袖任命，任期 5 年。司法总监有权任命最高法院院长和总检察长，任期 5 年。司法总监还负有推荐司法部长的责任，但需要经由总统任命和议会批准。③

确定国家利益委员会对最高领袖负责，为领袖制定国家总体方针提供草案和建议，协助领袖监督、实施各项国家大政方针。当议会和宪法监护委员会就议案发生分歧时，确定国家利益委员会还可进行协调和仲裁。④

宪法监护委员会由 12 人组成，其中 6 名宗教法学家由领袖直接任命，另外 6 名普通法学家由司法总监在法学家中挑选并向议会推荐，议会投票通过后就任，任期 6 年。宪法监护委员会主要负责监督专家会议、总统和议会选举及公民投票和传达民情，批准议员资格书和解释宪法；审议和确认议会通过的议案，也有权驳回议会违宪立案。⑤

一方面，伊朗内部复杂的权力结构旨在解决宗教与政治之间的冲突，平衡各部门的权力，形成相互监督、相互制衡，避免某一部门独揽大权。另一方面，这种权力结构设计使教士集团掌控了绝对权力，确保"法基赫监国"的基本理念，并在一定程度上允许政治多样性的存在，实行总统和议会民主选举。

---

① 伊朗宪法第 123—129 条。
② 伊朗宪法，外交部"伊朗国家概况"，http://www.fmprc.gov.cn/web/gjhdq_676201/gj_676203/yz_676205/1206_677172/1206x0_677174/，登录时间：2016 年 10 月 19 日。
③ 伊朗宪法第 156—162 条。
④ 伊朗宪法第 110、112 条。
⑤ 伊朗宪法第 91—99 条。

第七章 两国的国内政治与对外政策

通过对伊朗政治结构的分析和解读，可以发现伊朗的政治存在二元结构的现象，并几乎贯穿整个伊朗国家架构与政府部门，导致伊朗从上到下的权力竞争。首先，在政治系统的最高级别，存在最高领袖与总统的权力竞争。无论是拉夫桑贾尼、哈塔米还是艾哈迈迪—内贾德，在任期间都与最高领袖哈梅内伊就权力问题发生过摩擦，艾哈迈迪—内贾德在其第二任期甚至挑战过哈梅内伊，但他们最后都无法撼动最高领袖的权威。

2011年4月，伊朗情报部长海达尔·穆斯利希在艾哈迈迪—内贾德的压力下递交辞呈，但被哈梅内伊驳回。艾哈迈迪—内贾德因此缺席内阁会议长达两周，并威胁"有穆无他"。219名议员写信提醒其应追随最高领袖。阿亚图拉梅斯巴赫·亚兹迁（Mesbah Yazdi）劝告艾哈迈迪—内贾德，"忤逆最高领袖等同叛教。"最终的冲突发生于2011年5月，艾哈迈迪—内贾德重新出席内阁会议，但拒绝海达尔·穆斯利希入场。哈梅内伊直接警告内贾德，不要拒绝接受他的最终决定，触犯最高领袖的权威。议会则威胁弹劾艾哈迈迪—内贾德，其20多名亲信和手下被捕，被指控犯有叛教罪。最后艾哈迈迪—内贾德别无选择，只能屈服选择出席内阁会议。[①] 除了总统与最高领袖，在议会和宪法监护委员会之间也存在竞争，需要确定国家利益委员会的协调和仲裁。这些竞争源自伊朗宪法的结构性矛盾。

在军事层面，伊朗也存在双轨制，即两支武装力量——伊朗国家军队和伊斯兰革命卫队。伊斯兰革命卫队（Islamic Revolutionary Guard Corps, IRGC）建于伊斯兰革命和两伊战争时期，是政治化的军队组织。为保持革命卫队的政治特征，革命领袖一直强化卫队的意识形态特性。正因如此，革命卫队一直保持着狂热的革命意识形态和积极介入政治的特点。但由于任务定义的模糊性，革命卫队的任务是仅限于保卫伊朗领土、捍卫伊斯兰革命成果，还是拓展至国外，传播和发动伊斯兰革命，一直没有明确的限定。一方面，伊朗国内的政治精英不同意革命卫队随意扩大任务范围；而另一方面，革命卫队的将领们则努力扩大任务涉及范围。他们认为，革命卫队的任务不

---

① Yvette, H., *The Political Ideology of Ayatollah Khamenei*, RIYTLEDGE, 2016, p.233.

仅限于捍卫伊朗伊斯兰革命的成果，只要涉及伊斯兰和伊斯兰革命，无论是在世界哪个地方，都应在革命卫队执行任务的范围内。这成为影响沙伊关系的一个重要因素。2000年，由于忌惮伊朗伊斯兰革命卫队的独立性，沙特未能下决心签署沙伊两国的共同防卫协定。

此外，革命卫队的利益深入伊朗的经济、社会、文化等方方面面，并不可避免地成为伊朗的政治角色。在哈塔米总统任期结束前几年，伊朗的保守势力开始上升。一些强硬激进分子和政治家利用选举赢取民心，从改革派手中夺回失去的阵地。在2003—2004年之间，保守势力接连主导了市议会选举和国家议会选举。在此期间，保守和激进的政治势力与革命卫队建立了广泛联系，革命卫队的政治和经济影响力迅速扩大。到2004年，革命卫队与其支持的政治势力占据了伊朗政坛的主导地位。2004年5月，伊斯兰革命卫队因失去建造和经营国家重大设施项目的机会，一度占领并关闭了伊玛目霍梅尼国际机场，以表达对哈塔米经济开放政策的愤怒与不满。

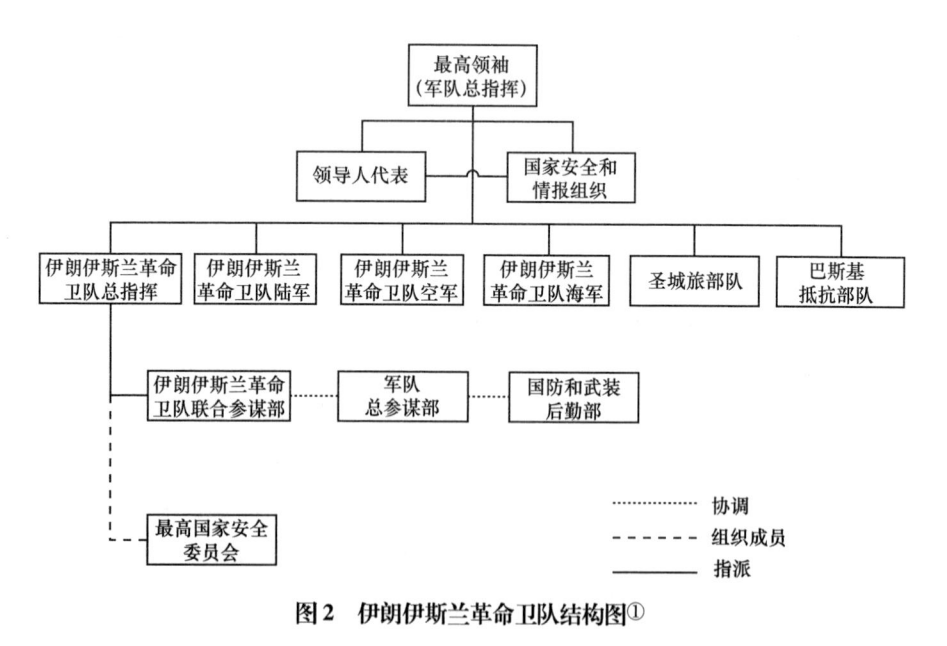

图2 伊朗伊斯兰革命卫队结构图[①]

① Sinkaya, B., *The Revolutionary Guards in Iranian Politics*, Routledge, 2015, p. 68.

第七章 两国的国内政治与对外政策

而在社会层面，伊朗还存在着各种各样的宗教组织、党派和教士群体，它们能够不受政府机构和法治的限制，独立地运作。如民兵组织巴斯基（Basij），其得到政府在政治和财政上的全力支持，拥有约800万人的强大社会网络，负责维持伊朗社会的治安，镇压一切破坏伊斯兰革命的反动势力。

这种二元结构还曾多次影响伊朗与美国关系的改善。在2001年阿富汗战争中，伊朗对美国打击塔利班的军事行动鼎力相助，伊美关系一度呈现"破冰"回暖的趋势。但是Karine-A事件的发生让缓和迅速变为对抗。2002年1月，以色列宣布截获了一艘运载50吨伊朗武器的Karine-A号货船。尽管时任总统哈塔米召开紧急会议展开调查，发现并不是伊朗政府机构所为，但小布什还是以支持恐怖主义和发展核武器为由将伊朗列为"邪恶轴心"。除了以色列和美国保守派的阴谋论外，也有可能是伊朗内部保守势力和革命卫队不希望伊美缓和关系，因此策划并实施了该起事件。类似的事件在沙特与伊朗关系缓和或改善的关键时间点也有出现。

伊朗的权力运行模式可借用布奇塔（Buchta）2000年的非正式权力架构来解释。伊朗的实际权力运行可划分为教士—官员—武装力量—内部改革派四个同心圆，越往中心掌控的权力越大。第一个圈为领导伊斯兰革命的高级什叶派教士精英，掌握着伊朗的最高权力。第二个圈为政府的高级官员和工作人员。第三个圈为掌握武装力量的组织及附属机构，如伊斯兰革命卫队、巴斯基民兵等，以及这些组织的高级军事领导人和附属的新闻机构等。第四个圈为体制内的改革派，由于与哈梅内伊等当权派政见不同，他们远离权力核心圈，但仍在伊朗社会中发挥着重要的影响力，有时可作为政权与社会之间沟通的桥梁。

第一层：高阶教士

第二层：政府高级官员和工作人员

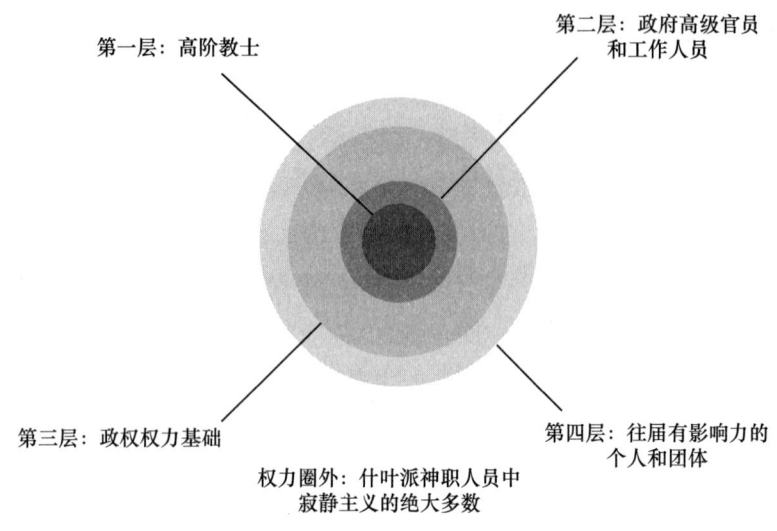

第三层：政权权力基础

第四层：往届有影响力的个人和团体

权力圈外：什叶派神职人员中寂静主义的绝大多数

图 3　伊朗政权非正式权力架构图①

二、伊朗对外政策的制定过程

以霍梅尼去世为分水岭，伊朗对外政策的制定分为两个阶段。霍梅尼生前，基于他在伊斯兰革命中的至高地位和权威，他在政治问题上享有最终决定权。在宗教方面，他的话就是法特瓦（即宗教裁决）。② 在 1979—1989 年期间，霍梅尼的革命思想和对王权制度的否认，成为影响沙伊关系的重要因素。霍梅尼去世后，伊朗的外交政策制定受二元权力结构限制的影响开始显现。伊朗的政治体制二元性，在对权力进行制约的同时，也加剧了派别之间的斗争，是造成伊朗对外政策不协调的主要因素。此外，由于霍梅尼在遗嘱中对沙特家族的统治进行了全面的批判与否定，伊朗对沙特政策的两面性尤为明显。

---

① Buchta W., *Who Rules Iran?* Washington Institute for Near East Policy Washington, D. C., 2000, p. 9.

② Milani, Mohsen M, "Power Shifts in Revolutionary Iran", *Iranian Studies*, 26.4 (1993b), p. 363.

第七章 两国的国内政治与对外政策

根据丘宾和特里普（Chubin & Tripp）1996年的记录，沙特当局对伊朗外交政策时常表示出困惑和不满：

"我们非常惊讶的是，伊朗领导人与我们谈话的方式存在矛盾。伊朗总统拉夫桑贾尼的信使持续不断地送信给我们，希望缓和两国关系，并提出相关建议。与此同时，精神领袖哈梅内伊却发表不当和不负责任的言论，然后就是媒体铺天盖地的附和。这两个团队，哪一个值得我们依赖，我们又应该与这两个人中的哪一个进行沟通和协调？"[①]

最高领袖负责制定伊斯兰共和国的总体政策，并监督方针大政的正确执行。理论上，伊朗的外交政策实际上掌握在最高领袖的手中。而实际上，最高领袖办公室与领袖外事顾问对伊朗外交政策的制定发挥着关键作用，哈梅内伊的外事顾问阿里·韦拉亚提曾担任伊朗外长16年，有学者认为，他就是哈梅内伊自己的外交部长。[②]

总统参与外交政策的制定，但只是伊朗国家对外政策制定的其中一个因素。伊朗对外政策由不同势力组成的政策决策网通过博弈产生，而对外政策在最后实施前需要最高领袖的批准。此外，伊朗总统的个人风格也会对外交政策的实施效果产生影响。根据苏尔坦和赛伊德（Alsultan & Saeid）2016年对前伊朗外交部长卡迈勒·哈拉齐（Kamal Kharrazi）的采访，艾哈迈迪—内贾德的强硬和富有侵略性的演讲是沙特与伊朗两国关系趋于紧张的一个因素。[③]

国内的实权人物和政治势力也对伊朗的对外政策制定产生影响。伊朗国内重量级教士艾哈迈德·贾纳提以激进的反以、反美言论著称。在2014年2

---

① Chubin S., Tripp C., *Iran–Saudi Arabia Relations and Regional Order*, Oxford University Press, 1996, p.50.

② Alsultan F M, Saeid P, *The Development of Saudi–Iranian Relations since the 1990s: Between Conflict and Accommodation*, New York: Routledge, 2016, p.34.

③ Ibid., p.35.

月的一次电视讲话中,他称"……如果我们,伊朗人民,都反对美国,你们(指伊朗总统等政治领袖)也必须反对美国……"① 2015年1月阿卜杜拉国王去世后,鲁哈尼曾与萨勒曼国王通电话,对阿卜杜拉国王的去世表示哀悼,希望进一步改善两国关系,并派伊朗外长扎里夫率团赴沙特吊唁。然而,艾哈迈德却在同一天发表不当言论。在聚礼后的演讲中,艾哈迈德表示出对阿卜杜拉去世的"喜悦之情","以色列和美国哀悼他的死亡,而穆斯林则进行庆祝"。他甚至称阿卜杜拉为"阿拉伯的戈伦",② 认为他是"什叶派的敌人、极端分子的支持者"。该言论引起巨大争议,伊朗国内的一些知识分子和宗教人士对此表示遗憾和震惊,认为艾哈迈德作为宪法监护委员会的主席,③ 是伊朗的国家领导人,其言论不仅代表个人,更代表整个国家。他发布这种不当言论无疑有损于伊朗的国家利益,也会招致沙特新领导人的强烈回应。④ 1月30日,海合会对贾纳提的不当言论发表声明进行谴责,称其对阿卜杜拉国王的言论是"污蔑性的敌对言论"。⑤ 这种言论竟然出自伊朗政治领导人之口,将本已充满裂痕的沙伊关系进一步推向破裂。

而拉夫桑贾尼则多被媒体和研究者认为是伊朗温和务实派的代表,这是由于其在1989年就任总统后,不再坚持革命主义意识形态的对外政策,并积极缓和与海湾国家关系,从而给外界留下了温和开明的印象。但实际上,在霍梅尼时代,拉夫桑贾尼是对外输出伊斯兰革命的支持者和拥护者。两伊战争期间,他经常批评沙特借助外部力量干涉海湾地区事务。在拉夫桑贾尼

---

① "Ayatollah Jannati to Iran's Leaders: The People Do Not Support Your Efforts to Establish Ties with the U. S", MEMRITV, clip 4167 (transcript), 21 February 2014.

② 戈伦又译为卡伦,在《圣经·旧约》中为"Korah",在《古兰经》中为"قارون"。他是摩西时代希伯伦最后一位国王,以豪富著称,与摩西为敌。在《古兰经》第二十八章中,族人曾劝诫戈伦不要因富而而搬弄是非。艾哈迈德·贾纳提以该典故来攻击阿卜杜拉国王利用金钱政治与伊朗进行地区博弈和对抗。

③ 2016年5月,艾哈迈德·贾纳提又当选为伊朗专家会议主席。

④ "伊朗国内对阿卜杜拉国王去世的两种立场",Aljazeera, https://www.alarabiya.net/ar/iran/2015/02/04/ضجة-حول-ازدواجية-موقف-إيران-من-وفاة-الملك-عبدالله.html,登录时间:2017年2月24日。

⑤ "海合会谴责贾纳提不当言论",CNN Arabic, http://arabic.cnn.com/world/2015/02/gulf-state-jannati-iran,登录时间:2017年2月24日。

担任总统期间，伊朗国内的改革派视其为保守派。他在任期间，伊朗大量的共产党人、异见分子甚至保守教士遭受镇压和审判。同时，也有对外激进，对内却呼吁民主、关心民生，受到伊朗底层人民爱戴的政治人物，如艾哈迈迪—内贾德。因此，有学者反对将伊朗的政治精英划分为激进派、保守派和改革派，因为这种分类无法很好地解释他们身份与行为的不协调。布奇塔2000年认为，伊朗的政治精英应该分为伊斯兰左派、传统右派和现代右派。

阿德尔·图莱非认为，伊朗有五个政府机构参与制定对沙特的政策：总统、外交部（下属阿拉伯事务部）、国家安全最高委员会（SNSC）、议会外交委员会以及朝觐和福利组织（由最高领袖办公室领导）。虽然总统和他的外长提倡与沙特改善关系，议会却经常拒绝和批评这样的举动，这种矛盾性往往影响两国关系的正常发展。比如：

> "1993年2月4日，沙特教育部长阿卜杜勒—阿齐兹访问伊朗并与总统拉夫桑贾尼会晤。阿卜杜勒—阿齐兹向拉夫桑贾尼递交了法赫德国王的正式邀请，邀请其访问沙特阿拉伯。拉夫桑贾尼对法赫德国王的邀请表示欢迎，并表示也将邀沙特国王访问伊朗。然而，拉夫桑贾尼的善意举动激怒了伊朗议会中的保守主义者，大约150名议员签署了请愿书向他施加压力，要求改变对沙特政策，说'伊朗永远不会放弃'……这是'宗教义务和绝对的权力'。除非沙特尊重伊朗的革命义务并承认伊朗穆斯林在麦加进行朝觐和政治示威的权利，否则拒绝改善与沙特的关系。"[1]

国家安全最高委员会负责在最高领袖确定的一般政策框架内确定国防和

---

[1] Adel AlToraifi, *Understanding the Role of State Identity in Foreign Policy Decision-Making: the Rise of Saudi-Iranian Rapprochement (1997-2009)*, The London School of Economics and Political Science (LSE) PHD 2012, p.190.

国家安全政策。最高领袖在国家安全最高委员会派驻代表,传达其意见。该机构的目的为加强国内各部门的共识,打破伊朗外交政策制定的僵局。该委员会的成员包括:(1) 政府三个部门的负责人;(2) 武装部队最高指挥委员会主席;(3) 负责规划和预算事务的官员;(4) 由最高领袖提名的两名代表;(5) 外交部长、内政部长和信息部长;(6) 武装部队和伊斯兰革命卫队的最高级官员。总统关于国家重大安全事务或国内外政策的决定受最高领袖最后命令的约束。[①]

伊朗外交部负责实施外交政策,并提出建议,但并不参与外交政策的制定。伊朗议会对外交政策制定的影响非常有限。议会主要关注国内事务,几乎不针对对外政策进行立法。外交政策战略委员会的作用也有限,主要作为最高领袖与总统就外交政策进行沟通的平台,偶尔也作为双方争夺外交话语权的工具。

在没有公认的规则和一个中间人协调的情况下,伊朗的对外决策者很少能够达成一致,针对某一问题得到立场统一、语调一致的解决方案。其结果就是从不同的权力中心听到不同甚至相反的声音。

三、对外政策的基本原则和特点

哈梅内伊曾在1982年和1984年的演讲中对伊朗的外交政策进行过定义:

"伊朗外交政策中的关键是独立自主,绝对不屈服于任何政府或权力。与此同时,努力与其他国家建立良好关系。我们的政策是伊斯兰主义和民粹主义。我们不会仇恨对我们没有敌意的国家。但是那些企图对我们进行侵略的国家,会被我们视为敌人。如果他们对我们进行军事侵略,我们将以同样的方式做出反应。如果对我们的侵略是政治层面的,

---

① *Iran's Ministry of Intelligence and Security: A Profile*, Library of Congress – Federal Reseach Division, 2012.

我们也会在政治层面还以颜色。但对那些对我们没有敌意，渴望和平友好关系的国家，我们将向他们伸出友好之手。正如伊玛目霍梅尼所说：'我们对任何穆斯林或非伊斯兰国家没有敌意。'不同之处在于，我们优先与伊斯兰国家发展关系。因此，我们正试图加强与伊斯兰国家和穆斯林占多数国家的关系。我们之间会有更强的政治和经济联系。"①

伊朗宪法第152条规定：伊朗伊斯兰共和国的外交政策基于对一切统治形式的拒绝，无论是统治别国还是接受别国的统治，保证（伊朗）在所有方面的独立及领土完整，维护所有穆斯林的权利，不屈服于超级大国的霸权，与所有非交战国家维持和平关系。②

因此，伊朗外交政策的核心是独立自主，拒绝一切外国势力的干涉，无论是对伊朗有害的干涉，还是对伊朗有利的帮助。伊朗由于在近代屡次受到外国势力的渗入与影响，成为大国博弈的工具，这种对干涉的反抗与厌恶已经渗入伊朗精神的核心。在这一基础上，宪法第152条还规定，伊朗将维护所有穆斯林的利益视为己任，支持所有受压迫者反抗压迫者的斗争是伊朗的主要目标。这可以理解为伊朗对外输出伊斯兰革命的合法性来源。

尽管优先与伊斯兰国家发展友好关系是伊朗的对外政策，但霍梅尼始终对沙特持敌视态度，在他最后的遗嘱中有两条专门攻击沙特君主制和亲西方政策的遗言，表达了他对此的强烈不满和愤恨。霍梅尼的态度和立场，成为日后伊朗国内激进派反对与沙特改善关系的理由，影响着两国关系的发展。

但是，政权稳定与生存是伊朗外交政策的绝对底线，保障政权生存、维护"法基赫监国"是其一切外交政策实施的前提。然而，这样的政策导向在有些情况下是自相矛盾、难以自圆其说的。拉马扎尼（Ramazani）2004年指出，意识形态和实用主义在制定外交政策决定方面的平衡，是伊朗自公元前

---

① Yvette, H., *The Political Ideology of Ayatollah Khamenei*, RIYLEDGE, 2016, p.81.
② 伊朗宪法第152条。

6世纪国家诞生以来,历史上面对的最为严峻、复杂和困难的问题之一。[①]

在现实政治中,既可以看到伊朗以维护穆斯林的利益为由支持黎巴嫩真主党和哈马斯,也可以看到在亚美尼亚与阿塞拜疆的对抗中,伊朗选择支持基督教国家亚美尼亚,而与同是伊斯兰国家、甚至什叶派穆斯林占人口多数的阿塞拜疆交恶。伊朗外交政策现实主义的一面,在以意识形态为外交主导的霍梅尼时期就已经存在。"伊朗门"事件说明,伊朗在国家生存受到威胁时可以跟"大撒旦"美国和"小撒旦"以色列进行合作。海湾战争后期,萨达姆政权的武装力量受到美军重创,伊拉克南部什叶派趁机发动大起义,试图推翻萨达姆的统治,并寄希望于伊朗的帮助。但伊朗在权衡利弊后,选择袖手旁观,起义最终失败。

苏尔坦和赛伊德两位学者认为,当伊斯兰意识形态与政权的利益或执政团体的生存背道而驰时,伊朗领导人会毫不犹豫地牺牲伊斯兰。因此,在确定伊朗的国家利益时,需要将其与政权利益进行区分。在大多数情况下,伊朗政权往往以灵活、权宜之计行事,而不是死板地坚持革命主义原则。伊朗对外政策的底线一直是政权的生存。[②]

总之,在伊斯兰革命后,伊朗以宗教意识形态为主导的对外政策,只有在维护伊斯兰政权利益的情况下才有优先地位。现实主义理论可为伊朗外交政策提供更好的分析框架和解释力。

综上所述,两国对外政策的特点如下:

第一,现实主义原则都在两国的对外政策中占主导地位。两国的对外政策都以国家安全与政权生存为基本底线和红线。两国以现实主义为主导的对外政策,为通过对话、沟通、谈判和妥协等外交途径解决分歧提供了可能性,属于可调和矛盾。而两国在意识形态领域的斗争和对抗,属于不可调和矛盾,是有关政权合法性与生存的根本问题,但两国的外交政策不以意识形

[①] Ramazani, "Ideology and Pragmatism in Iran's Foreign Policy", *Middle East Journal*, 2004, 58 (4), p. 549.
[②] Alsultan F M, Saeid P, *The Development of Saudi-Iranian Relations since the 1990s: Between Conflict and Accommodation*, New York: Routledge, 2017, p. 51.

态或教派属性为指导纲领。

第二，泛伊斯兰意识形态都在两国的外交政策考量中占重要地位。沙特与伊朗都是伊斯兰国家，两国都以伊斯兰作为对外政策的重要考量因素，强调伊斯兰团结，呼吁伊斯兰国家团结一致，共同捍卫伊斯兰教和穆斯林核心利益。这一点是两国关系缓和与改善的基础。

第三，两国的对外政策制定过程存在差异。沙特的对外政策制定属于集体协商制，国王属于协调者，力图将分歧双方拉入可协调妥协的框架内，并拥有最终决定权。整个国家可以用一个声音向外表达立场，实行统一的对外政策。伊朗的对外政策制定基本属于"一言堂"，最高领袖往往不扮演协调角色，在政策制定中享有至高无上的权力。整个国家政治结构的二元矛盾性，会导致以不同声音表达立场，在对外政策的实行方面往往无法统一。这增加了沙特与伊朗沟通协调的难度，有时会造成不必要的负面效应。

第四，民族主义不是两国对外政策中的核心，但都是重要考量维度。沙特对外政策将阿拉伯利益纳入考量因素。伊朗对外政策虽不以伊朗民族主义为中心，也不特意突出波斯文化因素，但在地区和国际层面有着强烈的民族自尊心和大国荣誉感。

第八章 两国的内部安全困境与承认需求

第一节 沙特的内部安全困境

一直以来，沙特都被描述为罕百里—瓦哈比教派占统治地位的伊斯兰国家。但实际上，沙特内部的宗教派别呈现多样化和多元化。以占多数的逊尼派为例，除了罕百里学派，还有马利克、哈乃菲和沙菲仪学派，这些教派的追随者都在沙特的不同地区沿袭着各自的传统教法。而这些教派在很大程度上被隔绝在官方宗教机构外。沙特的什叶派主要生活在东部地区，属于十二伊玛目教派。由于在教义上与瓦哈比派存在巨大分歧，什叶派的政治、经济和宗教权利往往受到歧视和忽视。除此之外，沙特还有伊斯玛仪派，他们大部分属于生活在南部纳季兰地区的亚姆部落（Yam）。由于被认为与逊尼派最为接近，且曾帮助过沙特家族攻占南部地区，该群体的处境总体好于东部的什叶派。但是，他们也会受到沙特政府的不公正对待和来自宗教警察的骚扰。[1] 沙特的内部问题主要分为什叶派与沙特政府的冲突，以及逊尼派内部反对派与王室政权的冲突。

---

[1] Matthlesen, T., *The Other Sauids: Shiism, Dissent and Sectarianism*, University of Cambridge, 2014, pp. 1–5.

第八章 两国的内部安全困境与承认需求

一、什叶派与沙特政府的冲突

沙特的什叶派穆斯林占总人口的15%左右，绝大部分居住在东部地区。1979年之前，沙特什叶派穆斯林主要受到宗教方面的歧视和压迫。在瓦哈比官方意识形态的管控下，什叶派穆斯林无法出版有关什叶派教义和文化类的书籍，宗教学校被关闭，不能公开举行阿舒拉日的纪念活动等。在经济和社会层面，沙特什叶派处于被边缘化的状态，许多什叶派穆斯林无法享受同等的沙特国民待遇。

1979年伊斯兰革命的成功对沙特国内社会产生了巨大的冲击，也深刻影响了沙特什叶派与政府的关系。1979年11月20日，沙特发生麦加禁寺占领事件，约200名武装分子占领禁寺，劫持人质，要求实行绝对的伊斯兰统治。11月25日，沙特东部地区卡提夫（Qatif）的什叶派响应伊斯兰革命号召，上街游行。随后，萨夫瓦（Safwa）、阿瓦米亚（Awamiya）等地什叶派民众也上街游行，要求得到公开纪念"阿舒拉日"的权利。之后，游行人数最多扩大到7万人，并一度演变为暴力冲突。游行者与国民卫队进行对抗，毁坏公共设施、政府机关等，双方各有死伤。在游行中，有些示威者高举霍梅尼的头像，甚至喊出王室灭亡的口号，要求沙特也建立一个伊斯兰共和国。[1] 1980年2月1日，该地区的民众再一次走上街头，庆祝霍梅尼返回伊朗一周年。

由于禁寺占领事件与什叶派游行之间仅仅相隔5天，沙特政府坚持认为霍梅尼和伊朗政府是这两起事件的幕后主使。但实际上，占领禁寺的领导者朱海曼（Juhayman al‑Otaybi）及其同伙主要由不满沙特家族统治的部落成员组成，与什叶派起义之间没有必然的关联。尽管如此，仍有一些什叶派的宗教学者和领袖遭到沙特政府的逮捕或流放，其中一部分人选择流亡伊朗接

---

[1] Matthiesen, T., *The Other Sauids: Shiism, Dissent and Sectarianism*, University of Cambridge, 2014, pp. 104–107.

-127-

受庇护。

沙特什叶派与伊朗的联系可以追溯到20世纪60年代。1968年,伊拉克卡尔巴拉的阿亚图拉穆罕默德·设拉子及其追随者创建了一个秘密的政治组织,后因伊拉克复兴党的迫害而转移至科威特。20世纪70年代,一群沙特什叶派青年来到科威特追随设拉子学习什叶派教法和伊斯兰主义思想。之后,其中一些人前往纳杰夫跟随穆罕默德·萨德尔学习,在那里他们遇到霍梅尼并开始追随他,直到1978年霍梅尼被萨达姆驱逐出境。这成为沙特什叶派伊斯兰主义者与伊朗伊斯兰政府日后联系与互动的基础。

20世纪80年代中期,接受伊朗庇护的沙特什叶派宗教学者哈桑·萨法尔等人在库姆建立了"希贾兹学者团",希望借助该组织反对沙特政府,削弱沙特王室统治的合法性。该组织又称"伊玛目阵线",后成为希贾兹真主党(Hizbullah al – Hijaz)的一部分。

希贾兹真主党的建立与沙伊两国的朝觐冲突有直接关系。1987两国朝觐冲突后,伊朗伊斯兰革命卫队开始着手打造希贾兹真主党。该组织以沙特什叶派为主要力量,以黎巴嫩真主党为效仿对象,在沙特境内进行武装斗争。1987年5月,朝觐冲突事件发生仅仅一周后,希贾兹真主党发表宣言,宣布其政治目标是在阿拉伯半岛建立伊朗模式的伊斯兰共和国,并以武力斗争的方式终结沙特家族的统治。① 随后,希贾兹真主党与沙特政府展开斗争,在沙特境内发动了一系列爆炸袭击。1996年6月25日,希贾兹真主党在胡拜尔发动汽车炸弹袭击,共造成19名美军士兵死亡、500多人受伤。后来,沙特政府抓捕了若干名涉嫌发动和策划恐怖袭击的真主党成员。

在这之后,随着1997年两国关系开始改善,希贾兹真主党的活动大幅减少,几乎销声匿迹。而受益于沙特国内的政治改革和外部环境的改善,沙特什叶派的政治诉求和宗教权利也得到一定程度的满足和改善。在这段时间,东部地区什叶派与政府关系总体较为缓和,只出现过零星的示威游行。

---

① Toby Matthiesen, "Hizbllah Al – Hija: A History of the Most Radical Saudi Shia Opposition Group", *Middle East Journal*, Vol. 64, No. 2 (SPRING 2010), p. 181.

第八章　两国的内部安全困境与承认需求

这种状况一直持续到2008年。

在两国正式转向对抗后，沙特什叶派与政府的关系重回紧张与对立。什叶派有参拜先知家族和伊玛目陵墓的习俗，除了到麦加禁寺和麦地那先知清真寺履行朝觐义务外，位于麦地那的巴基公墓（Jannat al-Baqi'）也是什叶派穆斯林必去朝拜的圣地。巴基公墓中不仅埋葬着先知夭折的幼子易卜拉欣、阿里的生母法蒂玛、先知的叔叔阿拔斯等家族成员，还有四位伊玛目的陵墓：第二任伊玛目哈桑、第四任伊玛目宰因·阿比丁（Ali ibn Husayn Zayn al-Abidin）、第五任伊玛目穆罕默德·巴基尔（Muhammad al-Baqir）和第六任伊玛目贾法尔·萨迪克。因此，巴基公墓每年都吸引大量什叶派穆斯林前来朝拜和举行纪念活动，而这又往往成为激化教派矛盾的导火索。2009年2月，一场教派冲突在麦地那爆发。一群什叶派穆斯林在巴基亚墓地举行宗教仪式时，遭到瓦哈比派教士的阻止和破坏，双方随即爆发肢体冲突，造成部分什叶派民众被逮捕。激进的什叶派教士尼姆尔就此发表措辞激烈的演说，谴责沙特政府偏袒逊尼派，要求赋予什叶派平等权利等。之后，他的支持者上街游行，与安全部队发生冲突。2010年后，一些什叶派青年组织开始出现，利用包括网站和卫星电视等媒体途径传播反政府思想。2010年12月，麦地那再次爆发什叶派与逊尼派的教派冲突，有上百人卷入暴力对抗。事后，麦地那埃米尔出面调解，冲突双方进行对话并发布和解声明。[①] 但沙特内部某些高级官员指责伊朗在背后策划了这场冲突。

"阿拉伯之春"爆发后，沙特什叶派也利用这场政治动荡，走上街头进行示威，要求政府进行政治改革，提高什叶派的待遇和地位。2011年2月17日，阿瓦米亚首先出现游行，示威人群要求释放被关押的什叶派政治人士。2月24日，更多的什叶派民众走上卡提夫、萨夫瓦的街头，要求释放胡拜尔爆炸案被关押的什叶派囚犯。3月4日，更大规模的游行在卡提夫爆发。在短暂的平息后，3月14日沙特军队进入巴林镇压骚乱的行动导致沙特什叶派

---

① "麦地那阿舒拉节冲突后逊尼派与什叶派的调解会面"，http://www.alfadheelah.org/modules/news/article.php?storyid=1111，登录时间：2016年12月12日。

-129-

青年再次走上街头，声援巴林什叶派。

许多沙特的高级什叶派教士和名门望族并不认同年轻人的示威举动，他们发表声明强调沙特什叶派对沙特阿拉伯国家的忠诚，呼吁停止游行示威，与政府展开对话。同时，他们也向政府请愿，要求释放什叶派政治犯，改善什叶派民众的生活状况。但激进教士尼姆尔却呼吁什叶派青年上街游行。在他的影响下示威游行持续进行，示威青年与警察发生激烈冲突，双方互有死伤。

事实上，沙特对什叶派并非只有镇压和压迫，而是采取镇压与安抚并重的政策。早在阿卜杜勒—阿齐兹征服东部地区时，就有瓦哈比派学者发布法特瓦，要求什叶派"皈依"伊斯兰教（改宗逊尼派）。[①] 但阿卜杜勒—阿齐兹和沙特家族本着实用主义原则，对什叶派采取较为宽容的宗教政策，只要求什叶派不能公开信仰，并不主张强迫什叶派改宗逊尼派。然而，激进的瓦哈比信徒劫掠、伤害和强制什叶派改宗的情况仍时有发生。1932年沙特建国后情况有所好转，沙特王室开始以设立什叶派宗教法庭的方式，吸引和拉拢什叶派教士对沙特家族效忠，承认沙特的国家合法性。

1979年东部地区动乱期间，时任内政部副大臣的艾哈迈德亲王曾数次前往东部省，与当地什叶派长老和贵族进行会谈，希望他们发挥作用结束游行，恢复地区平静。1979年之后，沙特政府对东部省加大投入，建造了许多医院、学校、道路等基础设施，以缓和什叶派民众与政府的对立。

1993年，法赫德国王与什叶派反对派团体达成协议，沙特什叶派的政治处境一度得到改善。很多流亡者返回沙特，专注于什叶派的身份政治事业。2001年后，阿卜杜拉国王实行政治改革，召开全国对话大会，使什叶派成为主要受益者。什叶派开始赢得市政选举，获得参加全国对话大会的资格，得到在国家媒体上发表意见和发出声音的机会，还成立了为什叶派争取权利和利益的相关机构。对于激进的反政府什叶派教士，沙特政府也以怀柔为主。以尼姆尔为例，内政大臣艾哈迈德亲王在其被捕后表示，沙特政府可资助他

---

① Mabon, S., *Saudi Arabia and Iran: Soft Power Rivalry in the Middle East*, IB tauris, 2013, p.120.

的子女出国留学,安排其妻子在政府签证部门工作,还承担了他本人赴美国治疗癌症的费用。①

但是,什叶派在政治、社会和司法地位方面的不平等问题始终没有得到有效解决,特别是什叶派青年成为国家中最弱势的群体,在各方面得不到公正待遇。此外,什叶派教法也一直没有得到沙特官方的承认,瓦哈比派高级宗教学者依然对什叶派穆斯林充满敌视和蔑视。如沙特前大穆夫提阿卜杜勒—阿齐兹·本·巴兹、高级学者委员会资深成员阿卜杜拉·本·吉卜林(Abdullah Ibn Jibreen)等人曾发布多条指责什叶派偏离正道的法特瓦。2005年后,受伊拉克教派冲突、伊朗势力扩张和内部瓦哈比派压力的影响,阿卜杜拉国王对沙特什叶派的宽容政策逐渐改变,什叶派地位的改善进程开始停滞不前。受此影响,什叶派对政府进行政治改革的希望逐渐破灭,不满情绪与日俱增,并在2011年之后的数次抗议活动中爆发出来。而这又进一步损害了双方的互信,增加了怀疑和对立。尽管沙特什叶派中的知识分子不断强调什叶派国民对沙特国家的忠诚,呼吁对话与和解,但王室和宗教学者内部的强硬派一直怀疑什叶派的忠诚,指责什叶派的示威游行受伊朗指使。

"如果沙特的政权合法化继续建立在以瓦哈比主义为基础的宗教民族主义之上,沙特什叶派穆斯林的境况将继续不稳定下去。"② 教派分歧的历史惯性与沙特政教依赖的政权性质,导致政府不可能完全满足什叶派在政治和宗教上的诉求,由此形成的内部安全困境,对沙特的政权合法性以及伊朗政策都会造成负面影响。

二、逊尼派内部反对派与王室的分歧

除了瓦哈比派与什叶派、沙特王室与什叶派意见人士的分歧之外,瓦哈

---

① "内政大臣强调沙特国家安全稳定",SPA,http://www.spa.gov.sa/viewstory.php?lang=ar&newsid=1019079,登录时间:2017年12月1日。
② Matthlesen, T., *The Other Sauids: Shiism, Dissent and Sectarianism*, University of Cambridge, 2014, p.219.

比派内部、沙特王室与瓦哈比宗教学者之间也存在分歧与矛盾。

瓦哈比派的内部分歧分为三个方面：（1）支持王室的瓦哈比主义者和不为王室提供合法性支持的保守瓦哈比主义者；（2）瓦哈比派和萨拉菲派对国家和穆斯林社区的分歧；（3）现代伊斯兰主义兴起后，瓦哈比派内部出现分裂，一部分人开始反对瓦哈比权威宗教学者为王室服务的行为，要求实现真主意义上的伊斯兰统治。1979年麦加禁寺的占领事件就是这一思想的标志性体现。

实际上，沙特王室与瓦哈比主义者在现代化改革、妇女权益等方面都存在分歧与矛盾，在统治国家的现代化需要与维护宗教教义方面，双方屡次发生冲突。比如，现代通信技术对国家的建设和发展具有非常重要的作用，但极端保守的瓦哈比主义者却认为通信设备是"魔鬼的产物"。[①] 在阿卜杜勒—阿齐兹国王实行现代化改革的早期，狂热的"伊赫万"就曾发动武装叛乱，要求严格按照瓦哈比教义治国，禁止推行现代化改革。尽管遭到军事镇压，但"伊赫万"的保守极端思想仍对沙特社会发展起着一定的阻碍作用。在教育方面，瓦哈比主义者曾禁止学校教授外语、地理和艺术等科目。在沙特利雅得举行的国际书展上，瓦哈比宗教学者曾闯入会场，禁止展出和没收书籍。在朝觐方面，沙特王室也与瓦哈比主义者存在分歧。瓦哈比主义者强烈反对什叶派赴麦加朝觐，要求沙特王室禁止国内外什叶派朝觐。但沙特统治者以沙特家族是"伊斯兰圣地保护者的名义"拒绝了激进瓦哈比派的要求。

来自"基地"组织的恐怖袭击则是沙特国内的另一大安全困境，而瓦哈比主义思想又为"基地"组织提供了关键性的意识形态指导。冷战时期，受"圣战"极端思想影响的本·拉登等人曾在阿富汗对抗苏联入侵。海湾战争中，沙特允许美国使用领土进行伊拉克的对外政策，让本·拉登等极端主义者公开挑战沙特王室统治的合法性，并以沙特王室让外国军队玷污了两大圣地的神圣土地为由，发动对沙特王室的"圣战"。"9·11"事件与阿富汗战争之后，"基地"组织大批成员回流沙特，对沙特国内的安全构成巨大的挑

---

① Mabon, S., *Saudi Arabia and Iran: Soft Power Rivalry in the Middle East*, IB tauris, 2013, p.116.

战。2003年后，为了报复美国对伊拉克的入侵，"基地"组织在沙特发动了一系列汽车炸弹袭击事件。

沙特安全部门与恐怖主义一直进行着激烈的斗争。沙特前任王储穆罕默德·纳伊夫曾因长期反恐而被"基地"组织阿拉伯半岛分支（AQAP）称为"最危险的敌人"。2009年8月，一名"基地"组织派遣的自杀式袭击者在距他数米外引爆炸弹，炸伤其左手两根手指。袭击发生后，"基地"组织声称，针对穆罕默德的袭击是"净化阿拉伯半岛，清除叛徒"的行动，"如果不是这些叛徒，美国的飞机就不会从利雅得机场起飞轰炸伊拉克"。[1]

"伊斯兰国"出现后，沙特内部也开始遭到袭击，甚至形成"基地"组织与"伊斯兰国"相互影响、彼此联合的态势。2014年5月，沙特警方破获了一个由62人组成的特大恐怖犯罪集团。该犯罪集团与在叙利亚和伊拉克的恐怖组织有密切联系，企图袭击沙特政府设施、暗杀沙特宗教和政府重要人物以及攻击国外目标。[2] 9月2日，沙特内政部宣布警方抓捕了88名在国内外从事恐怖袭击的犯罪嫌疑人。[3] 11月初，一个隶属"伊斯兰国"的恐怖团伙在沙特东部地区枪杀了7名什叶派民众，意图挑起什叶派与逊尼派的教派冲突，破坏沙特内部稳定。沙特安全机构随后抓获该团伙的全部77名成员，其中包括73名沙特人和4名外国人。该团伙头目接受境外"伊斯兰国"命令，在沙特招募发展成员并实施恐怖袭击。

第二节　伊朗的内部安全困境

伊朗是多民族多宗教组成的共同体。从民族方面来讲，既有占总人口

---

[1] Mabon, S., *Saudi Arabia and Iran: Soft Power Rivalry in the Middle East*, IB tauris, 2013, p.129.
[2] "沙特宣布破获一特大恐怖犯罪集团"，新华社，http://www.xinhuanet.com/world/2014-05/07/c_126469466.htm，登录时间：2017年1月18日。
[3] "沙特抓获88名恐怖分子嫌疑人"，新华社，http://www.xinhuanet.com/world/2014-09/02/c_1112333200.htm，登录时间：2017年1月18日。

66%的主体民族波斯人（约5000万），还有占25%的阿塞拜疆人（约2000万），5%的库尔德人（300万—400万），以及上百万阿拉伯人、亚美尼亚人、俾路支人，还曾有过大量的犹太人，此外还有拉克人、卡什加人、格鲁吉亚人、切尔克斯人、塔茨人、曼达人等少数民族。尽管什叶派是伊斯兰世界中的少数派，但在什叶派人口占多数的伊朗，信仰逊尼派的穆斯林就成为少数派。据统计，伊朗98.8%的居民信奉伊斯兰教，其中91%为什叶派，7.8%为逊尼派。① 库尔德人、俾路支人和少数阿拉伯人都属逊尼派，此外还有信仰基督教、犹太教和拜火教等的少数民族。

一、逊尼派少数族群——库尔德人、俾路支人与伊朗政权的冲突

1979年后，属于逊尼派的伊朗库尔德人与俾路支人受到来自国家层面的双重压迫，处于二等公民的地位。在宗教上，他们的诉求得不到满足；在社会与经济上，他们往往受到歧视。一位遭流放的伊朗库尔德人侯赛因曾说：

> "我们逊尼派穆斯林每天都会受到什叶派教士的侮辱。他们摧毁我们的清真寺，来扩建他们的清真寺；在官方的媒体上羞辱我们最神圣的人和价值观；他们鼓励逊尼派和什叶派之间的宗教战争；他们逮捕、折磨和杀害逊尼派人士，强迫逊尼派信仰什叶派，禁止在逊尼派主导地区的学校教授逊尼派教义，指责逊尼派宗教学者为叛教者；他们印刷了大量什叶派书籍，却禁止出版逊尼派书籍。"②

由于得不到伊朗政府的信任，逊尼派人士很难在政府部门就职。2014年

---

① "伊朗国家概况"，中华人民共和国外交部网站，http://www.fmprc.gov.cn/web/gjhdq_676201/gj_676203/yz_676205/1206_677172/1206x0_677174/，登录时间：2017年3月15日。

② Mabon, S., *Saudi Arabia and Iran: Soft Power Rivalry in the Middle East*, IB tauris, 2013, p. 132, 转自 "Iranians told about atrocities against religious minorities", *Iran Press Service*, (London: 11 February 1997), In Human Rights Watch, Op. Cit., p. 21.

3月，伊朗总统哈桑·鲁哈尼在南部城市阿巴斯发表讲话时宣称，他领导下的政府将确保什叶派和逊尼派伊朗人的平等权利。伊朗的逊尼派宗教领袖阿卜杜勒哈米德对此表示乐观，相信逊尼派穆斯林就此不再被视为二等公民。[1]

伊朗的库尔德人（Kurd）主要分布于伊朗西部的库尔德斯坦、克尔曼沙阿和伊拉姆三省及西阿塞拜疆省的部分地区。历史上，库尔德人与波斯人的斗争持续不断。在20世纪民族主义兴起的大背景下，库尔德人对伊朗政府的反抗一直没有停止。无论是在巴列维王朝还是伊朗伊斯兰共和国时期，库尔德人都有自治的政治诉求，但诉求往往得不到满足和回应，他们就转向以武力抗争，甚至追求建立独立的库尔德国家。

伊斯兰革命后，库尔德地区发生叛乱，伊朗军队开入库区平叛。在20世纪80年代的平叛期间，有200多个库尔德村庄被伊朗军队摧毁。两伊战争结束后，伊朗得以集中力量对付库尔德人，对库尔德地区采取了大规模清剿行动。到20世纪90年代初期，更多的村庄被摧毁，几十万库尔德人背井离乡。为了遏制库尔德人的威胁，伊朗在库尔德地区派驻了约20万人的部队。[2]

库尔德斯坦民主党（Democratic Party of Iranian Kurdistan PDK-I，库民党）是伊朗库尔德人的政治组织，一直与伊朗政权进行对抗与斗争，是最让伊朗政府头疼的"顽疾"。1992年，4名伊朗库尔德运动领袖在柏林遭到暗杀。1997年4月，德国法庭裁定哈梅内伊、拉夫桑贾尼和外交部长韦拉亚提对该事件负有主要责任。这一裁定引发风波，导致几乎所有欧洲国家撤回驻伊大使。伊朗的国际地位下降，国际形象受到严重损害。此外，反政府武装组织还有库尔德自由生活党（PJAK）。该党在伊朗西北部毗邻伊拉克边境地区活动，与土耳其库尔德工人党联系密切，经常在边境山区与伊朗军队发生

---

[1] "Iranian Sunnis Complain Discrimination", *Aljazeera*, http://www.aljazeera.com/indepth/.features/2014/03/iranian-sunnis-complain-discrimination-2014397125688907.html, 登录时间：2017年3月15日。

[2] Mabon, S., *Saudi Arabia and Iran: Soft Power Rivalry in the Middle East*, IB tauris, 2013, p.161, 转自 Human Rights Watch, Op. Cit., p.26；David McDowall, The Kurds (London: Minority Rights Group International, December, 1996), p.22.

冲突。

伊朗政府担心沙特资助库尔德人的反抗活动。伊朗相信沙特与其他海湾国家一样，支持库尔德人和库尔德运动，意图扰乱伊朗。库尔德政治组织负责人则否认伊朗政府的指控。伊朗库尔德斯坦民主党发言人否认与沙特存在任何关系。"双方都试图支持对方的对手。但是我们在这个时候，没有联系沙特，沙特也没有联系我们。"库民党另一位高层表示，任何关于伊朗库尔德人团体得到沙特支持的指控都是毫无根据的。一位库尔德政治家在接受阿拉伯新闻采访时表示：

> "伊朗政权总是试图将外部势力作为内部问题的泄压阀，指责反对派得到外国支持。然而，我们强调，迄今为止，没有国外势力在支持库尔德人。但是如果有人想支持我们打击伊朗，我们非常欢迎。"[①]

俾路支人（Baloch）是伊朗逊尼派少数族群，位于伊朗东南部与阿富汗和巴基斯坦交界的锡丝坦—俾路支斯坦省。伊朗的俾路支人大概为200万，很多与阿富汗和巴基斯坦的俾路支部落存在历史联系。俾路支人属于跨境民族，一直有建立"大俾路支斯坦"的民族主张。

俾路支人与波斯人有长期的民族矛盾和冲突史。一方面，属于逊尼派的俾路支人与什叶派的波斯人存在教派分歧，对于伊朗伊斯兰政府的法基赫治国理念和制度也缺乏基本的认同感。另一方面，俾路支人在伊朗国内受到歧视，在就业和教育方面得不到公正待遇。因此，俾路支人中的激进分子选择进行暴力抗争，主要活动地区就在锡斯坦—俾路支斯坦省。该省治安状况不佳，多次发生武装人员绑架、袭击官员和平民的事件。该省也是巴基斯坦、阿富汗两国毒品进入伊朗并向欧洲走私的主要通道。

---

① "Iran worries that Saudi Arabia using Kurdish rebels to undermine its stability", http：//ekurd. net/iran－saudi－arabia－kurdish－2016－09－04；"Iranian Kurdish parties deny being supported by Saudi Arabia", http：//aranews. net/2016/11/iranian－kurds－deny－being－supported－by－saudi－arabia/，登录时间：2017年3月20日。

俾路支武装组织在边境与伊朗军队发生冲突，其中以"真主旅"影响最大。一般认为阿卜杜勒·马利克·里吉（Abdolmalek Rigi）为该组织的创始人和领导者。"真主旅"自称为维护在伊朗居少数地位的逊尼派的权利而斗争，近年来实施多起爆炸、绑架等袭击。2007年2月，"真主旅"在锡斯坦—俾路支斯坦省首府扎黑丹利用汽车炸弹炸死11名革命卫队成员。2009年5月，"真主旅"在扎黑丹一座什叶派清真寺实施自杀式袭击，致使25人死亡。同年10月，伊斯兰革命卫队陆军副司令努尔、革命卫队锡斯坦—俾路支斯坦省司令官拉吉布等5名高级军官在该省遭"真主旅"自杀式爆炸袭击身亡。[1] 2010年2月，里吉被伊朗在从阿联酋迪拜飞往吉尔吉斯斯坦的航班上抓获，6月被处以绞刑。但"真主旅"并未被消灭，其对伊朗军方的袭击仍在继续。

伊朗政府一直把"真主旅"列为恐怖组织，并指责美国暗中支持"真主旅"发动针对伊朗官员、武装部队以及平民的袭击。伊朗与国内俾路支人的关系将影响其与巴基斯坦、美国的关系，也会影响其与沙特的关系，因为伊朗认定"真主旅"还直接从沙特阿拉伯获得资助。[2]

二、阿拉伯人与伊朗政权的冲突

伊朗的阿拉伯人总数约200万，主要居住在西南部的胡齐斯坦省（Khuzestan），与伊拉克南部接壤。胡齐斯坦省会阿瓦士（Ahvaz）临近伊拉克巴士拉，两地之间有着诸多历史和文化联系，两地的部落之间也多有亲缘关系。有阿拉伯学者认为，胡齐斯坦原被称为"阿拉伯斯坦"（Arabistan）。在16—18世纪期间，该地区存在若干个独立的阿拉伯酋长国，但他们一直

---

[1] "伊朗革命卫队地面部队副司令在爆炸袭击中丧生"，环球网，http：//world. huanqiu.com/roll/2009－10/606164.html，登录时间：2017年1月15日。
[2] "拉里贾尼指责沙特支持库尔德人与俾路支人反对伊朗"，http：//www.vetogate.com/2253825，登录时间：2017年1月16日。

处于奥斯曼土耳其帝国与波斯萨法维王朝的反复争夺中。① 到波斯恺加王朝末期，得益于波斯政权的衰弱和英俄博弈，胡齐斯坦西部一度以"阿拉伯斯坦酋长国"名义实行自治管理，1925年礼萨沙镇压当地阿拉伯部落叛乱后，该地区被纳入伊朗中央政府管辖。1936年，该地区正式更名为"胡齐斯坦"。胡齐斯坦省是伊朗重要的石油产地，占伊朗石油总产量的80%—90%。

在1979年伊斯兰革命初期，靠近伊拉克边境的胡拉马沙赫尔的阿拉伯民众在争取自治区地位和权利问题上与伊朗政府发生冲突，造成800多人死亡，上千人受伤。② 但在随后的两伊战争期间，胡齐斯坦省的阿拉伯人选择站在伊朗一边，以表明对伊朗伊斯兰共和国的忠诚。尽管如此，身为什叶派的胡齐斯坦阿拉伯人一直没有得到伊朗政权的充分信任。

胡齐斯坦省出产的石油是伊朗主要的财政收入来源，但伊朗政府不愿意将石油资金重新分配给该省的阿拉伯人，导致该地区基础设施建设落后，经济也不发达。2006年，伊朗议会拒绝了将国家石油收入总金额的1.5%分配给该省的请求。阿巴丹地区的议会代表阿卜杜拉·卡比（Abdullah Kaabi）曾对此表示强烈不满：

> "胡齐斯坦已经将100%的石油生产和收入贡献给伊朗100年了，现在它想将这笔收入的1%—2%回馈给这片土地上的居民，这个要求难道过分了吗?!"③

在2003年之前，该省阿拉伯人的自治运动一直得到伊拉克的支持。萨达姆政权覆灭后，伊朗怀疑沙特等海湾国家介入该地区。2005年4月，卡塔

---

① 穆斯塔法·阿卜杜勒高迪尔：《谢赫卡扎勒统治下的阿拉伯斯坦》，阿拉伯百科出版社2009年版，第55—60页。
② 贾比尔·艾哈迈德：《阿瓦士的阿拉伯人：决定命运的现实、理想与展望》，文学宝藏出版社2006年版，第68页。
③ "Iran: Parliamentary Think Tank Warns of Ethnic Unrest", http://www.ahwaznews.tv/2006/01/iran-parliamentary-think-tank-warns-of.html，登录时间：2017年2月11日。

尔半岛电视台公开的一封伪造信件引发了胡齐斯坦省多起骚乱和爆炸事件，导致21人死亡。这封信模仿了伊朗前副总统穆罕默德·阿里·阿布塔希（Mohammad-Ali Abtahi）的笔迹，讨论将阿拉伯人和部落从该地区迁走，增加波斯人在该地区的占比，并最终将其变为波斯人口占多数的地区，以保障伊朗的经济命脉不受分离主义的影响和威胁。虽然信件最后被证明是伪造的，但由此引发的大规模示威游行和骚乱证明了阿拉伯人对伊朗政权的不满。之后，阿瓦士的油井遭到破坏，造成石油日产量减少甚至暂停。2006年，阿瓦士又接连发生爆炸事件，造成多人死伤。①

2011年4月，胡齐斯坦省再度爆发抗议浪潮。作为对"阿拉伯之春"的响应，抗议者将之称为"阿瓦士愤怒日"（Ahvaz Day of Rage），以纪念2005年的游行。抗议持续了4天，导致十多名抗议者死亡，许多人受伤和被捕。随后，伊朗政府开始对该地区的阿拉伯政治反对派展开镇压和逮捕。2012年6月，4名涉及阿瓦士动乱的男子被处决。②

2015年3月，沙特对也门发动"果断风暴"军事行动后，一个名为"解放阿瓦士阿拉伯斗争运动"（Arab Struggle Movement for the Liberation of Ahwaz）的组织发表称，支持沙特的军事行动。③ 该组织建于1999年，曾组织发动2005年的阿瓦士示威游行。2017年2月，总部位于欧洲的该组织再次举行游行，抗议"波斯人的占领"和"伊朗对阿瓦士人的高压政策"。该组织指责伊朗"占据阿瓦士人的石油和天然气资源，将阿瓦士河河水改道，使其流向伊斯法罕等城市，侵害了阿瓦士人民的基本利益"。④

---

① "维基百科词条：2005年阿瓦士骚乱"，https://ar.wikipedia.org/wiki/اضطرابات_الأهواز，登录时间：2017年2月11日。

② "European Parliament condemns Iran's violation of minorities' rights", Al Arabiya, http://english.alarabiya.net/articles/2012/06/15/220811.html，登录时间：2017年2月11日。

③ "Liberation of Ahwaz Movement Leader: The Deceive Storm Restored Faith to Our Hearts", Aawsat, http://english.aawsat.com/adil-alsalmi/news-middle-east/liberation-of-ahwaz-movement-leader-the-deceive-strom-restored-faith-to-our-hearts，登录时间：2017年2月12日。

④ "阿瓦士阿拉伯人在布鲁塞尔抗议伊朗的压迫"，Al Arabiya, http://www.alarabiya.net/ar/2013/03/09/العرب-الأهواز-يتظاهرون-في-بروكسل-ضد-القمع-الإيراني.html，登录时间：2017年1月13日。

三、其他少数族群与伊朗政权的关系

教派分歧并不是造成伊朗内部民族矛盾的核心变量。同样属于逊尼派的少数族裔土库曼人与伊朗政府的关系就比较稳定。历史上，土库曼人都是游牧民族，主要活动在伊朗、阿富汗和土库曼斯坦三国的交界地区。土库曼人是逊尼派穆斯林，拥有自己的语言，即突厥语族中的土库曼语。在伊朗境内，土库曼人主要住在东北部与土库曼斯坦接壤的戈莱斯坦省（Golistan）和北呼罗珊省（North Khorasa），总数超过 100 万人。

伊斯兰革命爆发初期，土库曼人支持伊斯兰革命，相信一旦伊朗国王巴列维下台，他们将会获得政治和文化自由，改变被边缘化的状态。然而，像其他民族一样，他们在政治和文化层面所期待的自由并未到来。土库曼人仍受到基于民族、宗教和语言的歧视，遭受着文化与政治的双重边缘化。①

土库曼人的文化身份在伊斯兰革命后也发生了巨大变化。土库曼人生活地区的路标、商铺招牌，甚至是人民的日常对话都大量开始使用波斯语。女性服装也发生了很大的变化，从五颜六色的传统民族服装变成伊朗黑色的袍子和头巾。② 但土库曼人在伊朗的待遇总体高于库尔德人和俾路支人，伊朗与土库曼斯坦的关系也发展良好。艾哈迈迪—内贾德曾将两国关系形容为"不可破坏的"。③ 尽管如此，土库曼人的跨境族群问题，以及泛突厥意识形态也对伊朗国家领土完整构成一定的挑战。

伊朗其他少数民族与伊朗政府的关系总体稳定。阿塞拜疆人对伊朗的国家认同感较强，一方面是由于同属什叶派，另一方面阿塞拜疆对波斯帝国的

---

① Mabon, S., *Saudi Arabia and Iran: Soft Power Rivalry in the Middle East*, IB tauris, 2013, p. 165.

② Muhammad Tahir, "Turkmen Identity on the Wane in Iran", http://www.iwpr.net/report-news/turkmen-identity-wane-iran，登录时间：2017 年 1 月 22 日。

③ "Iran-Turkmenistan ties unbreakable", Press Tv, http://www.presstv.ir/detail.aspx?id=123531&sectionid=351020101，登录时间：2017 年 1 月 22 日。

历史和文化也有强烈的认同感。此外，最高领袖哈梅内伊出身阿塞拜疆，增强了阿塞拜疆人与波斯人的团结。独立的阿塞拜疆国家是伊朗阿塞拜疆人自豪的来源，但该国严重的腐败、经济滞后与世俗统治也打消了很多伊朗阿塞拜疆人加入其中的意愿。伊朗官方还巧妙地利用阿拉伯人与阿塞拜疆人的矛盾，增强民族团结和国家认同。但阿塞拜疆人与波斯人之间也存在隔阂。世俗的阿塞拜疆人要求伊朗政府给予更多的文化自由和新闻自由，曾举行游行示威活动表达诉求。[1]亚美尼亚人在伊朗属于基督徒群体，受到伊朗的礼遇。在德黑兰、伊斯法罕等大城市都有基督教堂和社区。在"亚美尼亚大屠杀"问题上，伊朗持支持亚美尼亚的立场。伊朗犹太人主要从事商业、教育和宗教文化等职业，属于精英人群。伊朗虽然敌视以色列，但只反对犹太复国主义者，对普通犹太人并没有加以迫害，犹太人在伊朗议会中还拥有一个永久性的固定席位。尽管如此，仍有大量犹太人公开或秘密移民以色列，犹太人口由二战前的10万多人降到现在的3万多人。[2]

  伊朗的民族和宗教政策造成少数民族地区政治边缘化，经济发展严重滞后。由于教派因素的内嵌，伊朗的民族问题更加复杂。伊朗内部问题的历史包袱沉重，民族积怨难以化解，且中东地区的跨境民族特点使得国内的民族问题又往往波及数个周边国家，再加上宗教、边界纠纷以及内政外交和种种国际因素的制约，民族问题短期内无法解决，而民族矛盾和冲突又给伊朗政局带来不利的影响，伊内部安全困境凸显。

第三节　两国的合法性承认需求

  "西方思想史在解释政治与社会冲突时，提出了两种关于行为体动机的

---

[1] Grebennikov, M., "The Puzzle of a Loyal Minority: Why Do Azeris Support the Iranian State?", *The Middle East Journal*, 2013. 67 (1), pp. 74–76.

[2] 黄培昭："伊朗曾有10万犹太人"，《世界知识》2008年第17期，第37页。

逻辑，即马基雅维利（Niccolo Machiavelli）与霍布斯（Thomas Hobbes）提出的'为自我持存而斗争'（struggle for self-preservation）的逻辑，以及黑格尔提出的'为承认而斗争'（struggle for recognition）的逻辑。"① 现实主义学派根据"为自我持存而斗争"的逻辑将国家的行为动机归为安全需求，即国家为了生存与其他国家进行斗争。近20年来，有学者从"为承认而斗争"的逻辑出发，提出国家的行为动机也可以是为了寻求国际社会或其他国家的承认，即对于国家主权、身份和制度的承认和认可。承认理论对于沙特与伊朗两国在意识形态领域的斗争具有一定的解释力。

一、两国合法性承认需求的来源与斗争逻辑

根据前两节的研究，沙特与伊朗内部都存在短时间内无法摆脱的安全困境，对两国政权的统治合法性构成巨大挑战。因此，两国都以伊斯兰正统为认同核心，兼顾民族主义意识形态，将本国统治阶级描绘和标榜为捍卫伊斯兰核心价值观和民族国家尊严、对抗"他者"入侵和破坏的正义形象，以此来团结国内各派力量，加强国家认同，消除由安全困境带来的统治合法性危机。

同时，两国都需要获取外部世界对其身份的承认来巩固内部政权合法性，并围绕这一目的制定相关对外政策。"作为国内政治延续的对外政策，赢取外部世界的承认对于塑造国家的自我认同至关重要，这种重要性最为核心的价值在于提升国内政治（政权、政治/经济制度）的合法性，在统一框架下凝聚全体人民的向心力，加强国家/政权认同的作用。"② 伊斯兰正统是两国的核心身份需求，两国都不遗余力地对外传播对伊斯兰教的理解，希望得到伊斯兰世界对其身份合法性的承认，进而巩固本国政治制度的合法性。

---

① 曾向红："国际关系中的蔑视与反抗——国家身份类型与承认斗争策略"，《世界经济与政治》2015年第5期，第126页。转引自［德］阿克塞尔·霍耐特著，胡继华译：《为承认而斗争》，上海人民出版社2005年版，第11—15页。
② 赵俊：《承认的战略》，中国社会科学院博士论文，2010年，第39页。

"9·11"之后，两国又有了反恐国家的新的身份需求。两国都积极将自身打造为地区反恐国，并建立反恐联盟以彰显这一身份，同时希望国际社会承认其在反恐领域的贡献。

显然，两国的核心承认需求存在高度的同质化和排他性，即如果承认对方的身份需求，无疑是对自身身份的否定。相应地，蔑视和否认对方身份，则有助于提升自身的身份合法性，增强统治合法性。这导致两国互为"显著他者"。根据承认理论，国家的身份与制度遭到"显著他者"的蔑视后，内部民众对政权的支持将被消解；而身份和制度得到"显著他者"承认后，则会增强民众对政权的支持。因此，两国在追求外部承认以加强内部统治合法性的过程中，绝不可能从根本上承认对方的身份、制度和地位，而蔑视、贬低和否认对方身份却具有较大的吸引力，因为其唯一阻碍是两国高层对双边关系的顾忌。当两国关系处于缓和改善期时，双方会尊重彼此的核心承认需求，控制官方机构减少对对方的指责和攻击。两国关系紧张恶化后，当其中一方对另一方的身份、制度进行蔑视和贬低时，另一方会为了维护统治合法性而"还以颜色"。这种以"追求承认"为动机的斗争，通常会加速恶化两国关系。

二、朝觐争端与两国伊斯兰正统的承认需求

两国在朝觐方面的分歧首先体现在伊斯兰教两大圣地——麦加和麦地那的管理权归属上。自20世纪初将整个希贾兹地区纳入王国版图后，沙特家族就一直负责两大圣地的建设、维护和修缮工作，组织和管理每年的朝觐事务，沙特国王也将"两圣地仆人"作为自谦的称号。对于两大圣地管理和朝觐义务的贡献被认为是沙特家族巩固统治合法性的关键一环。霍梅尼等伊朗高阶宗教学者却质疑沙特的这种"天然"合法性，曾提出麦加和麦地那是属于全体穆斯林的圣地，理应由伊斯兰世界共同管理和守护，而不是置于沙特家族的管理之下。此类倡议在两国关系缓和改善期间往往趋于平淡，但只要朝觐期间发生争端或事故，类似的呼声就会再次出现。

两国的分歧还在于对朝觐属性的定义，即朝觐仅仅是具有宗教属性的仪式，还是同时具有政治功能的政治行为。霍梅尼生前一直在寻求对朝觐政治化的重新阐释。"麦加朝觐是一场伊斯兰政治运动，我们应该思考朝觐的初始形式，就像先知在麦加克尔白天房打破偶像那样。我们也应该像那样打破我们这个时代的偶像，更加邪恶的偶像。"① 自1971年起，霍梅尼的追随者就在朝觐中打出反伊朗国王、反以色列和反美国的政治标语。② 伊斯兰革命后，伊朗将朝觐视为宣传伊斯兰革命的良机。在1979年9月朝觐季开始时，霍梅尼向伊朗朝觐者发出呼吁，要求他们在朝觐期间向来自世界其他国家的穆斯林介绍、宣传伊朗伊斯兰革命的成果。"你们要告知他们，伊朗已经在伊斯兰的旗帜下，在《古兰经》和先知的指引下，建立了真正的伊斯兰政府。"③ 沙特政府则一直强调朝觐的宗教属性，拒绝和反对任何将朝觐政治化的号召和行为，特别是伊朗利用朝觐进行政治活动的行为。

此外，教派冲突也是造成朝觐争端的重要因素。自20世纪80年代以来，伊朗什叶派穆斯林就在麦地那巴基公墓进行朝拜活动和游行示威，多次引发与沙特官方和瓦哈比派教士的冲突。伊朗为了对瓦哈比派在麦地那的破坏行为进行控诉，号召什叶派穆斯林前往巴基公墓朝拜，以履行什叶派宗教义务，还创办了名为《巴基》的波斯语杂志，并支持沙特什叶派在德黑兰建立巴基基金会，收集什叶派历史相关的资料。④

因此，每年朝觐都是检验两国关系的重要观察点。一旦出现争端、冲突或者严重踩踏事故，两国政府就有可能受刺激而发生"为承认而斗争"的言语对抗行为，使双边关系承受巨大压力。2015—2016年，沙伊两国就因朝觐争端而出现激烈的言语对抗，让本已严重恶化的两国关系雪上加霜。

---

① Imam Khomeini, "The Political Dimensions of Hajj", https：//www.icit-digital.org/articles/the-political-dimensions-of-hajj, 登录时间：2017年9月21日。
② Kramer M S, *Arab Awakening and Islamic Revival: The Politics of Ideas in the Middle East*, New Brunswick, NJ: Transaction, 1996, pp. 48-50.
③ Furtig, *Iran's Rivalry with Saudi Arabia Between the Gulf Wars*, Ithaca Press, 2002, p. 24.
④ Matthlesen, T., *The Other Sauids*, University of Cambridge, 2014, p. 129.

2015年9月24日，麦加朝觐发生踩踏事故。沙特官方公布700多人死亡，800多人受伤。① 在死难者中，有多达131名伊朗朝圣者，这成为伊朗向沙特发难的直接原因。26日，伊朗总统鲁哈尼在联合国发表演讲时要求调查麦加踩踏事件。27日，哈梅内伊慰问遇难者家属并发表讲话，称沙特政府必须承担责任，向遇难者家属表示道歉。而且，他还对沙特王室进行了非常猛烈的抨击，称其为"被诅咒的邪恶家族"，用金钱收买人心，不允许任何人反对他们。② 三天后，哈梅内伊在另一场讲话中警告沙特，如果不立即送回遇难者遗体，将会迎来伊朗的激烈回应。"……原本这些朝圣者的家属已经张开双臂准备迎接他们，但现在迎接的却是他们的遗体……但是，沙特却阻碍我们将这些遗体运送回国……我们谨遵伊斯兰乌玛的兄弟原则，然而我们有能力进行回应，而且一旦我们下定决心，（回应）就必将是激烈与残酷的。"③ 沙特媒体则指责伊朗朝圣者不听指挥，强行逆行，称这是造成拥堵和踩踏的主要原因。④ 从这场言语对抗中可以看出，一旦朝觐出现严重事故，伊朗政府就必须发声，以彰显伊斯兰世界领导者的身份，并维护伊斯兰国民利益，巩固自身统治合法性，但这无疑是以贬低和蔑视沙特为前提的。而沙特为了维护国内统治的合法性和伊斯兰世界的领袖形象，则"为承认而斗争"，以相似的方式对伊朗"还以颜色"。

这种"为承认而斗争"导致相互蔑视并最终恶化两国关系的行为模式在2016年的冲突中表现得更加清晰。两国断交后，伊朗国民赴沙特麦加朝觐的签证成为难题，两国就此进行了一系列谈判，但由于分歧严重，谈判最终破

---

① "综述：麦加朝觐缘何屡次发生踩踏事故"，新华社，http：//www.xinhuanet.com/world/2015-09/26/C_128269283.htm，登录时间：2017年5月20日。

② "哈梅内伊接见麦加米纳遇难者家属并发表讲话"，伊朗"最高领袖办公室"，http：//www.leader.ir/ar/speech/16206/الحرام-المسجد-و-منى-فاجعة-شهداء-عوائل-يستقبل-المعظم-الإسلامية-الثورة-قائد，登录时间：2018年1月6日。

③ "哈梅内伊在霍梅尼大学军官毕业典礼上的讲话"，伊朗"最高领袖办公室"，http：//www.leader.ir/ar/speech/13693/نوشهر-بمدينة-(رض)-الخميني-الإمام-جامعة-في-للعلوم-البحرية-(رض)-الخميني-الإمام-جامعة-في-ضباط-جامعات-تخرج مراسم-في-المعظم-الإسلامية-الثورة-قائد，登录时间：2018年1月6日。

④ "伊朗朝圣者在米纳事故前重复什叶派口号"，Ksa-rsd，https：//www.ksa-rsd.com/26648.html，登录时间：2018年1月6日。

裂。9月，伊朗最高领袖哈梅内伊抨击沙特政府疏于管理圣地，肆意践踏朝圣者生命，并故意阻挠伊朗穆斯林赴麦加履行宗教义务。这一言论损害了沙特"两大圣地保护者"的身份形象，破坏了沙特统治的伊斯兰合法性。为维护内部统治合法性与外部身份合法性，沙特大穆夫提阿卜杜勒—阿齐兹·阿尔谢赫以"伊朗人不是穆斯林，而是拜火教徒"进行回应，①对伊朗的个体身份和类属身份进行贬低。

在根本身份遭到贬低后，伊朗选择"为承认而斗争"，而斗争的策略为蔑视沙特的国家主权、身份、制度。伊朗总统鲁哈尼称"绝不让朝觐死难者白白牺牲"，号召伊斯兰世界采取措施惩罚沙特政府。②外长扎里夫则称，"绝大多数穆斯林的信仰绝不会认可极端的瓦哈比思想"。③哈梅内伊直接表示，"邪恶的沙特家族不配管理两大圣地"，呼吁伊斯兰世界收回沙特对朝觐的组织管理权。

这种由朝觐争端导致的两国"口水战"，其背后有着深刻的历史根源和逻辑基础，反映的是两国对于统治合法性和身份合法性的承认需求和就此展开的斗争。但是，这种斗争属于零和博弈，实质上最终的损害是双方面的。无论是沙特减少朝觐名额还是伊朗抵制朝觐，破坏的都是伊斯兰团结，损害的是双方重视的伊斯兰国家领导权。此外，朝觐争端一方面会减少沙特的朝觐收入，另一方面也会迫使无法进入沙特的伊朗朝觐者前往伊拉克的什叶派圣地卡尔巴拉和纳杰夫，强化什叶派的圣地认同，进而人为地制造出教派间的竞争关系。如在2016年的朝觐季节，沙特《利雅得报》就报道称，伊朗最高领袖哈梅内伊号召伊朗什叶派穆斯林在当年的朝觐季节前往伊拉克的卡尔巴拉朝圣侯赛因陵墓。④沙特《中东报》则报道称，已经有100万伊朗朝

---

① "沙特穆夫提：伊朗人不是'穆斯林'"，BBC, http：//www.bbc.com/arabic/middleeast/2016/09/160906_saudi_iran_mufti_hajj, 登录时间：2016年10月15日。

② "鲁哈尼：我们绝不原谅米纳惨案的制造者"，IRNA, http：//www.irna.ir/ar/News/82221342/, 登录时间：2016年10月15日。

③ "扎里夫：绝大多数穆斯林的信仰不同于瓦哈比主义者的极端信仰"，Fars News Agency, http：//ar.farsnews.com/iran/news/13950616001543, 登录时间：2016年10月15日。

④ "哈梅内伊号召朝圣卡尔巴拉"，*Al Riyadh*, 2016年9月15日。

圣者前往卡尔巴拉朝觐，以替代麦加朝觐。①

三、"尼姆尔事件"的承认理论解释

2016年1月2日，沙特政府宣布对已被判处死刑的什叶派教士尼姆尔执行判决，导致沙伊两国断交。然而，一直以来，对于该事件存在一些看似简单却又难以回答的问题：（1）尼姆尔作为沙特公民，被沙特政府判处死刑，为何会引发伊朗政府的强烈反应？（2）沙特政府为何选择在2016年新年伊始这个时间点处死尼姆尔，而不是其他时间？（3）为何要把尼姆尔与其他46名犯有恐怖主义罪行的囚犯一同处以死刑？② 这一系列事件背后的逻辑和动机是什么？因此，本小节将重新梳理尼姆尔事件的来龙去脉，并以承认理论重新解释两国行为的动机，对以上问题进行回答。

尼姆尔作为沙特的什叶派激进教士，一直反对沙特家族的统治，并在2011年初的"阿拉伯之春"浪潮中鼓动什叶派民众上街游行，造成与警察的冲突和对抗。2012年7月，尼姆尔被沙特官方以煽动骚乱的罪名逮捕，③ 引发东部地区再次出现大规模抗议游行。从那时起，释放尼姆尔的呼声就不断从伊朗国内发出，特别是伊朗的激进派教士团体持续向伊朗政府施压，要求采取措施解救尼姆尔。而伊朗作为什叶派国家的领袖，也必须对尼姆尔的被捕做出反应，否则将不利于国内的统治合法性和在其他国家什叶派群体中的威信。2014年10月尼姆尔被正式判处死刑后，又引发了一波伊朗激进派教士的严正抗议，但得益于拉夫桑贾尼等伊朗高层的活动，尼姆尔的死刑执行被一再延迟。可以说，伊朗将保护尼姆尔视为证明伊朗政府对什叶派教士具有保护能力的标志。但对沙特方面而言，释放尼姆尔，无疑会对自身的统治

---

① "100万伊朗人前往卡尔巴拉朝圣"，*Asharq Al–Awsat*，2016年9月10日。
② "沙特处决47名犯有恐怖主义罪行的囚犯"，新华网，http：//www.xinhuanet.com/world/2016-01/02/C_1117649609.htm，登录时间：2017年2月24日。
③ "在阿瓦米亚逮捕一名煽动骚乱者"，SPA，http：//www.spa.gov.sa/viewstory.php?lang=ar&newsid=1014080，登录时间：2017年11月19日。

合法性和权威造成损害。随着两国关系的进一步紧张，以及沙特最高权力的变更，尼姆尔变成两国"为承认而斗争"的工具。

2015年12月27—29日，第29届伊斯兰团结国际大会在德黑兰召开。鲁哈尼在开幕式上发表讲话，呼吁伊斯兰国家团结合作。在讲话中，他还不点名地批评沙特，暗指沙特支持恐怖主义，破坏伊斯兰团结。

> "用穆斯林的财富去换取美国的军火，然后扔到也门人民的头上！从美国购买炸弹和防空导弹，然后交给'伊斯兰国'和努斯拉阵线及其他恐怖组织，难道这种行为可以被接受吗？"①

毫无疑问，鲁哈尼的讲话无视沙特作为伊斯兰世界领袖与地区反恐领导者的身份，直接损害了沙特的统治合法性。沙特因此采取暴力对抗的方式，将什叶派教士尼姆尔以恐怖分子的罪名与其他40多人一起处死，以彰显沙特反恐国家的身份。另外，伊朗为释放尼姆尔做出了各种努力，倾注了大量注意力和资源，而沙特将尼姆尔与恐怖分子一同处死，暗指伊朗保护的是恐怖分子，是支持恐怖主义的国家，以此来贬低伊朗的反恐身份。

身份受到蔑视的伊朗随即展开抗争，选择在沙特大使馆等外交场所前进行游行示威，并冲击沙特使领馆，以蔑视沙特的主权来回应沙特对伊朗身份的蔑视。在身份、制度和主权都受到伊朗的蔑视与贬低后，沙特采取与伊朗断交的抗争策略。而无论是冲击使领馆，还是选择断交，又都受到历史记忆的影响。

总之，沙特的内部政权安全主要受到来自什叶派的影响。此外，内部改革力量与极端组织也形成一定威胁。这些反对力量对沙特王室的统治合法性构成挑战，有时甚至使用暴力试图颠覆沙特家族的统治。在伊朗方面，内部的族群/教派矛盾对伊斯兰政府的合法性也构成巨大威胁。而且，伊朗政权

---

① "鲁哈尼谴责丑化先知形象的行为"，Mehr News Agency, https://ar.mehrnews.com/news/1859610/الرئيس-روحاني-يندد-بتشويه-صورة-النبي-الاكرم-ص-وتأساسي-جرائم ，登录时间：2018年1月11日。

还面对着来自社会世俗力量和变革力量的挑战，需要不断强化教法学家治国的正义性与伊斯兰政府的统治合法性。

受民族矛盾与教派分歧的历史惯性的影响，两国的政权性质与少数族群诉求之间存在难以调和的矛盾。沙特官方的瓦哈比派意识形态决定了沙特家族不可能满足东部什叶派民众的宗教和政治诉求；伊朗政权的波斯/什叶派性质以及教法学家治国的政治制度，也使得伊朗政权无法一视同仁地对待逊尼派的库尔德人与俾路支人，满足他们的政治和宗教诉求。此外，两国的内部核心利益地区都是少数派群体的聚居地，沙特东部的产油区是什叶派世代居住地，而伊朗西南部的产油区胡齐斯坦则是阿拉伯人口占多数。两国政府都对经济命脉地区的稳定异常敏感，担心受到对方的影响和破坏。这些内部问题难以在短时间内得到有效解决，因而形成内部安全困境，进而对两国政府的政权合法性构成挑战。在此情况下，两国转向外部追求政权合法性的承认。

为了应对国内的合法性危机，两国都通过以塑造伊斯兰正统和穆斯林世界领导者为核心的各种身份形象寻求外部承认，以增强国内统治的合法性。但两国的核心承认需求存在根本矛盾，即承认其中一方的身份将以损害另一方的身份合法性为代价，这成为阻碍两国关系根本向好的决定性因素。而且这种矛盾还在于，贬低和蔑视另一方的身份，有利于突出和强化自身的合法性，而身份被蔑视的另一方，则会采取"为承认而斗争"的行动。在两国关系恶化时期，这种斗争主要表现为言语上的激烈对抗，并形成恶性循环，促使两国走向断交。

第九章 地区因素对两国关系的影响

在体系力量塑造的不稳定环境中，中东国家彼此间易陷入纷争。沙特与伊朗作为中东地区大国，有着自己的势力范围与核心利益。两国在追求安全的同时，也都在追求地区影响力，并尝试一切手段增加对他国和自身周边环境的控制力。

自冷战结束以来，美国对中东地区的干涉与介入经常造成地区格局的改变，特别是2003年伊拉克战争后，伊朗的地区权力持续上升，成为美国改变地区格局的受益者，进而开始谋求安全与影响力的最大化。在此情况下，沙特对伊朗的威胁认知产生变化，开始采取制衡伊朗的策略，致使两国的地区博弈愈演愈烈。本章将对两国的地区分歧进行历史回顾，重点研究地区格局变化对刺激两国进行地区博弈，加剧两国地区分歧的影响。

第一节 巴林、也门因素对两国关系的影响

"巴林的安全就是沙特的安全。"

——前沙特内政大臣艾哈迈德亲王[1]

---

[1] "沙特将巴林安全视为内部安全"，Alhurra, http://www.alhurra.com/a/205420.html，登录时间：2016年9月6日。

"也门的安全与稳定是沙特稳定不可分割的一部分。"

——沙特国王萨勒曼①

一、巴林对两国关系的影响

（一）巴林与沙伊两国的历史联系

沙特与伊朗对巴林的争夺有着深刻的历史渊源。巴林靠近波斯湾西海岸，对阿拉伯半岛和伊朗高原国家都具有重要的地缘战略价值。公元7世纪前，巴林一直受到波斯萨珊王朝的影响和控制。16世纪初，葡萄牙人占领了巴林，修建海军基地，将其作为在海湾地区进行殖民活动的重要基地，巴林的军事战略重要性开始显现。1602年，波斯萨法维王朝击败并赶走了葡萄牙人，把巴林并入法尔斯省进行统治。但波斯人对巴林的统治很不稳固，曾三次被外部势力和内部起义力量赶出巴林。1783年，来自卡塔尔的哈利法家族赶走了巴林的驻军，终结了波斯对巴林的统治。19世纪初，巴林曾一度被沙特家族统治。之后，英国殖民者开始对海湾地区进行渗透和介入，沙特很快失去了对巴林的控制。之后，再度复兴的沙特第二王国多次进攻巴林，迫使巴林向其纳贡，但由于英国的调解与保护，沙特始终未能占领巴林，纳贡也时断时续，直到1871年巴林彻底沦为英国的保护国，沙特失去了对其东部的影响力。

在恺加王朝时期，巴林谢赫穆罕默德·本·哈利法曾两度写信给恺加王朝的国王，信中一再表明巴林对波斯的效忠，并试图在英国人和波斯人之间采取平衡战略，用波斯牵制英国，避免巴林全面沦为英国的保护国，但此目的没有达到。20世纪初，随着巴列维王朝取代恺加王朝，礼萨沙再次对巴林提出主权要求。1927年，巴列维政府向国际联盟提交申诉，要求判定《英沙

---

① "萨勒曼国王：也门的安全是沙特安全与稳定不可分割的一部分"，*ElWatan News*，http：//www.elwatannews.com/news/details/2052518，登录时间：2017年4月6日。

条约》中有关沙特与巴林建立友好关系的内容非法。之后，波斯又多次向国际联盟提交申诉，要求国联确定波斯对巴林拥有主权，判定巴林诸谢赫与英国签订的合作条约非法等。1934年，国联经过讨论后，判定波斯申诉无效。[①]

由于巴林在历史上一直与沙特东部保持着密切联系，巴林的内部政治问题往往会对沙特产生重大影响。沙特将内部安全与巴林的国家安全相联系，将其作为东部地区安全的屏障。巴林哈利法政权的安全与生存被沙特视为红线，等同于国内安全。

（二）1979年后两国在巴林的博弈与斗争

巴林的统治者哈利法家族为逊尼派，政治精英阶层也主要由逊尼派穆斯林组成。巴林人口多数为什叶派，达65%，而其中的1/3还拥有波斯血统。因此，巴林的什叶派得不到逊尼派统治阶层的信任，在政治和经济上一直得不到公正待遇。1979年后，受伊斯兰革命的影响，巴林国内的教派冲突日趋严重，不断出现什叶派民众反对哈利法家族统治的暴力事件。对此，巴林政府几乎每次都宣称这些事件背后有伊朗的支持。但学者们普遍认为，伊朗对于巴林什叶派的支持力度有限，往往集中在精神支持和经济援助方面，远不如对真主党、巴勒斯坦抵抗组织或叙利亚内战中巴沙尔政府的支持力度。而且，在宗教层面，伊朗对大多数巴林什叶派的影响力并不如外界认为的那样强大。巴林什叶派大多是从伊拉克而不是伊朗的什叶派宗教领袖那里寻求精神指引。在这些宗教领袖中，很多是如西斯塔尼那样的恪守寂静主义传统的阿亚图拉，言行注重道德和宗教训诫，对政治持远离和不介入立场。[②]

但是，沙特一直怀疑伊朗对巴林别有用心。由于巴林靠近沙特东部地区，两国的什叶派之间有着历史和血缘上的联系，巴林什叶派的示威游行往往能够得到沙特什叶派的同情、声援甚至呼应。因此，沙特担心巴林的革命

[①] 穆罕默德·拉比伊：《伊朗与沙特在海湾的博弈（1922—1988年）》，巴萨伊尔出版社2012年版，第52—53页。

[②] Terrill, W. A., *The Saudi-Iranian rivalry and the future of Middle East security*, Strategic Studies Institute, U. S. Army War College, 2011, p. 41.

行动会对沙特东部的什叶派起到煽动作用，而且沙特认为，一旦占巴林人口多数的什叶派取得国家权力，就会与伊朗进行军事和情报方面的合作。因此，沙特对于巴林的安全和稳定非常敏感。为了保证逊尼派哈利法政权对巴林的掌控，避免出现另一个伊朗体制的政权，威胁沙特东部甚至全国的安全，沙特与巴林建立了特殊的合作——庇护关系。沙特向巴林的逊尼派王室提供全方位的政治支持、经济援助和军事保护。

沙特与伊朗在巴林问题上的争端与对抗也受历史记忆的影响。1981年12月，73名巴林公民因企图颠覆巴林政权而被逮捕。巴林政府指控他们为解放伊斯兰阵线（Islamic Front for the Liberation of Bahrain）的成员。巴林政府称该组织总部位于德黑兰，接受伊朗情报组织的指挥执行破坏行动。[①] 尽管伊朗严正否认，但沙特和巴林的领导人始终认为伊朗是整个事件的背后主使，企图颠覆逊尼派的巴林王室统治。该历史事件对沙特与伊朗关系造成负面影响，只要巴林出现什叶派的示威游行，沙特就怀疑是伊朗在背后策划，其目的是颠覆巴林政权。

1994年，巴林发生了一场严重的骚乱，尽管在沙特的帮助下得以平息，但随后两年内不断有小规模的示威爆发。尽管巴林政府缺乏相关证据，但在沙特的支持下，仍谴责伊朗是事件的背后主使。而且在海合会的支持下，巴林政府在1996年2月驱逐了一名高级别伊朗外交官员，并在同年6月召回驻伊朗大使。伊朗则否认所有指控，并保持相对克制，主要是为了避免刺激沙特政府，恶化双边关系。巴林政权的安危成为沙特的核心关切，对危机的恐惧和政权生存策略往往成为影响沙特与伊朗关系的关键。

2011年爆发的"阿拉伯之春"再一次引发巴林国内的动荡，成为沙特—伊朗在海湾地区新一轮对抗的冲突点。从2011年2月起，巴林街头开始出现大规模游行示威。抗议者以什叶派为主，要求政府进行政治和经济改革，解决包括失业、教派歧视、贫困等在内的社会问题。游行初期以和平示

[①] R. K. Ramazani, "Iran's Islamic Revolution and the Persian Gulf", *Current History*, January 1985, p. 7.

威的方式进行，一些对什叶派遭遇抱有同情的巴林逊尼派穆斯林也参与其中。但随着示威活动的升级，一些激进的示威者要求结束哈利法家族统治时，逊尼派便不再支持示威活动。① 这成为沙特决定对巴林进行介入的重要因素。当暴乱升级时，巴林国王发布戒严令，并向海合会请求协助镇压暴乱。沙特领导层坚定支持巴林国王哈马德，表示沙特将用尽"所有力量支持巴林政府和人民"。② 2011年3月14日，沙特派出了大约1000人的武装部队，支持巴林政府镇压什叶派反对者。

伊朗外交与国家安全委员会指责沙特的干涉行为，称"沙特应该知道最好不要在波斯湾的敏感地区玩火"。伊朗还要求联合国进行干涉，以"阻止巴林人民遭到残杀"。③ 沙特则回应伊朗的指责是"不负责任且无效的"，是对沙特的公开侵犯。④ 沙特和巴林官员表示干预行动是应巴林政府的请求，目的是保护巴林免受伊朗的威胁，而不是干涉巴林内政。2011年4月，海合会外长会议发表声明，对伊朗持续不断的干涉表示忧虑，称伊朗正在破坏海合会国家的独立自主。⑤ 伊朗国家安全与对外政策委员会发言人称"沙特应首先纠正在巴林的错误行为，撤回在巴林的部队。在此基础上，伊朗才能与沙特就改善两国关系进行谈判"。⑥

沙特对于伊朗在巴林的威胁认知受现实状况和历史记忆的双重影响。考

---

① Terrill, W. A., *The Saudi-Iranian rivalry and the future of Middle East security*, Strategic Studies Institute, U. S. Army War College, 2011, p. 43.

② "Bahrain protesters seek to oust the royal family", *Kuwait Times*, February 22, 2011.

③ 参见："伊朗谴责沙特军队进入巴林"，新华网，http://news.xinhuanet.com/world/2011-03/16/c_12119220 9.htm；"Iran urges UN to help stop 'killing' of Bahrainis, *Daliy News*, http://www.hurriyetdailynews.com/iran-urges-un-to-help-stop-killing-of-bahrainis.aspx? pageID=438&n=iran-urges-un-to-help-stop-killing-of-bahrainis-2011-04-15，登录时间：2016年12月5—8日。

④ "Gulf Arabs Discuss Iran 'Meddling'", *The Nation*, http://nation.com.pk/international/04-Apr-2011/Gulf-Arabs-discuss-Iran-meddling，登录时间：2016年12月8日。

⑤ "伊朗持续干涉海合会内政"，http://www.aleqt.com/2011/04/05/article_523142.html，登录时间：2016年12月9日。

⑥ "伊朗副总统攻击沙特"，Aljazeera, http://www.aljazeera.net/news/arabic/2011/7/30/السعودية-نائب-إيراني-يهاجم，登录时间：2016年12月9日。

虑到整个地区安全以及沙特的内部稳定，沙特对巴林的军事介入有着非常重要的战略意义。尽管伊朗对 2011 年巴林什叶派示威游行的支持力度有多大尚难以确定，但哈梅内伊等伊朗领导人每次都声援巴林什叶派，谴责巴林和沙特政府的镇压，这又成为沙特证明伊朗介入巴林的证据。

二、也门内战对两国关系的影响

2015 年 3 月，半岛电视台记者在采访伊朗最高领袖外事顾问韦拉亚提时，就沙伊两国在也门博弈提问："也门危机无疑恶化了伊朗与沙特的关系。很多人认为，也门对于沙特的意义就相当于伊拉克对于伊朗，是沙特的战略后方。为什么伊朗不能与沙特进行沟通协调，而是选择与沙特在也门进行博弈和对抗？"针对该提问，韦拉亚提强调有必要停止外部势力对也门的干涉，恢复也门局势的平静，进而在国际社会和联合国的监督下举行也门大选。他指责沙特无权将也门称为"战略后方"，也门是一个拥有主权的独立国家。同时，韦拉亚提也否认伊朗对也门有任何军事介入，否认向胡塞武装提供武器援助。① 也门危机如何恶化两国关系？伊朗为何又否认介入也门冲突？这需要从也门与沙伊两国关系的历史背景、胡塞武装的发展壮大与伊朗的对外政策特点等方面进行回答。

（一）胡塞武装与沙特冲突的历史背景

萨利赫领导下的也门政府与沙特和伊朗两国关系历经多次起伏变化。自 20 世纪 80 年代起，沙特开始资助也门政府和部族领导人，以维护国家西南部的安全与稳定。1990 年，因也门总统萨利赫支持萨达姆入侵科威特，沙特与也门断交。1994 年，沙特曾支持也门南部分离运动，之后两国的关系缓慢改善。在 2000 年解决边界纠纷后，两国基于反恐等方面的共同利益，逐渐开

---

① "韦拉亚提：阿萨德是伊朗的红线"，Aljazeera，http：//www.aljazeera.net/programs/today-interview/2015/7/27/ولايتي: الأسد خط أحمر لإيران ，登录时间：2016 年 12 月 10 日。

始合作。伊朗在1979年后曾向也门输出过伊斯兰革命，支持和援助也门的什叶派革命组织。霍梅尼去世后，两国本着务实发展的需要，在20世纪90年代总体保持关系良好。2000年后，也门总体虽与沙特合作较多，但也与伊朗保持着一般性往来。

胡塞武装的诞生、发展和壮大，成为日后沙特与伊朗在也门博弈的关键。胡塞武装（Houthis）又名安萨尔拉运动（Ansar Allah，意为：真主的支持者），创始人为侯赛因·班达尔丁·胡塞（Hussein Badreddin al-Houthi）。侯赛因属于什叶派分支宰德派，在20世纪80年代与一群同属宰德派的青年创立秘密组织，以维护、传播宰德派的思想和学说为宗旨和目标。1990年后，侯赛因及其追随者在该组织的基础上创立"信仰青年组织"，其成为日后胡塞运动的前身。2002年，侯赛因开始宣传反美、反以的政治思想。2004年，侯赛因在与也门军方的交战中阵亡。之后该组织以他的部落名"胡塞"作为组织新名称，继续践行其理念。① 胡塞武装的口号为"真主至大，美国灭亡，以色列灭亡，诅咒犹太人，胜利属于伊斯兰"。该口号被认为是发展了霍梅尼的反美口号。②

胡塞武装自成立之日起，就与不同方面发生冲突。在内部，胡塞武装与萨利赫政权进行武装斗争，同时也与内部逊尼派的萨拉菲组织发生冲突。在外部，也门政府军由于曾与沙特合作，在沙特境内迂回包抄打击胡塞武装，因而胡塞武装经常在边境地区袭击沙特边防部队予以报复。胡塞强大的战斗能力甚至让装备先进的沙特国家军队屡屡受挫。2009年11月，沙特曾大举进攻胡塞，却被报道损失大量士兵。③ 伊朗的一些高阶宗教学者和教士谴责沙特的攻击，要求伊斯兰会议组织采取行动制止也门的"什叶派屠杀"。④ 艾

---

① 艾哈迈德·达阿西：《胡塞：全面研究》，阿拉伯知识出版社2010年版，第36页。
② 阿卜杜勒马立克：《也门政治伊斯兰运动》，阿拉伯团结研究中心2012年版，第50页。
③ 同上书，第57页。
④ "Grand ayatollah says OIC must break silence over Shia massacre", Tehrantimes, http://www.tehrantimes.com/news/207758/Grand-ayatollah-says-OIC-must-break-silence-over-Shia-massacre，登录时间：2017年9月15日。

哈迈迪—内贾德批评沙特政府，认为其应该调解胡塞武装与政府之间的分歧，而不是军事介入。①

（二）也门危机与两国关系的恶化

"阿拉伯之春"的冲突浪潮波及也门后，中央政权不稳固的也门陷入各部落势力的割据与角逐中。在美国表态希望萨利赫下台交权后，2011年11月23日，通过阿卜杜拉国王和联合国的斡旋与协调，也门时任总统萨利赫在沙特首都利雅得签署权力移交协议，将总统权力移交给阿卜杜·曼苏尔·哈迪。哈迪政府上台后，力图安抚各派，维护脆弱的中央政府统治。

但是随着也门经济的恶化，胡塞武装开始与政府展开对抗。2014年9月，哈迪政府宣布取消对燃油的补贴，胡塞武装趁机在也门北部发动叛乱，也门内战爆发。久经沙场的胡塞武装迅速攻占大片领土，包围并占领了首都萨那，哈迪被迫流亡沙特。随着也门局势的变化，萨利赫也跟曾经的敌人胡塞武装走到了一起，共同对抗也门哈迪政府。哈迪将胡塞武装的发展壮大归结为伊朗的支持，指责伊朗是幕后黑手，制造教派分歧和分裂，是挑起也门内战的罪魁祸首。也门司法部长穆尔希德则号召阿拉伯国家采取措施，应对胡塞武装占领萨那造成的"伊朗威胁"。②

也门局势的变化让沙特感到极大的震惊与不安。沙特西南地区有很多信奉宰德派和伊斯玛仪派的部落，他们与也门北部的部落存在诸多历史和亲缘关系。因此，胡塞武装一旦掌权有可能激化沙特内部教派矛盾，引发教派冲突和示威游行。为进一步遏制胡塞武装以及伊朗在也门可能的扩张，保障沙特内部的安全与稳定，2015年3月沙特联合十国部队向胡塞武装发起代号为"果断风暴"的空中打击。海合会国家除阿曼外均对此表示支持，并发表联

---

① "Ahmadinejad criticizes Saudi military intervention in Yemen", *Tehrantimes*, http://www.tehrantimes.com/news/212136/Ahmadinejad-criticizes-Saudi-military-intervention-in-Yemen，登录时间：2017年9月15日。

② "也门司法部长要求阿拉伯联合对抗伊朗"，*Asharq Al-Awsat*, http://www.aawsat.com/home/article/174401，登录时间：2017年3月18日。

合声明称"为维护地区稳定,打击恐怖主义,应也门总统哈迪的请求,联合部队对也门境内的胡塞叛军、'基地'组织和'伊斯兰国'发动军事打击"。① 伊朗方面则对沙特的军事行动表示强烈谴责。外交部长扎里夫称沙特的军事行动"将导致大规模的伤亡,并且是对也门主权的践踏","伊朗将尽必要的努力解决也门危机"。②

然而,伊朗与胡塞武装之间的关系虽然暧昧,但并不是明确的盟友关系。一方面,伊朗虽一直声援胡塞武装,但否认对其有任何经济和军事援助。早在2004年,也门前总统萨利赫曾称伊朗暗中资助和训练胡塞武装,对沙特的边境安全造成威胁,并将胡塞武装定义为恐怖组织。伊朗则对此坚决否认,称这是萨利赫希望得到沙特和美国的资助以助其打击胡塞武装的借口。也门内战爆发后,伊朗也不断否认对胡塞武装有任何军事援助行动。而另一方面,胡塞武装对伊朗的态度也比较暧昧。在沙特联军发动"果断风暴"军事行动一年后,伊朗一位高级军官曾表示,只要胡塞武装需要,伊朗可以随时派遣军事顾问,帮助胡塞对抗沙特联军。③ 但胡塞内部的一名高层人士却马上在"脸书"(Facebook)上发声,反对伊朗介入也门内部事务。胡塞武装首领阿卜杜勒—马利克则表示,"伊朗是胡塞的同情者,选择支持胡塞的立场令人钦佩,希望伊朗在未来发挥更好的作用。"但是,他却没有详细解释"作用"所指为何。④

沙特则认为伊朗无疑是胡塞武装背后的支持者和主导者。伊朗希望通过向胡塞提供大量武器装备把也门变成"第二个叙利亚"。沙特、卡塔尔等国

---

① "海合会宣言:应哈迪请求对胡塞武装进行打击",Al Arabiya, http://www.alarabiya.net/ar/saudi-today/2015/03/25/دول-الخليج-تستجيب-لمطلب-حماية-اليمن-من-المليشيات-الحوثية.html,登录时间:2017年3月18日。

② "伊朗谴责'果断风暴'",Aljazeera, http://www.aljazeera.net/news/international/2015/3/26/ايران-تدين-عاصفة-الحزم-باليمن-وتدعو-لوقفها 登录时间:2017年3月17日。

③ "伊朗军事负责人称将对胡塞武装和萨利赫提供新的支持",http://www.almashhad-alyemeni.com/news71154.html, 登录时间:2017年3月21日。

④ "胡塞武装希望伊朗未来在也门发挥'好作用'",Huffpost, http://www.huffpostarabi.com/2017/03/31/story_n_15727842.html, 登录时间:2017年4月10日。

第九章 地区因素对两国关系的影响

媒体也一再曝出伊朗支持胡塞武装的"证据"。根据沙特媒体的报道，2015年4月，一批武装直升机在亚丁湾拦截了一艘向胡塞武装运送武器的伊朗船只。同年9月，沙特支持的"也门支持合法联盟"也宣布挫败一起伊朗渔船向胡塞民兵运送武器的阴谋。此外，不断有伊朗军事顾问在也门阵亡的消息传来。卡塔尔的半岛电视台则报道称，在胡塞武装占领也门首都萨那后，伊朗伊斯兰议会代表阿里礼萨·扎卡尼（Alireza Zakani）在接受伊朗媒体采访时曾表示，"这是伊朗和伊斯兰革命的胜利，伊朗现在控制了4个阿拉伯国家的首都：巴格达、贝鲁特、大马士革和萨那。"①

2015年7月，伊核协议签署后，沙特宣布扩大在也门的攻势，欲在伊朗经济制裁解除、经济获得恢复前，加紧完成在也门的军事行动目的。2015年8月23日，沙特一名少将在视察前线阵地时被也门胡塞武装发射的炮弹击中身亡。8月26日，沙特军方宣布地面部队进入也门境内。此后，双方军事冲突不断，沙特联军不断空袭也门境内目标，造成重大人员伤亡。作为回击，胡塞武装则炮击沙特西南边境地区，并发射导弹。9月，沙特联军宣布挫败又一起伊朗渔船向胡塞民兵运送武器的阴谋。

对于胡塞武装是否得到来自伊朗的武器装备支持，可从伊朗的国内政治与伊斯兰革命卫队作用的角度进行分析。根据第七章对伊朗国内政治与对外政策的分析，伊朗政治制度的双轨制造成其内部容易出现立场不同，甚至"言行不一"的现象：一方面，伊朗政府高层人士所一再强调的伊朗没有向胡塞武装提供任何物质支持，确实是政府和国家层面上的事实；但另一方面，伊斯兰革命卫队在对外执行任务时，拥有相当高的独立性和自主权。也门危机爆发后，革命卫队可以在传播伊斯兰革命和帮助受压迫穆斯林的革命理念下，不通过政府的批准直接向胡塞武装输送武器。而如果考虑到革命卫队的经济属性，也不排除其向胡塞出售武器以获取经济利益的可能。

有些学者将沙特对也门胡塞武装的军事打击解释为逊尼派与什叶派的教

---

① "伊朗控制的第四个阿拉伯首都，之后？"，Aljazeera，http://www.aljazeera.net/knowledgegate/opinions/2014/9/23/عاصمة-عربية-رابعة-بيد-إيران-ماذا-بعد，登录时间：2017年3月20日。

派矛盾。但如果回顾历史，沙特的军事行动与教派分歧之间并没有必然联系。事实上，20世纪60年代，沙特曾在泛伊斯兰的意识形态下支持过也门宰德派伊玛目艾哈迈德对抗纳赛尔的阿拉伯民族主义，允许也门作战部队通过沙特入境伊朗接受训练。

此外，尽管沙伊两国在也门问题上存在分歧和对抗，但也门的冲突并不完全是沙伊两国的代理人战争，两国的博弈与对抗也不是导致也门内战的根本原因。也门危机的主要原动力还在于内部部落势力的争斗。哈迪政府与胡塞武装的斗争被认为是也门两大部落的现实政治矛盾，即哈希德（Hashid）部落和巴基勒（Bakil）部落的历史恩怨。前者掌握也门权力，后者则长期受到压迫，处于边缘地位。此外，也门前总统萨利赫更倾向于民族主义和世俗主义，很难界定他的教派属性，他与胡塞武装的联手更多是源于政治斗争的现实需要。

第二节　伊拉克因素对两国关系的影响

一、萨达姆时期的伊拉克对两国关系的影响

1986年8月23日，时任伊朗总统哈梅内伊在给叙利亚副总统阿卜杜勒—哈利姆·哈达姆（Abdul Halim Khaddam）的信中就伊朗与沙特的分歧做出以下回答：

"我们与沙特人的分歧在三个方面：（1）他们不愿意采取坚定的立场对抗以色列；（2）他们（在两伊战争中）支持伊拉克；（3）油价问题，我们总是在OPEC质问他们为什么要操纵油价。现在油价问题得到了一定解决。但如果萨达姆的问题得到解决，那其他问题都将迎刃而解。"[1]

---

[1] Adel AlToraifi, *Understanding the Role of State Identity in Foreign Policy Decision – Making*: *the Rise of Saudi – Iranian Rapprochement* (1997–2009), The London School of Economics and Political Science (LSE) PHD 2012, p. 207.

沙特在两伊战争中对伊拉克采取全力支持的政策。1981年，沙特和科威特总共支援了伊拉克近100亿美元的军火和物资。[①] 在伊拉克港口被伊朗封锁的情况下，沙特还建设了由伊拉克南部到沙特西部红海港口延布的输油管道，保障了伊拉克的石油收入。特别是在叙利亚关闭境内由伊拉克延伸至地中海的输油管道后，沙特境内的输油管道成为维持伊拉克财政收入的生命线。此外，沙特还从其境内运输武器弹药给伊拉克，以对抗伊朗。由于海湾地区战事频繁，霍尔木兹海峡处于伊朗的控制之下，伊拉克的武器装备只能依赖国外运至红海港口，再经沙特通过陆路运输到伊拉克。两伊战争中，沙特还主要通过金融援助的方式支持伊拉克，向其提供了大量贷款和经济援助。

在两伊战争期间，安全是沙伊两国追求的首要目标。沙特对伊拉克的支持源于伊朗输出伊斯兰革命所构成的安全威胁，而伊朗对抗伊拉克是确保自身政权生存的最低目标。伊拉克在成为沙特安全屏障的同时，又是伊朗的安全威胁。

伊拉克进攻科威特进而引发的地区格局变化再一次影响了沙特与伊朗的关系。占领科威特的伊拉克国家身份由海湾阿拉伯国家的守护者转变为海湾之敌，对沙特构成了巨大的威胁。格局变换与国家身份转变加速推进了沙特与伊朗两国关系的改善。

1991年1月12日，法赫德国王在接见世界伊斯兰峰会执行委员会成员时表示，他在伊朗伊斯兰革命后访问伊拉克期间，萨达姆曾向其抱怨伊朗丑化伊拉克，在边境制造冲突。法赫德国王则劝告萨达姆不要轻易袭扰伊朗，即使伊朗正处于革命后的内乱中。[②] 1月30日，法赫德国王会见来访的埃及总统穆巴拉克。在会谈结束后的记者招待会上，法赫德国王就沙特与伊朗关系问题做出如下回答：

---

① Furtig, H., *Iran's Rivalry with Saudi Arabia between the Gulf Wars*, Ithaca Press, 2002, p. 64.
② 《沙特通讯社文献：海湾战争期间的沙特立场》，沙特新闻部—沙通社，1991年，第450—451页。

"目前我们与伊朗的关系良好,双方互有联系。两国将在合适的时间恢复外交关系。两国之间发生的事件,是真实存在的事件,但我们应该认为那是意外事件,并且已经结束了。伊朗是伊斯兰国家,在同一框架下的相互合作,符合两国的利益。同样,两国也应该忘记那些令人悲痛的事件。我认为,像那样的事件,也会发生在世界其他国家之间,甚至会发生在共处一室的家庭中。"①

在这里,沙特国王用"家"来隐喻整个海湾地区,用"家庭"来形容与伊朗的关系,进而肯定了与伊朗恢复关系的事实,并释放出与伊朗共同合作、维护地区和平与稳定的强烈意愿。由于地区格局的变化,沙特不再视伊朗为首要威胁。

在海湾战争期间,伊朗通过谴责萨达姆强调伊朗也是伊拉克受害者的方式,赢得海湾国家一定的同情。更重要的是,这场战争证明了阿拉伯国家对萨达姆的支持是错误的,也成为日后沙特与伊朗恢复外交关系的基础。当萨达姆残酷镇压什叶派起义时,伊朗和沙特都没有选择介入,但沙特曾开放边界让什叶派武装人员入境沙特避难。而且,在之后的若干年内,沙特甚至与伊朗支持相同的反对派别,以求颠覆萨达姆政权。

二、伊拉克战争后两国策略的差异

(一)伊拉克对于两国的地缘战略价值

地缘因素决定了伊朗和伊拉克两国不可分割的命运。在两国长达1300公里的边界线上有一部分难以逾越的山区,历来就是伊朗防守内部安全的第一道防线。两国在种族与历史上的联系,如伊朗的库尔德人与阿拉伯人都与伊拉克境内的同族有着千丝万缕的联系,使得无论伊拉克和伊朗的政权性质

---

① 《沙特通讯社文献:海湾战争期间的沙特立场》,沙特新闻部—沙通社,1991年,第485页。

如何，一国的内部问题都会迅速影响到另一国。因此，在萨达姆政权覆灭后，介入伊拉克事务、维护伊拉克的领土完整符合伊朗的利益。

与伊朗相比，伊拉克对于沙特的地缘战略价值相对不高。虽然沙特北部与伊拉克西南部接壤，两国之间也存在漫长的边界线，但相邻的地区大部分为广袤无人的荒漠，没有具有重要战略价值的地区和城市，也不存在石油资源。

（二）伊朗介入伊拉克的优势与需求

伊朗介入伊拉克事务，既有战略上的必要性，也有经济、文化上的天然优势。在萨达姆政权倒台后的几年中，伊朗公司大规模进入伊拉克。由于伊朗地理上临近伊拉克，两国又有文化和宗教方面的联系，伊朗公司在伊拉克的经营成本与风险比在其他任何国家都低。伊朗资本不断进入伊拉克市场，牢牢掌控着伊拉克的经济。2009 年，两国贸易总额达 40 亿美元左右，伊朗货物占到了伊拉克总进口额的 48%，使伊拉克政府在经济上更加依赖伊朗。[1]

在宗教和政治方面，伊朗也有天然的介入优势。两国的什叶派有着历史与宗教上的紧密联系，什叶派的效仿制度使一些伊拉克什叶派以伊朗的宗教学者为追随对象。而且在萨达姆时代，大量伊拉克政治反对派流亡伊朗。萨达姆倒台后，这些组织和个人回到伊拉克，在政治领域发挥巨大的影响力，这其中包括伊拉克伊斯兰革命最高委员会（SCIRI）、达瓦党（al-Dawa）等。此外，伊朗还与当地的什叶派反美教士穆克塔达·萨德尔（Muqtada al-Sadr）建立了合作关系，并资助其领导的什叶派武装组织迈赫迪军。

伊朗对伊拉克什叶派武装组织的支持和资助除了有发挥地区大国影响力的考虑外，其核心诉求还是维护本国安全。什叶派武装对占领伊拉克美军的袭击，可以牵制美国在伊的力量，对美国形成一种消耗，使之无暇顾及打击伊朗。此外，大量什叶派民兵武装的存在，对美国本身也是一种威慑。如果

---

[1] Juneau, T., *Squandered Opportunity: Neoclassical Realism and Iranian Foreign Policy*, Standford University Press, 2015, p.109.

美国从伊拉克本土向伊朗发动攻击，美国的军事基地、使领馆、办公场所和政府工作人员都有可能遭到袭击。而且，伊朗还可以将对什叶派民兵武装的控制作为与美国谈判的筹码，在需要与美国进行利益交换时，其能够约束这些武装组织，维护地区的安全与稳定。①

（三）沙特对伊拉克政策的变化——从观望到介入

相对于伊朗积极介入伊拉克事务，沙特在美军占领伊拉克后，并没有立即介入以制衡伊朗，而是采取低风险的观望策略，希望进一步观察局势发展后，再确定对伊拉克的外交策略。这种策略有其历史根源：1991年3月，时任美国国务卿詹姆斯·贝克在与沙特外交大臣费萨尔和驻美大使班达尔会谈时，两人都要求美国支持伊拉克南部的什叶派起义，理由是萨达姆太危险，而伊拉克什叶派是阿拉伯人，不是波斯人。在持续八年的两伊战争中，伊拉克什叶派用实际能力证明了对伊拉克国家的忠诚，因此其即使掌控了国家政权，也不太可能听命于伊朗。② 但是，正是这种观望与犹豫，给伊朗在伊拉克发挥影响力提供了便利。

2005年2月，伊拉克"什叶派联盟"赢得过渡议会选举，来自什叶派政党达瓦党的努里·卡米尔·马利基（Nouri Hasan al-Maliki）出任伊拉克总理，伊拉克最高伊斯兰委员（The Islamic Supreme Council of Iraq）和萨德尔组织的领导人则占据了政府重要部门的许多岗位。在整合伊拉克什叶派政治力量赢得议会大选的过程中，伊朗发挥了关键作用。伊朗支持的什叶派联盟掌握伊拉克政权，让沙特领导人对于伊拉克局势的态度开始从观望转为焦虑。

随后巴士拉发生暴乱，教派冲突开始显现。2005年9月，沙特外交大臣费萨尔访问华盛顿时表示，沙特对伊朗在伊拉克什叶派中日益提升的影响力

---

① Juneau, T., *Squandered Opportunity: Neoclassical Realism and Iranian Foreign Policy*, Standford University Press, 2015, p.110.

② Alsultan F M, Saeid P, *The Development of Saudi-Iranian Relations since the 1990s: Between Conflict and Accommodation*, New York: Routledge, 2016, pp.88-89.

感到担心。在伊拉克南部地区，伊朗资助和扶植亲伊朗的代理人，甚至建立警察队伍并为民兵组织提供武器。伊朗的这些渗透和干涉行为不利于伊拉克国家的政治重建。[1] 伊朗外交部则对沙特的言论表示遗憾，称其指控是"令人惊讶且荒谬的"。[2] 这一争论最终导致伊朗外长推迟了原定于2005年10月访问沙特的行程。[3]

2006年2月，位于伊拉克萨马拉的什叶派宗教圣地阿里·哈迪清真寺（又称阿斯卡里清真寺，Al Askarī Shrine）的爆炸激化了伊拉克的教派冲突。其中，巴格达地区的冲突最为严重。在2006—2007年巴格达爆发教派冲突期间，什叶派武装和国家安全部队曾迫使大量逊尼派居民迁出巴格达。冲突还造成数千人丧生，数万人被迫逃离。

为了平息教派冲突，阿卜杜拉国王与沙特政府做了大量工作。2006年10月19日，沙特支持和主持的教派和解会议在麦加召开，阿卜杜拉国王希望通过对话化解伊境内日益严重的教派冲突。伊拉克逊尼派与什叶派穆斯林主要领导人参与会议并签署《麦加文件》，一致同意尽快结束伊拉克各教派间的严重流血冲突。[4] 2007年3月28日，第19届阿盟首脑会议在利雅得召开。在此次峰会上，阿卜杜拉公开谴责美国，称其在伊拉克的军事存在是"非法的外国占领"。阿卜杜拉措辞强硬地指出，伊拉克笼罩在非法的外国占领阴影下，冲突不断，流血不断，宗派暴力正使伊拉克面临内战的威胁。[5]

2006年12月6日，沙特官方通讯社发布一则消息，解雇安全顾问纳瓦夫·欧贝德（Nawaf Obaid）的职务，因为其在《华盛顿邮报》上发布了"不实文章"。纳瓦夫在文章中称，美军撤离伊拉克后，伊拉克政府可能无

---

[1] "Prince Saud Al–Faisal Press Conference During U. S. Visit", SPA, 23 September 2005.
[2] "Iran：Iraq Meddling Allegations' Surprising, Irrational", AFP, 24 September 2005.
[3] "Iran FM Puts Off Saudi Visit Amid Row over Iraq", AFP, 5 October 2005.
[4] 《伊拉克问题麦加文件》（2006年10月21日）。
[5] "阿盟峰会重提和平方案 沙特谴责美非法占领伊拉克"，人民网，http：//world.people.com.cn/GB/1029/42361/5543723.html，登录时间：2016年12月20日。

力保护逊尼派，所以沙特有可能介入伊教派冲突，向逊尼派穆斯林提供资金和武器支持，以保护逊尼派免遭什叶派的迫害。沙特拥有雄厚的经济实力，是伊斯兰教的诞生地，还被认为是伊斯兰世界逊尼派的领导，其完全有动机也有责任介入伊拉克事务。而且，沙特国内要求干涉的压力也很强大，部落和宗教势力迫切希望沙特能够在地区中扮演更有力的角色。他还提到，沙特有可能利用油价作为武器，通过增产使油价下跌一半，拖垮伊朗经济，而其自身却不会受到严重冲击。沙特如果不作为，将会损害其在逊尼派伊斯兰国家中的威信，助长伊朗在地区的军事活动。即使介入的代价会引发地区战争，但不作为的后果可能会更糟。① 欧贝德被解职表明沙特直到 2006 年底，在伊拉克问题上对伊朗还保持着一定的克制，不希望激化矛盾。

虽然一再采取克制政策，但愈演愈烈的教派冲突，让沙特与马利基政府关系紧张。2006 年，伊拉克总理马利基曾主动提出与沙特国王阿卜杜拉会面，但被阿卜杜拉拒绝。根据美国大使馆的电文记录，阿卜杜拉在马利基上台初期曾对他寄予希望，向其发出了一份促进伊拉克内部和解的书面清单，但最后清单中的事项没有一项被落实。阿卜杜拉国王在谈及马利基时称"不相信这个人""认为他是伊朗的代理人""马利基的上台为伊朗攫取伊拉克打开大门"。② 马利基则抱怨沙特联合和资助伊拉克的逊尼派，激化教派矛盾，从而使伊朗有借口干预伊拉克事务。③ 但马利基政府在伊拉克的"基地"组织力量衰弱后，趁机削减逊尼派地方武装"觉醒委员会"的人数与装备补贴，引起沙特和卡塔尔等国的指责。

2010 年伊拉克举行选举，尽管沙特支持的"伊拉克国民运动"［Iraq Na-

---

① Nawaf Obaid, "Stepping Into Iraq", *Washington Post*, http://www.washingtonpost.com/wp-dyn/content/article/2006/11/28/AR2006112801277.html，登录时间：2016 年 12 月 20 日。
② US embassy cables: Saudi king Abdullah's advice for Barack Obama (22 March 2009), https://propagandapress.org/2010/11/29/us-embassy-cables-saudi-king-abdullahs-advice-for-barack-obama/，登录时间：2016 年 12 月 28 日。
③ US embassy cables: Iraqi PM: Saudi has a "culture of terrorism" (4 August 2008), http://wikileaks.org/cable/2008/04/08BAGHDAD1198.html，登录时间：2016 年 12 月 28 日。

tional Movement，又名"伊拉克名单"（al-Iraqiya List）]战胜了马利基的"法治国家联盟"（State of Law），获得多数席位。但是，马利基在伊朗的帮助下，联合"伊拉克全国联盟"等其他什叶派党派，成功排除伊亚德·阿拉维（Ayad Allawi）领导的"伊拉克名单"完成组阁。马利基得以继续执政，避免了下台的命运。沙特指责马利基"劫持"大选，不承认伊拉克人民选举的合法政府。2010年10月，阿卜杜拉国王邀请伊拉克各派别领导人11月中旬在麦加朝觐结束后到沙特首都利雅得开会，商讨化解政治僵局。马利基领导的"法治国家联盟"拒绝了这一邀请。[①] 伊朗扶持的马利基政府始终与沙特政府关系紧张，这最终影响了沙特与伊朗的关系。

沙特在伊拉克问题上对伊朗所采取的制衡策略显得谨慎而又迟缓，造成伊朗支持的什叶派势力顺利获得国家政权，为伊朗发挥地区影响力创造了有利条件。苏尔坦和赛伊德认为其原因有两点：第一，沙特在伊拉克的盟友力量太薄弱。在萨达姆倒台后，沙特发现可以在伊拉克利用的势力少之又少，尽管伊拉克的逊尼派部落与沙特纳季德地区的部落有亲缘关系，但这种关系在历时长久后，由于缺乏联系和互动，早已变得十分疏远；第二，尽管沙特内部的一些宗教学者不断施压政府，要求向伊拉克的逊尼派穆斯林提供援助，对抗什叶派的骚扰和压迫，但伊拉克的逊尼派在教法上与沙特的瓦哈比学派仍有不同和隔阂，这也是造成沙特无法迅速介入伊拉克的原因。[②]

除了上述解释外，沙特在伊拉克战争刚结束后，其国内就继续与伊朗改善关系，还是立即采取制衡策略，以遏制伊朗在伊拉克发挥影响力，存在内部分歧，这也是造成介入缓慢的重要因素。在伊拉克战争后，沙特内部有一种观点是，由于美国对伊拉克实行了军事占领，伊朗主导伊拉克事务的可能性较低。同时，也有人担心伊拉克什叶派会通过选举主导伊拉克政府，并与伊朗结为地区联盟。约旦国王侯赛因也在2004年初提出著名的"什叶派新

[①] "马利基阵营拒绝沙特'好意'"，新华网，http：//news.xinhuanet.com/world/2010-11/02/c_12726847.htm，登录时间：2016年12月26日。

[②] Alsultan F M, Saeid P, *The Development of Saudi-Iranian Relations since the 1990s: Between Conflict and Accommodation*, New York: Routledge, 2016, pp. 142-144.

月地带"理论,即一个由伊朗、伊拉克、叙利亚和黎巴嫩真主党构成的什叶派"新月走廊"将在中东地区形成。此后,"什叶派崛起""什叶派复兴"等观点随之兴起。沙特政府为此展开了题为"什叶派新月与什叶派复兴:神话还是现实"的专项研究。研究的最终结论是什叶派复兴值得警惕,但受限于人口、经济和军事规模,什叶派复兴面临巨大障碍,难以变成现实。[①] 这显然也在一定程度上延缓了沙特对伊拉克事务的介入。

因此,受现实条件与内部分歧的影响,沙特在2003—2005年对伊朗在伊拉克的介入行动表现出一定程度的犹豫与观望,没有立即采取制衡伊朗的行动,两国关系也相对缓和。但是,随着伊拉克局势不断向着有利于伊朗的方向发展,加上马利基政府纵容教派冲突,沙特对伊朗的威胁认知开始明确。随着之后伊朗在黎巴嫩、巴勒斯坦的影响力进一步提升,两国关系又开始走向对抗。

第三节 黎巴嫩、巴勒斯坦因素对两国关系的影响

"你们波斯人无权干涉阿拉伯人的事务。"

——阿卜杜拉国王[②]

"伊朗永远与黎巴嫩人民站在一起,支持你们(对以色列)的抵抗斗争。"

——艾哈迈迪—内贾德[③]

[①] Saudi National Security Assessment Project, A Shia Crescent and the Shia Revival: Myths and Realities (Phase A: Iran Project), Riyadh, 2006.

[②] US embassy cables: Counter Terrorism Adviser Brennan's Meeting With Saudi King Abdullah (22 March 2009), https://wikileaks.org/plusd/cables/09RIYADH447_a.html, 登录时间:2016年6月5日。

[③] 《艾哈迈迪—内贾德黎巴嫩高纳村演讲》,2010年10月14日。

第九章 地区因素对两国关系的影响

一、黎巴嫩真主党对两国关系的影响

(一) 黎巴嫩真主党的建立与沙伊两国关系

1982年6月,以色列入侵黎巴嫩,以支持基督教马龙派杰马勒政府,打击叙利亚军队和巴勒斯坦解放组织。伊朗向黎巴嫩派遣了近1500名伊斯兰革命卫队成员,以帮助黎巴嫩什叶派穆斯林抵抗以色列,并成立名为"真主党"(Hezbollah)的伊斯兰武装组织,在黎巴嫩南部抵抗以色列的入侵。伊朗对黎巴嫩的介入主要基于三个原因:(1)反抗以色列对黎巴嫩的占领。(2)驱逐黎巴嫩的外国军队。美国与法国军队在黎巴嫩战争期间曾以多国部队的身份,通过国际协议驻扎在黎巴嫩,以恢复地区秩序。(3)传播伊斯兰革命。由于与伊拉克处于交战状态,伊朗与大部分阿拉伯国家关系紧张,真主党与黎巴嫩成为伊朗在阿拉伯地区合适的战略窗口,通过援助和武装阿拉伯什叶派穆斯林对抗以色列,伊朗试图寻求对伊斯兰革命的支持和认同。

1983—1984年,美、法、英等国派遣军队抵达黎巴嫩,支持马龙派政府。伊朗则协助黎巴嫩真主党劫持西方人质,攻击美法驻黎巴嫩的维和部队司令部,迫使美法军事力量撤离黎巴嫩。同时,真主党还对沙特使馆和外交人员发动袭击,并破坏沙特试图斡旋叙利亚和美国达成和谈的努力。

黎巴嫩内战结束后,沙特在1989年协调黎巴嫩各派签署《塔伊夫协议》,让基督徒和穆斯林分享国家权力。为了平衡沙特与伊朗在黎巴嫩的利益,黎巴嫩真主党在战后并未被解除武装,反而得益于《塔伊夫协议》赋予的政治身份,参与黎巴嫩政治重建。尽管真主党一开始在政治上处于边缘地位,但日后一系列的变化让其逐渐向政坛中心前进。

(二) 黎巴嫩真主党力量上升与沙特威胁认知的变化

进入21世纪后,真主党在黎巴嫩的实力不断增强,地位迅速上升。2000年5月,占领黎南部的以色列军队宣布单方面从该地区撤出,这一突然的格

局变化成为黎巴嫩真主党地区力量迅速上升的开始。外部威胁消除后，黎巴嫩真主党迅速占据以色列退出的地区，宣传抵抗意识形态，招募人员，政治实力与军事实力稳步上升。2005年，黎巴嫩总理拉菲克·哈里遭遇暗杀，叙利亚被指为幕后黑手，黎巴嫩人民发动大规模示威抗议，最终迫使叙利亚军队撤出。权力真空的出现让真主党的力量再次得以上升。

内战结束后，沙特将黎巴嫩视为发挥地区影响力的重要支点，与总理拉菲克·哈里里结为政治同盟，支持其担任黎巴嫩总理。2005年哈里里被暗杀后，沙特开始支持他的儿子萨阿德·哈里里，从而得以继续在黎巴嫩内部事务方面发挥影响力。2006年6月，沙特正在与伊朗就核问题进行谈判，并就黎巴嫩内部政治分歧，以及解除黎巴嫩真主党武装等问题交换意见。然而，一场突如其来的黎以冲突中断了谈判进程，并成为两国分歧加剧的开始。2006年7月12日，黎巴嫩真主党武装攻击靠近黎边境的以色列城镇和军事基地，造成8名以军士兵死亡、2人被俘。以色列随即空袭黎巴嫩机场，并派遣军队和坦克进入黎南部与真主党武装展开交火。黎巴嫩战争全面爆发，冲突愈演愈烈。在7月15日的开罗阿拉伯国家联盟外长紧急会议上，阿拉伯国家针对黎以冲突产生严重分歧。叙利亚、阿尔及利亚反对以色列的军事入侵，支持黎巴嫩真主党。沙特、埃及和约旦则批评真主党的冒险行动危害阿拉伯国家利益。沙通社（SPA）7月15日发表声明，强调支持巴勒斯坦与黎巴嫩抵抗组织的反以斗争，但称应该区别"合法的抵抗"与"无谋的冒险"；批评真主党及其支持者在未与阿拉伯国家领导人进行任何沟通协商的情况下就贸然发动攻击，将全体阿拉伯国家置于危险境地。真主党应该对战争的爆发负有全部责任。[①] 阿盟决议则称，"黎以冲突在中东地区播下了仇恨和极端的种子。"[②]

伊朗政府则遵循一贯立场声援真主党，外交部长表示黎巴嫩真主党对以色列采取军事行动，是因为以色列没有履行1996年4月签署的交换战俘协

[①] "沙特阿拉伯王国对于黎以冲突的立场"，沙特政府网站，http://www.mofa.gov.sa/KingdomForeignPolicy/KingdomPosition/Pages/NewsArticleID53069.aspx，登录时间：2016年6月8日。
[②] "阿拉伯联盟炮轰联合国在黎以冲突中无作为"，新华网，http://news.xinhuanet.com/world/2006-08/09/content_4938317.htm，登录时间：2016年6月8日。

议。最高领袖哈梅内伊赞扬真主党对以色列的坚决抵抗,并发誓在抗击以色列的过程中,伊朗会与黎巴嫩站在一起。① 7月25日,阿卜杜拉国王呼吁国际社会共同制止以色列进攻黎巴嫩,同日艾哈迈迪—内贾德也警告以色列停止进攻黎巴嫩,否则将面临严重后果。②

在联合国的努力斡旋下,2006年8月11日安理会通过1701号决议,结束双方对抗。黎巴嫩政府和真主党在8月12日接受停火协议,以色列政府13日也接受了这一协议。双方在14日实现停火。尽管双方都宣称获得胜利,但都遭受了不小的损失。黎巴嫩真主党被认为是这场冲突中的最大赢家。由于抵御以色列进攻的英勇表现,黎巴嫩真主党及其领袖人哈桑·纳斯鲁拉在阿拉伯民众中获得了巨大的威望。以色列则因为没有消灭真主党武装力量,被认为存在军事上的失败。

黎巴嫩真主党在这次战争中展现出来的军事实力震惊了沙特。黎以冲突可以被视为加速沙伊两国关系走向对抗的转折点,沙特由保持克制、维护两国缓和成果的政策,转向制衡伊朗逐渐增加的地区影响力。

2008年5月6日,黎政府拆除了真主党的通讯网络和机场监视器,称此举危害机场安全和国家主权,引发真主党和"阿迈勒"运动武装人员进入贝鲁特西区与多数派武装人员发生冲突,并轰炸和放火烧毁了多数派领导人萨阿德·哈里里的报社和电视台等建筑。15日,沙特外交大臣费萨尔在利雅得举行的记者招待会上指责伊朗干涉黎巴嫩内部事务,并向伊朗发出警告,"如果伊朗支持真主党在黎巴嫩搞政变,这必将严重影响伊朗与包括沙特在内的所有阿拉伯国家的关系,甚至会影响其与伊斯兰世界的关系"。同时他也表示,沙特目前还与伊朗保持着联系,仍希望通过对话解决问题。③

---

① "伊朗最高领袖发誓与黎巴嫩站在一边",新华网,http://news.xinhuanet.com/world/2006-08/02/content_4910692.htm,登录时间:2016年6月8日。
② "伊朗总统警告:以色列攻击黎巴嫩将面临严重后果",CNR,http://www.cnr.cn/news/200607/t20060723_504249007.shtml,登录时间:2016年6月8日。
③ "沙特警告伊朗不要干涉黎巴嫩内部事务",人民网,http://news.sohu.com/20080515/n256873791.shtml,登录时间:2016年10月8日。

这是沙特自海湾战争后，首次对伊朗发出如此强硬的公开警告，标志着两国对抗的公开化。艾哈迈迪—内贾德则否认伊朗介入黎巴嫩的指控，并称"伊朗是唯一没有介入黎巴嫩内部事务的国家"。他表示，出于对沙特国王的尊重，伊朗选择不回应，因为沙特的指控受到愤怒情绪的影响，伊朗追求对黎巴嫩危机的和平解决。[1]

2009—2010年，阿卜杜拉国王与叙利亚巴沙尔总统曾就全面解决黎巴嫩政治僵局进行过多次沟通与协调，付出了最大的努力。2010年7月，阿卜杜拉与巴沙尔共赴黎巴嫩，会见黎总统苏莱曼，强调对其本人和黎巴嫩的支持。但是在2010年10月，艾哈迈迪—内贾德突然对黎巴嫩进行任内首次国事访问。在访问的最后一天，他前往黎巴嫩南部靠近以色列边境的宾特朱拜勒（Bint Jbeil）和苏尔（Tyre）地区，并在高纳村（Qana）发表演讲称"伊朗将永远与黎巴嫩人民站在一起，支持抵抗以色列的斗争"。[2] 此举引发巨大争议，美国和以色列指责艾哈迈迪—内贾德的举动和言论是"挑衅行为"，将加剧黎内部派别冲突。2011年1月，沙特宣布放弃对黎巴嫩政治危机的调解进程，沙特外交大臣费萨尔表示，"在沙特与叙利亚为寻求黎巴嫩政治双方达成妥协的努力失败后，沙特国王决定放弃调停，'从黎巴嫩抽身'。"[3] 叙利亚内战爆发后，黎巴嫩真主党支持阿萨德政权，并出兵参与叙内战，在某种程度上加剧了伊朗与沙特关系的恶化。

2013年11月19日，伊朗驻黎巴嫩首都贝鲁特的大使馆受到连续两次炸弹攻击，造成至少23人死亡。上任才一个多月的伊朗使馆文化参赞也在爆炸案中遇难，同时还有超过140人受伤。真主党主席哈桑·纳斯鲁拉指控沙

---

[1] 参见："费萨尔警告伊朗不要支持黎巴嫩的颠覆活动"，*Al Ittihad*，http://www.alittihad.ae/details.php?id=21364&y=2008&article=full；"费萨尔警告黎巴嫩的暴力活动影响伊朗与阿拉伯关系"，*Alanba*，http://www.alanba.com.kw/ar/arabic-international-news/27639/14-05-2008-الفيصل-يحذر-من-تأثير-العنف-في-لبنان-على-علاقات-ايران-بالعرب，登录时间：2016年8月5日。

[2]《艾哈迈迪—内贾德黎巴嫩高纳村演讲》，2010年10月14日。

[3] "沙特等三国决定放弃对黎巴嫩政治危机的调解"，新华网，http://news.xinhuanet.com/2011-01/20/c_121005708.htm，登录时间：2016年10月8日。

特为幕后黑手。① 沙特则认定，真主党是由伊朗建立、伊朗领导、按照伊朗指示行动的恐怖组织，并在2014年3月将黎巴嫩真主党列入恐怖组织名单。沙伊两国关系不断恶化，在黎巴嫩内部的博弈和斗争不断加剧，在两国的推波助澜下，黎巴嫩似乎又走向了内战的边缘。

二、两国在巴勒斯坦问题上的分歧与影响力竞争

（一）沙特的巴勒斯坦政策

一直以来，沙特支持巴勒斯坦的解放事业，利用自身的经济实力和政治影响力为巴勒斯坦争取权利和地位。沙特支持巴勒斯坦穆斯林对东耶路撒冷的主权，谴责以色列在耶路撒冷老城区的扩张。尽管被以色列指责纵容、支持巴勒斯坦恐怖分子，但冷战后沙特在阿拉伯—以色列问题上总体持温和立场，不再主张武力消灭以色列，呼吁以政治对话等和平方式解决巴以问题。

1982年9月，在沙特和平建议的基础上，阿拉伯国家联盟在非斯复会上通过了《非斯宣言》，第一次制定关于和平解决中东问题的方案，提出如果以色列撤回到1967年第三次中东战争前的边境线以内，阿拉伯国家可以考虑承认以色列。但由于美国的反对，该协议没有得到有效落实。"9·11"事件后，沙特继续推进巴以和平进程，时任王储的阿卜杜拉在2002年贝鲁特阿盟首脑峰会上，提出了"阿拉伯和平倡议"，明确表示如果以色列能够归还在1967年6月的战争中所占土地，阿拉伯联盟全体成员国就承认以色列。在2007年的利雅得峰会上，"阿拉伯和平倡议"再次得到确认。

沙特对巴勒斯坦两大主要政党法塔赫和哈马斯总体持支持立场。沙特政府曾在很长一段时间里向很多巴勒斯坦组织和事业提供资金，其中很大一部分资金提供给由法塔赫主导的巴勒斯坦当局。虽然哈马斯抵抗、消灭以色列

---

① "纳斯鲁拉：沙特是伊朗驻黎巴嫩使馆爆炸案的幕后主使"，Alarab，http://www.alarab.com/Article/577924，登录时间：2016年10月8日。

的政策与沙特的"阿拉伯倡议"背道而驰,且该组织被美国认定为恐怖组织,沙特政府也曾谴责哈马斯针对以色列的恐怖行径,但由于哈马斯抵抗以色列针对加沙地区的军事打击,在阿拉伯人民中享有较高的威望,因此沙特总体上支持哈马斯的反以斗争。然而,由于哈马斯与伊朗的关系越来越暧昧,沙特逐渐变得不满。据美国和以色列官员估计,2003年哈马斯的一半资金来自沙特。之后,沙特境内流向哈马斯的资金逐渐减少,这一方面是国际社会对沙特施压的结果,另一方面则源于沙特对哈马斯明显偏向伊朗感到不满。[1]

法塔赫与哈马斯由于在执政理念与利益分配上存在差异与矛盾,两派之间产生了严重分歧,甚至爆发了武装冲突。对此,沙特常常作为中间人居中调解,希望促成两派和解,以彰显自己作为阿拉伯和伊斯兰世界领袖的影响力。2006年2月8日,哈马斯与法塔赫在沙特的主持下签署《麦加协议》,同意停止内部武装冲突,建立民族联合政府,并就新政府纲领和重建巴勒斯坦解放组织等问题达成一致。[2] 但是,沙特的调解努力很快付之东流。2007年6月,哈马斯和法塔赫在加沙地带爆发激烈冲突。此后冲突升级,哈马斯夺取加沙控制权,《麦加协议》由此破裂。

沙特对于哈马斯撕毁协议的行动非常愤怒。2007年9月,哈马斯政治局主席马沙尔提出要访问沙特,遭到沙特政府的断然拒绝。2008—2009年加沙战争爆发后,阿拉伯国家的分歧进一步加大。2009年1月,在科威特经济峰会上,阿卜杜拉国王呼吁阿拉伯国家实现和解,并将阿拉伯内部分歧的罪魁祸首归为伊朗。2013年埃及军方政变后,沙特出于反穆兄会的立场,将哈马斯列为恐怖组织。后由于哈马斯与伊朗关系紧张,沙特一度试图拉拢哈马斯加入反伊朗阵营,但没有成功。

---

[1] Terrill, W. A. , *The Saudi – Iranian rivalry and the future of Middle East Security*, Strategic Studies Institute, U. S. Army War College, 2011, p. 26.

[2] 《哈马斯—法塔赫麦加协议》,2006年2月8日。

（二）伊朗的巴勒斯坦政策

伊斯兰革命后，伊朗选择坚决支持巴勒斯坦解放事业。与沙特相比，伊朗在巴勒斯坦问题上极为强硬。伊朗最高领袖哈梅内伊曾表示，绝不与犹太复国主义者妥协。艾哈迈迪—内贾德也曾发表过"将以色列从地球上抹去"等极端言论。

1982年沙特提出的"两国方案"计划因遭遇内部分歧和外部干预而搁浅后，伊朗开始联合阿拉伯盟友构筑反以色列同盟。伊朗一开始全力支持巴勒斯坦解放组织（法塔赫），但由于其走上了政治解决巴以问题的道路，同伊朗拒绝与以色列谈判、坚持武力解决巴以问题的立场产生了原则上的冲突，伊朗对其的态度开始逐渐冷落。此外，巴解组织的阿拉伯民族主义意识形态与伊斯兰革命的意识形态并不相容，特别是在两伊战争爆发后，巴解选择支持伊拉克，造成双方关系恶化。伊朗开始积极支持巴勒斯坦内部的反对派，一方面是为了阻止巴勒斯坦与以色列进行和平谈判，另一方面也是为了降低巴解组织的合法性。1987年，反对中东和平进程、主张武力消灭以色列的巴勒斯坦伊斯兰抵抗运动（哈马斯）建立，伊朗在政治、经济和军事上对其提供了大量援助，从而进一步恶化了伊朗和巴解的关系。1994年11月，伊朗甚至将巴解组织驻德黑兰办事处交给了哈马斯。

2006年2月，哈梅内伊呼吁伊斯兰国家为哈马斯领导的巴勒斯坦新政府每年提供财政援助，并对哈马斯不承认以色列的立场表示支持。根据伊朗国家电视台的报道，哈梅内伊在会晤马沙尔时表示，每年为巴勒斯坦提供财政援助是伊斯兰国家为巴勒斯坦分担责任的一个办法。[①]

对于伊朗援助哈马斯的数额，各方估计的差异很大。研究中东事务、对外事务、防务与贸易分歧的分析家阿亚龙·皮纳在为美国国会撰写的报告中

[①] "伊朗最高领袖呼吁为哈马斯政府每年提供财政援助"，新华网，http：//news.xinhuanet.com/world/2006-02/20/content_4204890.htm，登录时间：2016年10月23日。

称，20世纪80年代末，哈马斯10%的资金来自伊朗。美国中央情报局前局长詹姆斯·伍尔西（James Woolsey）称，1988—1994年伊朗为哈马斯提供了超过1亿美元的援助。而以色列方面估计，伊朗仅在2005年就直接援助哈马斯约300万美元。加拿大情报机构则估计伊朗一年转交给哈马斯300万—1800万美元。早在1992年，巴解组织执委会主席阿拉法特就曾称伊朗给哈马斯3000万美元。而黎巴嫩一家杂志的报道称，伊朗一年从其石油销售中给哈马斯约1000万美元。另据"维基解密"报道，原埃及情报局长曾告诉美国外交官说，伊朗每年约向哈马斯政府转交2500万美元。[①]

2008—2009年的第一次加沙战争中，伊朗坚定支持哈马斯，在战争结束后，哈马斯领导人迈沙阿勒率高级代表团访伊表示感谢。2012年第二次加沙战争后，哈马斯再次高调感谢伊朗，称伊朗提供的武器和资金帮助巴勒斯坦人民取得了胜利。巴勒斯坦宗教事务部长马哈茂德·哈巴什曾指出："伊朗干涉巴勒斯坦内部事务是造成巴勒斯坦分裂的主要原因，伊朗应该远离巴勒斯坦问题，停止对巴事务的干涉。伊朗的负面作用，给巴勒斯坦内部和解进程制造了巨大阻力，破坏了巴勒斯坦的团结。"[②]

但哈马斯与伊朗的关系在"阿拉伯之春"后出现剧变。由于哈马斯持反叙利亚政府的立场，批评黎巴嫩真主党对阿萨德政府的支援，哈马斯与伊朗关系持续紧张。2015年后，哈马斯与伊朗甚至一度中断联系。沙特利用这一契机趁机拉拢哈马斯，展开朝觐外交，邀请哈马斯高层赴麦加朝觐，削弱伊朗在巴勒斯坦的影响力。因此，用"言听计从"来形容哈马斯与伊朗关系过于武断。

（三）两国在巴勒斯坦问题上的分歧

综上所述，沙特与伊朗两国在巴勒斯坦问题上存在相同的基本导向，即

---

① 陈天社："伊朗与哈马斯关系探析"，《西亚非洲》2013年第3期，第82页。
② "伊朗干涉阻碍协商削弱抵抗力量"，Okaz, http://okaz.com.sa/article/364155/الداخلية-التدخل-الإيراني-يعيق-المصالحة-ويضعف-الجبهة，登录时间：2016年10月25日。

维护巴勒斯坦穆斯林的基本权益。但在具体问题上，两国存在较大分歧。首先，沙特认为巴勒斯坦问题是阿拉伯人与以色列人的冲突，应该在阿拉伯国家的框架下解决，伊朗无权干涉阿拉伯内部事务。而伊朗则认为巴勒斯坦问题是穆斯林与犹太复国主义者的斗争，伊朗有权支持巴勒斯坦穆斯林反抗以色列。其次，在对以色列立场与实现巴勒斯坦建国的具体路线上，两国存在不可调和的矛盾。沙特希望在"阿拉伯和平计划"的基础上，以"土地换承认"的方式解决巴以问题，实现巴勒斯坦和以色列两国的和平。伊朗则坚决反对"两国方案"，不接受与以色列的任何妥协，认为所有和谈与妥协都是以色列的拖延策略，将最终导致犹太人占领整个巴勒斯坦地区，以武力消灭以色列才是解决巴以问题的唯一道路。

1993年9月，巴解组织和以色列在美国白宫正式签署《临时自治安排原则宣言》。1994年5月，巴以又在开罗签署了关于实施加沙—杰里科自治原则宣言的执行协议。在巴以和解的带动下，陆续有阿拉伯国家与以色列和解。7月，约旦与以色列建立外交关系，结束了长达46年的敌对。这对伊朗的地区话语权构成巨大挑战。10月，哈梅内伊甚至警告阿拉伯国家不要与以色列签署和平协议。

沙特与伊朗两国介入巴勒斯坦的目的都是为了寻求地区影响力。沙特希望发挥协调者作用，在不与美国的巴以政策冲突的情况下，通过政治对话解决巴以问题，突出自身阿拉伯世界领导者的身份，增强统治合法性。而伊朗希望在巴以冲突中发挥抵抗作用，以彰显其伊斯兰世界领导者和抵抗领袖的身份。如果巴以两国不再发生冲突，伊朗将失去反对以色列、声援巴勒斯坦的发声机会，哈马斯和真主党的地区作用也会下降，这些都会降低伊朗的地区影响力。而且，对以色列的强硬政策符合大部分阿拉伯民众的期望，有助于提高伊朗的地区影响力和威望。

第四节　叙利亚因素对两国关系的影响

"巴沙尔·阿萨德是伊朗的红线。"

——伊朗最高领袖外事顾问阿里·韦拉亚提①

在2011年内战爆发之前，叙利亚都是中东地区力量博弈的参与者，拥有强大的军事力量与地区权重。沙特与伊朗都重视叙利亚在地区发挥的作用。伊朗与叙利亚的盟友关系在历经考验后愈发亲密。沙特则一直希望将叙利亚拉回到阿拉伯框架内，以遏制伊朗的崛起。"阿拉伯之春"后，叙利亚迅速陷入动荡与内乱中，变成地区大国与国际大国博弈的战场。而沙特与伊朗的博弈，具有鲜明的代理人战争特点，是叙利亚内战中的焦点，也导致两国关系持续恶化。

一、叙利亚与两国关系的历史背景

（一）叙利亚与伊朗的地区盟友关系

一直以来，叙利亚是伊朗在阿拉伯地区最亲密的盟友。自伊朗伊斯兰共和国成立以来，伊朗和叙利亚已经维持了超过30年的友好关系。"两国关系是一种隐性安全合作关系——准联盟，具有一定的隐蔽性，表现出'联'（参与安全合作）而不'盟'（签订军事盟约）的特点。"② 在两伊战争期间，叙利亚是仅有的两个在言论上支持伊朗的阿拉伯国家之一。尽管两国有着完全不同的政治体系，叙利亚是以复兴党威权政治为统治模式，以阿拉伯民族

---

① "韦拉亚提：叙利亚是伊朗的红线"，Aljazeera, http://www.aljazeera.net/programs/today-interview/2015/7/27/تداعيات-الاتفاق-النووي-الإيراني，登录时间：2017年3月19日。

② 孙德刚："叙利亚与伊朗准联盟关系浅析"，《阿拉伯世界研究》2006年第6期，第4页。

主义为官方意识形态的世俗国家，而伊朗则是在教法学家治国理念下的神权政治国家，但对萨达姆政权的共同憎恨促成了两国的结盟。除了对伊拉克共同的敌视外，伊朗在叙利亚与以色列的对抗中无条件支持叙利亚，以及两国共同面对美国的威胁，都是促进两国友好的重要因素。在小布什执政期间，美国对叙伊两国表现出强烈恶意，将伊朗列为"邪恶轴心"，并表现出以伊拉克为跳板入侵叙利亚的姿态。① 这些因素促成了两国在战略上的相互支持。

叙利亚与伊朗将两国与真主党、哈马斯并称为"抵抗轴心"，旨在表达对抗以色列的共同意愿。伊朗向叙利亚提供了很多军事支援，尤其是在火箭和导弹技术方面。伊朗高层曾多次表示，将会同叙利亚一起战斗，对抗以色列的侵略。相比伊朗对叙利亚的支持，叙向伊朗提供的帮助比较有限。叙伊关系的核心在于伊朗可通过叙利亚向黎巴嫩真主党运送支援物资。但真主党不只是伊朗的盟友，也是叙利亚的盟友，因此很难认为叙利亚是单纯为伊朗的利益服务。而且，叙利亚也不只寻求和伊朗的友好关系，其与土耳其的关系曾在"阿拉伯之春"爆发前有过极大改善，在一系列双边合作项目和协议的基础上，两国曾在2009年4月举行了联合军事演习。在伊拉克政治中，巴沙尔一直都支持伊亚德·阿拉维，而不是伊朗支持的马利基。此外，叙利亚政府也一直与萨达姆时代被废黜的复兴党人保持着友好关系。② 但这些因素并没有对伊叙两国的盟友关系造成实质影响。

（二）阿萨德上台后的沙叙关系

沙特与叙利亚两国在哈菲兹·阿萨德执政时期关系总体稳定。1991年海湾危机期间，两国曾在军事上有过合作。但自2000年巴沙尔上台后，叙沙两国就不断出现分歧。2003年，两国在对伊拉克战争的立场上产生龃龉。2005年2月，黎巴嫩总理哈里里遭暗杀后，叙沙两国关系出现严重裂痕。沙特跟

---

① Matthew Tempest, "'No Plans to invade Syria', Insists Blair", *Guardian*, April 14 2003, https：//www.theguardian.com/politics/2003/apr/14/foreignpolicy.uk2, 登录时间：2017年2月2日。
② "Signs of Thaw Between Syria and Iraq PM Maliki", Gulf Research Center, Gulf in the News, 15 September 2010.

随美国立场，对叙利亚采取孤立政策。然而，遭到阿拉伯国家和国际社会孤立的叙利亚却得到伊朗的大力帮助。"哈里里案"后不久，伊朗和叙利亚就宣布建立"统一战线"以共同应对威胁。①

2008年后，沙特改变策略，希望将叙利亚拉回到阿拉伯国家的框架内，以图削弱、瓦解叙利亚—伊朗联盟，降低伊朗在伊拉克和黎巴嫩的影响力。2008年12月的加沙战争与2009年1月的阿拉伯经济首脑会议后，要求阿拉伯国家和解的呼声愈来愈强。在峰会上，巴沙尔与阿卜杜拉实现会谈，这些因素促使沙特与叙利亚开始缓慢和解，也促成了2009年10月阿卜杜拉国王登基后对叙利亚的首次正式访问。② 2010年7月，阿卜杜拉再访叙利亚，并与巴沙尔一同飞往贝鲁特，与主要政治派别和黎巴嫩政府举行和解会议。根据叙利亚总统府发表的公报，巴沙尔和阿卜杜拉都强调支持自黎巴嫩民族团结政府成立以来出现的和解进程，支持黎各党派为维护黎巴嫩的稳定与统一、增强相互信任所做出的努力。阿卜杜拉和巴沙尔与黎巴嫩总统苏莱曼举行会晤，表达了对苏莱曼总统的支持，并表示两国将与黎巴嫩并肩作战，共同对抗来自以色列的威胁和入侵。③ 这也是自拉菲克·哈里里遇刺以来，巴沙尔首次访问黎巴嫩。这次访问取得了很大成果，叙沙两国关系朝着正常化的方向前进。但是，沙特打破"抵抗轴心"、瓦解叙利亚—伊朗联盟的策略被突然爆发的"阿拉伯之春"打断，两国关系在叙利亚内战爆发后迅速转向敌对。

---

① "叙伊共建统一战线 美国应付各方压力头痛不已"，新华网，http：//news.xinhuanet.com/world/2005-02/18/content_2591055.htm，登录时间：2017年3月1日。

② Berti, B. & Guzansky, Y., "Saudi Arabia's Foreign Policy on Iran and the Proxy War in Syria: Toward a New Chapter?", *Israel Journal of foreign Affairs* VIII : 3 (2014), p. 27.

③ "黎沙叙三国元首会晤强调维护黎巴嫩稳定"，新华网，http：//news.xinhuanet.com/world/2010-07/31/c_12393556.htm，登录时间：2017年3月1日。

二、叙利亚内战对两国关系的影响

叙利亚内战的爆发与该国的内部情况有很大关系。叙利亚的政权核心由什叶派中的阿拉维派（Alawite）精英构成。阿拉维派精英集团基本上控制着叙利亚的武装力量，而其他非核心的阿拉维派官员则占据了政府大部分核心位置。但阿拉维人属于叙利亚的少数族群，只占总人口的10%。受益于复兴党执政时期叙利亚大规模的现代化建设，阿拉维人由底层农民上升为社会中上层，变身为政府官员、医生、教授等。大马士革的阿拉维人由1945年的4500人，急速增加到21世纪初的50万人左右。阿拉维人地位的上升，影响了叙利亚占多数的逊尼派的利益，特别是逊尼派青年在教育和就业方面的利益。这成为导致叙利亚日后爆发内战的主要原因。[1]

（一）沙特对叙利亚反对派的支持

2011年"阿拉伯之春"爆发后，叙利亚陷入内乱。沙特的态度由最初的谨慎，迅速转向谴责巴沙尔政府。针对叙利亚政府军对反对派的镇压，阿卜杜拉国王要求叙政府"制止杀戮机器"，[2] 并于2011年8月撤回驻叙大使。从那时起，迅速推翻阿萨德政权、消灭叙利亚—伊朗联盟成为沙特的首要战略目标。

为达到这一目标，沙特与阿联酋、科威特一起资助叙利亚反政府组织。在2013年1月，沙特联合上述两国承诺向叙利亚反对派提供9亿美元的援助。除了提供物质和财政援助外，沙特也尽全力提高反对派的政治地位。沙特一直是"叙利亚之友"会议的主要赞助者。第一届"叙利亚之友"会议于2012年2月24日在突尼斯举行，包括沙特在内的60个国家和国际组织以及

---

[1] Fabrice, "Go to Damascus, my son: Alawi Demographic Shifs under Ba'ath Party Rule", in Michael & Craig, *The Alawis of Syria*, 2015, Hurst & Company, London.
[2] "沙特国王呼吁叙利亚停止杀戮机器并召回大使"，*Alawsat*, http://www.alawsatnews.com/news/576656.html，登录时间：2015年12月4日。

叙利亚的反对派代表参加。此后，2012年4月的伊斯坦布尔会议、2012年7月的巴黎会议、2012年12月的马拉喀什会议以及2013—2014年举行的一系列会议，都得益于沙特的资金支持和外交努力。此外，大量武器弹药还通过沙特境内走私进入叙利亚，以武装叙反对派对抗阿萨德政权。

除了向反对派提供政治、经济和军事援助外，沙特还利用舆论工具，帮助反对派进行宣传，提高关注度和影响力。沙特通过阿拉伯卫视（Al‑Arabiyaa T. V. network）、生活电视台（Al‑Hayat）和中东电视台（ASharq Al‑Awsat）等新闻媒体对反对派人士进行有针对性的正面采访与报道，以吸引国际社会的关注，进而向阿萨德政权和伊朗施加压力。

沙特曾希望借助美国的力量消灭阿萨德政权，并向美国提供叙政府军使用化学武器的证据。2014年8—9月，叙利亚"化武危机"持续升级，美国将对叙利亚动武的倾向一度非常明显。但在俄罗斯的斡旋下，叙利亚通过交出化学武器避免了美国的军事打击，这让沙特非常愤怒。10月13日，沙特外交大臣费萨尔访问德国，在记者招待会上他表示，"我们认为国际社会必须加倍努力，遵守日内瓦第一次会议的有关章程，在组建过渡政府的基础上解决叙利亚危机，同时我们也一致认为，巴沙尔·阿萨德不值得继续信任，已经失去合法性，绝不能成为解决危机的一部分……"[①]

10月17日，联合国大会投票选举沙特等五国为2014—2015年安理会非常任理事国，这是沙特历史上首次当选，对沙特今后在国际上发挥影响力具有重要意义。然而仅仅24小时后，沙特官方就宣布放弃刚刚当选的联合国非常任理事国席位。沙特的官方说法是对联合国在维护和平方面的不作为感到失望，实际上是对联合国在叙利亚问题上的做法感到不满。

萨勒曼国王登基后，沙特在更替巴沙尔政权方面继续发力。2015年11月，沙特联合卡塔尔以及美、英、法等西方国家，试图在联合国人权大会上推动通过一项谴责阿萨德政权和伊朗的议案，要求叙政府立即停止任何攻击

[①] "沙特外交大臣费萨尔与德国外交部长召开记者招待会"，SPA，http：//www.spa.gov.sa/viewstory.php？lang=ar&newsid=1283704，登录时间：2017年4月23日。

叙利亚温和反对派的军事行动。12 月，沙特召集叙利亚反对派，在利雅得举行第一届反对派大会。

沙特对于叙利亚内战的介入迅速而果断，这主要出于三方面原因。一是沙特对于伊朗的威胁认知已经从伊拉克战争后的相对模糊变得较为清晰。介入叙利亚内战、推翻阿萨德政权，一方面可以削弱伊朗盟友，抗衡来自伊朗的安全威胁；另一方面，可以切断叙利亚对黎巴嫩真主党的支持，削弱伊朗在该地区的影响力。二是叙利亚逊尼派人口占大多数，有可利用的盟友资源。三是吸取了对伊拉克局势介入缓慢的教训。

（二）伊朗对阿萨德政权的支持

相对于沙特支持叙利亚反对派的立场，伊朗则在叙内战爆发后选择坚定支持阿萨德政府，在政治、军事和经济上鼎力相助。

叙利亚危机后，伊朗一直强调叙利亚问题的政治解决，反对武力干涉。2011 年 8 月，伊朗表示叙利亚政权更迭会引发地区危机，反对西方国家和沙特等地区大国施压阿萨德下台。在各方势力介入叙内战后，伊朗果断宣布"无条件"支持叙利亚政府抵抗外部势力。

在军事上，伊朗向叙利亚政府派遣了大量精锐军事顾问，协助政府军抵抗和打击反对派武装。2017 年，伊朗军方公布自叙利亚内战以来的"十大阵亡将领"名单。其中侯赛因·哈姆达尼被认为是伊朗在叙利亚最有影响的将领，是叙利亚民兵抵抗组织"叙利亚真主党"的创建人。其他阵亡将领也多是参加过两伊战争的功勋卓越的老兵。[①]

除了军事顾问外，伊朗并没有派遣大规模正规作战部队，但有数千名什叶派志愿军在叙利亚参战，这些志愿军除了来自伊朗外，还有来自巴基斯

[①] 参见："叙利亚战场上阵亡的著名伊朗军人"，Aljazeera，http://www.aljazeera.net/encyclopedia/events/2015/10/15/أبرز-القتلى-العسكريين-الإيرانيين-في-سوريا；"在叙利亚阵亡的十大伊朗将领"，https://www.enabbaladi.net/archives/53297，登录时间：2017 年 3 月 15 日。

坦、也门和阿富汗的什叶派穆斯林，甚至还有来自非洲的什叶派穆斯林。①
2016年，伊朗副总统兼烈士及退伍军人基金会主席萨希利称，保卫圣地的伊朗志愿军牺牲人数已超过1000人。② 此外，伊朗还秘密游说俄罗斯武力介入叙利亚，使后者在2015年9月空袭叙利亚恐怖组织和反政府武装，对阿萨德政权的生存起到了关键性作用。伊朗对叙利亚的援助可谓至关重要，正如伊朗外交部副部长侯赛因·阿卜杜拉希安所说：

"如果没有伊朗对叙利亚总统巴沙尔的支持，以及军事顾问的协助，大马士革早在内战的前三年就陷落了。"③

在经济上，由于受到欧盟和土耳其的制裁，叙利亚经济受到重创，财政收入锐减。对此，伊朗向叙提供了大量经济援助和贸易支持，以助其渡过难关。两国的贸易额从2010年的约2亿美元增加到2013年的10亿美元。2012年2月，伊朗向叙利亚提供了10亿美元的援助。此外，在土耳其单方面中止与叙利亚的自由贸易协定后，伊朗马上与叙签署自由贸易协定作为补偿和支持。

对于全力支持阿萨德政权的原因，伊朗最高领袖外事顾问韦拉亚提在2015年7月接受半岛电视台采访时表示，"巴沙尔·阿萨德是伊朗的红线，伊朗绝不改变这一立场。除非有朝一日，叙利亚人民在没有受到外部干涉的情况下自主选择让其下台。"对于叙利亚问题的解决，他表示支持叙利亚问题的政治解决，但必须建立在所有外部武装力量都撤离叙利亚的前提下——

---

① "在叙利亚战斗的什叶派民兵"，http：//www. noonpost. org/الميليشيات-الشيعية-المقاتلة-في-سوريا/الأزمة-السورية/ملف شامل-عن，登录时间：2017年3月15日。
② "两千名伊朗人战斗在叙利亚和伊拉克"，ElWatan News，http：//www. elwatannews. com/news/details/1928525，登录时间：2017年3月15日。
③ "伊朗对阿萨德政权的支持"，Aljazeera，http：//www. aljazeera. net/encyclopedia/events/2018/2/11/رصد لحصيلة الدعم الإيراني للأسد，登录时间：2017年3月15日。

其中包括伊朗军事顾问和黎巴嫩真主党武装。①

2016年8月，叙利亚巴沙尔政权摇摇欲坠之际，俄罗斯加入叙利亚战局。8月16日，俄战机从伊朗哈马丹省空军基地起飞，对叙利亚阿勒颇、伊德利卜等地的"伊斯兰国"及其他极端组织阵地实施空中打击。这是自1979年伊斯兰革命以来，伊朗首次允许外国利用其领土开展军事行动。

综上所述，从地区权力分布上看，伊朗的权力一直在增加。但这都源于外部动力对地区格局的改变，而不是伊朗自身实力上升的结果。在认知到战略机遇期后，伊朗对外追求安全和影响力的最大化。针对伊朗的扩张行为，沙特采取的制衡策略受到国内政治这一中介变量的影响。

从地缘层面看，巴林、也门的安全是沙特的核心关切，其中巴林哈利法家族的政权稳定是沙特的安全红线。伊拉克既是伊朗西南腹地的安全屏障，又是其向中东地区扩大影响力的跳板。巴林、也门、伊拉克这三个地区国家是两国进行安全博弈的焦点。2003年伊拉克战争后，受国内分歧和对伊朗威胁认知不足的影响，沙特对伊拉克局势介入缓慢。随着伊拉克局势愈加有利于伊朗，沙特的态度由观望转向介入。

黎巴嫩和巴勒斯坦是沙伊两国进行影响力博弈的战场，其主要分歧在于抗击以色列是阿拉伯事务还是伊斯兰事业。伊朗在伊斯兰革命理念的指导下，以帮助穆斯林抵抗以色列为己任，大力支持黎巴嫩真主党和哈马斯等抵抗组织。沙特则认为伊朗无权介入阿拉伯国家内部事务，不能容忍伊朗以伊斯兰的名义增强地区的影响力和主导势能。2006年黎巴嫩真主党军事实力的显现，使沙特对伊朗的威胁认知进一步明确。2008年真主党占领贝鲁特西区成为两国公开走向对抗的转折点。

2011年叙利亚内战爆发后，两国都选择迅速介入。伊朗的介入是因为与叙利亚存在盟友关系，叙利亚是伊朗在中东地区为数不多的支持者。同时，阿萨德政权的存亡也关系到黎巴嫩真主党的安危。因此，伊朗将阿萨德政权

---

① "韦拉亚提：叙利亚是伊朗的红线"，Aljazeera，http：//www.aljazeera.net/programs/today-interview/2015/7/27/تداعيات-الاتفاق-النووي-الإيراني，登录时间：2017年3月19日。

的生存视为红线和底线，尽全力为其提供政治、军事和经济上的支持，避免被外部力量颠覆。沙特对叙利亚的介入首先是由于对伊朗的地区威胁有了清晰的认知，希望通过打击阿萨德政权制衡伊朗。其次是吸取了之前对伊拉克局势介入缓慢，导致伊朗影响力上升的教训。第三是由于叙利亚的逊尼派反对力量较为强大，相比伊拉克有更多可以利用的盟友资源。两国在叙利亚的对抗和博弈成为恶化双边关系的主要因素。

因此，在地区格局改变后，沙伊两国对地区安全和影响力的博弈加剧了两国的分歧与矛盾。自2011年起，两国的地区核心关切受到对方威胁，进一步恶化了两国关系。

第十章 国际因素对两国关系的影响

"随着欧洲资本主义的全面扩张,中东国际环境发生了根本性变化,即在资本主义实现其全球统治的进程中,中东地区自主塑造国际环境的模式被打断,从而使中东国际环境变得更加复杂而多变。"[1] 国际体系的不断变化与大国的持续介入,使得中东地区一直未能形成自主安全环境,地区国家也未能建立有效且长久的安全机制。这种特殊的国际环境,也给沙特与伊朗关系增加了复杂性与多变性,使两国关系更易受到世界格局变化和大国介入的影响。本章第一节主要研究两国所处的国际环境,重点研究冷战格局对两国关系的影响。第二节主要研究石油价格对两国关系的影响,检验经济因素是否为影响两国关系的核心变量。第三节研究伊朗核问题与两国关系,重点分析伊核协议签署对两国关系变化的影响。第四节重点研究冷战后美国的军事介入对地区格局的改变,以及美国不同时期的中东政策对两国关系产生的影响。

第一节 中东复杂多变的战略环境

结构现实主义认为,国家并无功能上的分殊,国际体系的结构决定着国

---

[1] 王林聪:"从马克思主义时代观看中东国家发展的国际环境",《西亚非洲》2016年第5期,第53页。

际体系单元之间的政治关系。结构是行为体之间的实力分配，以及行为体的实力对比差异程度的体现。国际体系变化往往改变与决定了国家所处的地位，塑造了国家运行的地区环境。

1916年4月26日，《赛克斯—皮科协定》（Sykes – Picot Agreement）的签署人为地塑造了中东百年的基本格局。一战后，法国得到了黎巴嫩和叙利亚。英国得到了伊拉克、巴勒斯坦和外约旦。奥斯曼帝国被迫退回到统治核心地区安纳托利亚。麦加谢里夫侯赛因次子费萨尔与劳伦斯的阿拉伯起义成为帝国主义阴谋的牺牲品。半岛中部的沙特家族在阿卜杜勒—阿齐兹的带领下迅速崛起，占领并统一了几乎整个阿拉伯半岛，建立沙特阿拉伯王国。此外，英国人担心新成立的苏维埃共和国将承袭俄国的扩张政策，因此帮助礼萨沙夺取大权，建立巴列维王朝以对抗苏联，确立了现代伊朗的版图。

《赛克斯—皮科协定》至今影响着整个中东的战略环境，使中东地区缺乏凝聚共识与认同、自然形成的统一民族国家，有的只是将不同族群捆绑在一起的人为聚合体，这些国家内部普遍缺乏认同和凝聚力。这种人为的构造行为，成为该地区日后混乱与冲突的根源。黎巴嫩、叙利亚和伊拉克普遍存在的族群—教派割裂成为影响沙特伊朗关系的敏感地区因素。法国人为构建的黎巴嫩，使得逊尼派穆斯林、什叶派穆斯林、基督教马龙派和德鲁兹人组成了一个内部极其不稳定的小国家，族群、宗教与教派的多样化不利于构筑国家认同，基础设施与资源的匮乏加剧了各方的激烈竞争。此外，该国对不断变化的人口没有任何远景规划，穆斯林的人口出生率远高于基督徒，人口数量与社会地位的失调致使内部冲突不断。叙利亚的族群/宗教的异质甚于黎巴嫩，在法国占领叙利亚后，亚美尼亚人、切尔克斯人、库尔德人、土库曼人等少数族群，基督徒、逊尼派穆斯林、阿拉维派、德鲁兹人等宗教/教派群体，所有这些群体自然形成的规则与认同都被迫改变，按照法国在地图上绘制的线条重新定义自己的身份，对叙利亚的内部稳定构成了巨大的隐患和挑战。

伊拉克境内的两个中心城市——巴格达和巴士拉，在历史、文化和风土人情方面存在很大差异，其宗教和政治轨迹发展完全不同，地理位置上的差

第十章　国际因素对两国关系的影响

别也导致了不同的贸易发展模式。巴士拉面向海湾，以海路贸易为主。巴格达连接东西，依靠周边城市与省份的贸易，两座城市之间存在一定的竞争关系。摩苏尔则为伊拉克增加了不稳定因素。位于北部的摩苏尔自古以来就有崇尚武力的传统，是抵抗北方入侵的军事重镇，有长期军人管理和统治的历史。2014年后，"伊斯兰国"能够在摩苏尔迅速发展壮大，与该城市的军事根基有很大关系。一战后，英国人将这三个完全不同的城市按照自身利益人为地"捏合"在一起，在同一民族、同一语言的简单考量框架下，塑造了一个名义上为"伊拉克"的民族国家，完全没有考虑到地区差异与逊尼—什叶的教派分歧，为这一地区日后的混乱与冲突埋下了隐患。

在海湾地区，伊朗的礼萨沙在英国的默许下吞并了以阿拉伯人为主体的阿瓦士酋长国。意识到伊朗威胁的阿卜杜勒—阿齐兹随即与英国签订条约，承认巴林、卡塔尔、阿联酋、科威特具有自治地位。可以说，英国在一战后主导的海湾格局，为沙特与伊朗两国未来关系的紧张埋下了伏笔，巴林、沙特东部地区和伊朗阿瓦士地区成为影响两国关系的重要地区因素。[①]

第一次世界大战为犹太人重返巴勒斯坦制造了历史机遇，1917年《贝尔福宣言》发布，其中"支持在巴勒斯坦建立一个犹太人的民族家园（a national home）"的表述成为日后西方支持以色列在巴勒斯坦建国的依据，也成为塑造中东现代格局的重要一环。旷日持久的中东战争和巴以冲突就此开始，为日后沙伊两国的博弈和对抗增添了更加复杂的地区因素。

总之，第一次世界大战后塑造的中东的基本格局，间接决定了沙特和伊朗两国的国家版图和基本身份，也人为决定了两国的周边地区格局与战略环境。然而，周边国家这种"人为制造"的建国之路无法达成共识政治，也无法实现政府的积极管理和长期稳定，在内部矛盾无法得到有效解决的情况下，积累的时间越久，爆发的冲击力和危险性就越大，内部冲突甚至内战几乎成为无可避免的命运。这种脆弱、不稳定、充满内部冲突的地区格局，为

[①] 阿卜杜勒哈基姆：《沙特与伊朗关系及其对海湾国家的影响（1951—1981）》，欧贝肯出版社2004年版，第26页。

沙伊两国关系的变化增添了诸多不稳定变量。

第二节 国际原油价格

根据价格规律，商品价格由商品价值决定，受市场供求关系影响围绕价值上下波动，国际原油价格也不例外，其波动主要受到国际市场需求和产油国供给的影响。1960年，为了与西方国家和跨国公司争夺原油定价权，沙特、伊朗、伊拉克等主要石油输出国在巴格达成立了石油输出国组织（OPEC）。各成员国根据市场的需求状况和原油价格，统一协调分配原油生产和出口配额，以维持石油价格在相对合理范围，保障所有成员国的利益。20世纪80年代以来，由于科技进步带来的能源消耗下降和电能、风能等替代性能源的发展，以及非OPEC国家的石油开采和生产能力大增，OPEC在短时间内通过减产和禁运等手段大幅提高油价的市场能力已经减弱，但通过产能扩张等措施仍能对世界石油市场施加长期影响。

自1983年起，OPEC开始实行石油生产配额政策，以平衡世界石油市场的供需平衡。当市场对石油供不应求时，OPEC会上调各成员国的生产配额，以增加产量平衡供需。当市场上供应过剩导致石油价格暴跌时，OPEC会下调各成员国的生产份额，减少市场总供给量以稳定价格。但是，该政策没有明确的制度和监督机制，故对各成员国的约束力相对较弱，低配额或超配额生产的"作弊"行为持续存在，在某种程度上削弱了配额制度本可能发挥的市场影响。

尽管如此，OPEC组织在半个多世纪以来有效地维护了各成员国利益，保持世界石油价格维持在不同历史时期的相对高位。沙特是OPEC中最大的石油生产国，其石油产量约占整个组织的1/3，因此沙特的立场和决定在OPEC中具有举足轻重的地位。伊朗也是OPEC中有影响力的成员国，但其产能和储量均逊于沙特，且出口长期受到国际制裁，因此在OPEC中的话语权受限于沙特。

沙特与伊朗都是石油生产大国和出口大国，石油产业是两国经济的命脉，占据绝对的主导地位，因此国际原油价格的走势就与两国的经济发展和财政状况息息相关。作为OPEC成员国，维持石油价格在相对高位运行是两国共同的目标，但两国在生产和出口配额方面也存在一定的竞争关系。当油价处于高位时，这种矛盾尚不明显。但当油价低迷时，是否会刺激两国争夺生产配额和市场份额，进而恶化两国关系？本节将以自20世纪80年代以来的国际原油的5个下跌周期为研究案例，检验原油价格对两国的石油政策和双边关系的影响。

一、1981—1986年油价下跌对两国关系的影响

1979年伊朗伊斯兰革命后，油价曾一度达到36.8美元/桶的高位。随后，世界石油市场需求量出现下降。伊朗与伊拉克陷入战争后，为了维持油价在相对高位，沙特在1981年至1985年期间自愿放弃其3/4的生产配额，由日均1030万桶一度减少至360万桶。但是，沙特此举收效甚微，石油价格仍大幅下跌25%，到1985年时跌至27.6美元/桶的水平。在减产保价失败和市场配额流失的双重压力下，沙特放弃了减产策略。1985年7月，法赫德国王宣布增加石油产量并以低价销售，夺回沙特失去的市场份额。此举随即引发国际石油市场大动荡，石油价格一度大跌至1986年最低的14.4美元/桶。[①]

石油价格的大跌给处于战争中的伊朗的经济造成了重创。伊朗认为，沙特以石油为武器向伊朗施压，逼迫伊朗接受与伊拉克的停火协议。法赫德国王宣布增产决定前，两国确实正在进行谈判，沙特等海湾国家向伊朗提供经济补偿，以换取伊朗接受停火协议。但是否是谈判破裂导致沙特以增产作为

---

① Roberto F. Aguilera and Marian Radetzki, *The Price of Oil*, Cambridge University Press, 2016, pp. 28–29.

武器施压伊朗,还难以判定。事实上,有两大因素促使沙特增产:第一,由于之前一再减产,沙特政府也陷入经济困境,财政赤字居高不下,需要增产创收;第二,美国授意沙特增加产量以打压油价,一方面利好美国经济,另一方面也希望用低油价打击苏联经济。实际上,在1982年伊朗攻入伊拉克后,沙特就已经开始在OPEC框架内对伊朗发难。在OPEC部长级会议上,伊朗代表团提议应该根据国家外汇需求、人口规模、石油储备和出口能力等来确定产量配额,但因遭到沙特代表团的抵制而流产。此外,沙特还阻止了伊朗人当选OPEC秘书长。[1] 沙特的这些举动都是为了制约伊朗的出口能力,打击其经济实力,阻止其赢得两伊战争的胜利。

二、海湾战争后的低油价与两国关系

1991年的海湾战争改变了OPEC的内部结构,科威特的石油工业遭受重创,生产中断。伊拉克则因国际制裁而无法出口石油,而伊朗的石油工业尚未从两伊战争的破坏中恢复,这些因素大大增强了沙特在OPEC中的统治地位。在海湾战争后,科威特和伊拉克的石油缺口由沙特弥补,其日均产量达到800万/桶,占整个OPEC产量的35%。

两伊战争后,伊朗一方面需要通过OPEC来增加石油出口配额,以实现产能最大化,满足国内庞大的预算需求。另一方面,伊朗则希望OPEC其他成员国(主要是沙特)降低产量,以提升油价。但是,当科威特和伊朗恢复产能后,沙特并没有削减产量,到1993年,沙特的石油生产配额再次提高,达到1000万—1100万/桶,而与此同时石油价格创下了5年来的最低。

因此,伊朗不断向沙特施压,指责其过量生产,要求减产以提升油价。而沙特则指责伊朗超配额生产是造成油价下跌的主要原因。由于伊朗在OPEC中的话语权受制于沙特,减产协议迟迟无法达成。到1993年9月,拉夫桑贾尼致电法赫德国王,以私人身份讨论了石油价格,并最终达成减产提

---

[1] Furtig, H., *Iran's Rivalry with Saudi Arabia Between the Gulf Wars*, Ithaca Press, 2002, p. 66.

升油价的共识。沙特甚至同意放弃部分市场限额，将其转让给伊朗。在随后的 OPEC 峰会上，各成员国就调整产量达成一致，拉夫桑贾尼和法赫德之间的电话被认为"重要且富有成果"。

但是，石油价格在短暂上行后，再次出现暴跌。到 1994 年 2 月，石油价格跌破 13 美元/桶大关，伊朗媒体批评沙特以低油价取悦美国，沙特则反驳称"沙特遵守 OPEC 分配的配额和他签署的所有协定。相比之下，伊朗……只有当他不能生产的时候才会遵守配额……不可信的伊朗石油政策已经成为 OPEC 的麻烦，是让油价 4 个月来持续下跌的罪魁祸首"。[①]

三、亚洲金融危机期间的油价与两国关系

经历了 1994 年油价跌入低点后，世界石油价格开始加速上涨。对亚洲国家的经济增长预期是支撑油价上涨的重要因素。韩国和泰国、马来西亚等东南亚国家的经济获得高速增长，GDP 增速超过 5%。但在 1997 年，这些国家陆续遭遇货币贬值和金融体系崩溃的严重困难。自 7 月开始，东南亚和东亚国家爆发金融危机，经济大幅衰退，并在 1998 年出现负增长。受此影响，石油价格从 24.53 美元/桶（1997 年 1 月）暴跌到 9.25 美元/桶（1998 年 12 月）的最低价，创下自 1972 年以来的最低记录。

而 1997 年伊朗国内正面临严重的经济危机，政府债台高筑，青年人失业率高达 40%。沙特国内的情况也不容乐观。即使经历了一轮油价大涨，沙特政府的赤字也仅仅从 1991 年占 GDP 的 27% 下降到 10%。面对低油价带来的收入锐减与经济衰退，伊朗和沙特开始在 OPEC 框架下进行合作，制定稳定与提升石油价格的政策。在 1998 年的维也纳会议上，双方同意与委内瑞拉一起减产，并与非 OPEC 国家俄罗斯、墨西哥、阿曼和挪威进行合作。两国

---

① Chubin S., Tripp C., *Iran – Saudi Arabia Relations and Regional Order*, Oxford University Press, 1996. p. 70. 转自 Saudi Oil Ministry statement, 18 March in SPA, FBIS – NES – 94 – 054, 21 March 1994, p. 24.

的合作与努力最终使石油价格从1999年的每桶13美元反弹到每桶25美元。[1]

四、世界金融危机期间的油价与两国关系

亚洲金融危机后，石油价格从2000年开始走高。2004年，受美国攻打伊拉克影响，原油价格出现急速上升，历史上首次突破50美元。2005年，原油上涨势头不减，在突破60美元/桶的历史大关后一发不可收拾，连创新高。2007年，油价突破90美元/桶大关。2008年则出现大幅飙升，在短时间内创147.27美元/桶的历史高点。然而，随着美国爆发金融危机，西方发达国家经济出现大衰退并拖累全球经济，原油价格也暴跌至崩盘。到2009年1月，石油价格一度击穿40美元/桶大关，最低跌至32美元/桶。

在石油价格暴跌期间，沙特与伊朗都进行了减产，以稳定和提升石油价格。沙特联合伊朗在OPEC框架内通过三个减产协议，使得石油产量到2009年1月每天减少了420万桶。虽然石油价格的最终回升是受到亚洲，特别是中国经济刺激激化的影响，但这次合作表明两国都想争取平衡市场，稳定石油市场。尽管沙伊两国在这段时期内关系紧张，但在石油政策上却采取了实用主义原则。

五、2014—2016年油价暴跌对两国关系的影响

2005年后，美国页岩油勘探和开采技术取得突破性进展，页岩油产业进入快速发展阶段。到2012年，美国页岩油产量已达200万桶/日，不仅改变了美国能源供需结构，而且给全球能源行业带来冲击。2014年原油价格出现大幅度下跌，由年初的95.34美元/桶跌至年底的54.73美元/桶，全年跌幅

---

[1] Okruhlik, G., "Saudi Arabian – Iranian Relations: External Rapprochement and Internal Consolidation", *Middle East Policy*, 2003, 10 (2), p.117.

近50%。2015年，石油价格在上半年出现小幅回升后，再次呈现暴跌态势，到2016年2月，油价一度最低跌至26美元/桶，后在40—50美元/桶区间震荡。

这段时期内，提振油价的希望主要寄托于OPEC内部达成的"冻产"协议，但沙特与伊朗的分歧较大。沙特倾向于冻产，以提振油价缓解国内的财政危机。而伊朗却要求限产豁免权，理由是多年制裁导致产量减少，因此现在有权恢复至正常产量和产能。沙特利用自身影响力，说服OPEC其他成员国维持日均3000万桶石油产量，以捍卫市场份额。在两国交恶的情况下，沙特有意用低油价"报复"伊朗。沙特石油大臣纳伊米甚至放出豪言："即使油价跌到20美元/桶，沙特也绝不减产。"2016年4月，沙特副王储穆罕默德·本·萨勒曼在接受彭博社采访时表示，只有所有OPEC成员国都加入"冻产"协议，沙特才会加入。①

冻产协议无法达成，油价徘徊在低位，受到伤害的是沙伊两国经济。2015年，沙特财政赤字高达近1000亿美元。为了弥补政府开支的亏空，沙特不得已动用外汇储备，造成外汇储备基金大幅缩水，从2014年底的7320亿美元降至2016年8月的5620亿美元，20个月内减少了1700亿美元。② 而伊朗长期遭受西方经济制裁，高油价是其维持社会运转的保障器。但自油价暴跌以来，伊朗经济受到严重影响，货币大幅贬值。2014年伊朗货币贬值达30%，③ 到2016年伊朗里亚尔兑美元跌至41600∶1的历史最低水平。

通过对本节五个案例的归纳总结可以发现，石油价格的下跌不是影响两国关系的主要变量。在油价暴跌的历史阶段，两国在油价问题上既有合作也有对抗。在两国关系缓和与改善的阶段，低油价起到促进两国合作的作用，

---

① "What does Mohamed bin Salman want from OPEC?", https：//www.middleeastobserver.org/2016/11/28/what-mohamed-bin-salman-wants-from-opec/，登录时间：2017年3月19日。

② "财长：沙特财政状况仍稳健"，新加坡《联合早报》，http：//www.zaobao.com/news/world/story20161027-682686，登录时间：2017年2月1日。

③ "2014年伊朗里亚尔贬值30%"，中国商务部网站，http：//www.mofcom.gov.cn/article/i/jyjl/j/201503/20150300907915.shtml，登录时间：2017年2月1日。

成为两国合作的经济基础。但在两国交恶和对抗阶段，油价的暴跌则起到"助跌"两国关系的作用，即两国很难就限产保价达成一致。因为缺乏互信，双方都不愿意妥协，担心对方不守承诺造成己方的更大损失。同时，经济状况较强的一方希望以低油价为武器重创对方的经济，但实际上是双输的结果。因此，石油价格对两国关系而言就像石化产品的不同属性，既可以成为缓和两国关系的润滑剂，也可以成为恶化两国关系的助燃剂。

第三节　伊朗核问题

伊朗核问题的发展变化与美国、欧盟等国际大国息息相关，有关各方就"放弃核计划"与"和平利用核能"的争议展开了曲折而艰难的谈判。伊朗一直坚称拥有和平利用核能的权利。强硬总统艾哈迈迪—内贾德数次在不同场合表态，声称"永不放弃和平利用核技术的权利""永不放弃铀浓缩""在自身权利方面伊朗绝不后退一步"。但同时，伊朗也一再表示绝不会发展核武器。最高领袖哈梅内伊称"伊朗永不谋求核武器，但也不会放弃和平利用核能的探索"。2013年，哈梅内伊还发布法特瓦，禁止伊朗开发核武器。

伊核计划在哈塔米时期曝光后，德、法、英三国（EU3）开始通过外交谈判的方式参与调节，并与伊朗签署了《德黑兰联合声明》，被称为"维也纳调解机制"。之后伊朗曾一度暂停了铀浓缩活动，但艾哈迈迪—内贾德上台后，伊朗核计划再次恢复运行并不断加速。2005年8月，伊朗恢复了在纳坦兹铀浓缩设施的活动。2006年1月10日，伊朗恢复核燃料研究，宣告了"维也纳机制"的失败。2006年4月13日，艾哈迈迪—内贾德称伊朗不会停止铀浓缩活动，而世界应该把伊朗当作核国家看待。4月29日，他再次发表声明，发誓伊朗永不停止核计划，并强调伊朗永远都不会放弃发展核技术的合法权利。时任伊朗国家原子能组织副主席穆罕默德·赛义迪（Mohammad Saeedi）称，伊朗不会屈服，也不会放弃铀浓缩，将继续推进铀浓缩活动，因为这得到了伊朗高层领导人的批准。①

2006年6月，中国、俄罗斯和美国加入"EU3"，形成"P5+1"（即五个联合国常任理事国加德国），希望通过外交手段解决伊核问题。7月，联合国安理会发布第1696号决议，要求伊朗停止研究和发展所有与铀浓缩相关的活动。尽管面对严厉警告和制裁，2006年8月伊朗继续在阿拉克建立一座重水堆。9月，国际原子能机构再次要求伊朗暂停包括研究与开发在内的所有与铀浓缩相关的活动，直到这些活动得到该机构的充分核实。2006年12月，安全理事会一致通过第1737号决议，自十多年来首次对伊朗实行新的制裁，并要求伊朗暂停所有的核活动。2007年3月，安理会通过增加武器禁运来加强对伊朗的制裁，并通过第1747号决议扩大对伊朗资产的冻结。一年后，即2008年3月，联合国通过第1803号决议继续扩大对伊朗资产的冻结。

沙特对于伊朗核计划的立场经历了大幅度的变化。在2006年国际社会对伊朗实施制裁时，沙特曾敦促俄罗斯阻止联合国安理会通过制裁伊朗的相关决议，不希望美国以此为借口对伊朗的核设施进行军事打击。沙特希望通过支持伊朗核计划，换取伊朗在地区问题上的让步。沙特甚至公开表示，伊朗和平利用核能并不导致核扩散。② 2007年1月，沙特外交大臣费萨尔曾提议海湾阿拉伯国家与伊朗联合生产浓缩铀，生产过程将置于国际原子能机构的监督下，联合生产企业可设立于地区外的中立国家，以打破美伊核僵局，但是该提议遭到伊朗内部政治势力的反对。3月，艾哈迈迪—内贾德受邀访问沙特，与阿卜杜拉国王谈论了联合生产浓缩铀的问题。

然而，随着两国关系愈发紧张和对立，沙特对伊朗的信任所剩无几，对伊核问题的立场从有条件支持转为坚决反对，甚至支持军事打击伊朗核设施。2008年，由于担心伊朗核施在遭受武力打击、操作失误等情况下可能出现核泄漏，沙特一度"制定国家应急预案，以应对任何可能因打击伊朗

---

① "内贾德：伊朗永不弃核 只愿有条件接受核查"，网易新闻，http://www.163.com/06/0430/08/2FUMTPG90001121M.html，登录时间：2016年4月8日。

② "Riyadh seeks Russian help to prevent US strike on Iran", AFP, April 11 2006.

核设施所引发的核泄漏和核污染"。① 沙特外交大臣费萨尔督促伊朗遵守其在中东地区的核心义务,使中东地区"远离冲突、军备竞赛和严重的环境危害"。②

在两国关系转为全面对抗后,沙特不断要求美国解决伊核问题,认为仅仅制裁是不够的,必须马上通过军事打击消除伊朗的核威胁。针对美国方面行动缓慢,沙特官员曾警告美国官员,如果伊朗越过红线拥有核武器,沙特也将发展核武。2011年6月,前沙特情报机构负责人、驻美国大使图尔基·费萨尔公开表达了伊朗拥核则沙特必拥核的立场。有多家媒体称,沙特将从巴基斯坦处获得帮助,甚至购买核武器。在艾哈迈迪—内贾德总统的第二任期内,伊朗的铀浓缩能力发展迅速,离心机数量大增,可以制造出20%丰度的浓缩铀。但伊朗也付出了惨重的代价,迎来联合国、美国和欧盟一轮又一轮的"史上最严厉"制裁。

就在伊朗核问题陷入僵局时,2013年8月鲁哈尼的上台为外交解决伊核问题带来了转机。经过一系列的秘密和公开谈判,2015年7月美国、俄罗斯和中国等伊朗核问题六国(P5+1)与伊朗达成全面解决伊朗核问题的协议。根据协议,伊朗将大幅削减运转离心机数量,降低浓缩铀储量,不再提炼浓缩铀,国际原子能机构人员可进入伊朗境内的可疑地点进行核查。在国际原子能机构核实伊朗履行相关措施后,西方将立即解除绝大部分对伊朗的经济制裁。如果伊朗违反协议,相关制裁在65天内会恢复。③

随着美国国会参议院否决封杀伊核协议的决议案,以及伊朗议会和伊宪法监护委员会批准协议,伊朗核问题最终协议得以全面生效和实行。世界各国对该协议给予了较高评价,奥巴马称之为"为朝着正确方向前行提供了新机遇"。伊朗总统鲁哈尼表示,伊朗与世界关系掀开了"新的篇章"。扎里夫

---

① "Saudi Arabia Preparing for Nuclear Fallout from US Attack on Iran", *Okaz*, 22 March 2008.
② "Saudi FM urges joint Arab strategy on Iran", Al Arabiya, 3 March 2009.
③ Eyder Perala, "6 Things You Should Know about the Iran Nuclear Deal", http://www.npr.org/sections/thetwo-way/2015/07/14/422920192/6-things-you-should-know-about-the-iran-nuclear-deal,登录时间:2016年12月16日。

则表示,"伊朗与阿拉伯国家的关系将翻开新的一页。"伊拉克、卡塔尔、阿联酋、科威特等海湾国家均表示,核协议有利于地区稳定。

然而,沙特对于协议签署的反应耐人寻味。沙特官方通讯社(SPA)发文称,"沙特相信协议能够阻止伊朗发展核武器,对违反协议的相关惩罚条款表示满意。"同时还称,"伊朗应该利用其资源为国内发展和改善人民生活服务,而不是将其用在制造地区动荡和争端上。地区国家将会对此进行果断回应。沙特愿意与伊朗在各领域发展更好的关系,但必须建立在睦邻友好和互不干涉内政的基础上。"①

紧接着,协议签署仅仅4天后,沙伊两国就陷入了新一轮的争执。7月18日,伊朗最高领袖哈梅内伊发表开斋节讲话,谈及伊核协议时,他表示:

"无论协议最后得到通过与否,我们都不会放弃对这个地区朋友们的支持,我们将继续支持巴勒斯坦和也门受压迫的人民,伊拉克、叙利亚政府和人民,巴林受压迫的人民以及在巴勒斯坦、黎巴嫩战斗的抵抗组织。他们(的安全与利益)将继续得到伊朗的保护与捍卫。"②

哈梅内伊的表态迅速引发了阿拉伯国家的强烈反对。沙特多家官方媒体发表社论,批评伊朗领导人言行不一,"表面一套,背后一套"。③ 海合会也发表声明,对伊朗领导层的矛盾言论表示遗憾,表示"伊朗的所作所为对建立互信于事无补"。④

---

① "沙特肯定伊核协议的重要性",*Al Yaum*,http://www.alyaum.com/article/4078807,登录时间:2016年12月17日。
② "哈梅内伊开斋节讲话",最高领袖办公室,http://www.leader.ir/ar/speech/13449/إقامة-صلاة-عيد-الفطر-المبارك-بإمامة-قائد-الثورة-الإسلامية-المعظم-في-مصلى-الإمام-الخميني-(ره)-بطهران,登录时间:2017年12月19日。
③ "沙特报纸对伊朗签署伊核协议的评论",SPA,http://www.spa.gov.sa/viewstory.php?lang=ar&newsid=1381558,登录时间:2017年12月19日。
④ "伊朗领导人表态前后矛盾,损害建立互信",http://www.aleqt.com/2015/07/20/article_974924.html,登录时间:2017年12月19日。

值得注意的是，在伊核协议签署前后，沙特突然加速发展民用核能，陆续与法国、俄罗斯、中国、韩国等国签署了核能合作备忘录或更高级别的合作协议。2015年6月，时任副王储兼国防大臣的穆罕默德·本·萨勒曼访问法国，与法国外长共同主持首届法国与沙特阿拉伯联合委员会，宣布法国将研究为沙特建造两座新一代EPR核反应堆的计划。① 2014年6月，沙特和俄罗斯签署核能合作备忘录。2015年6月，穆罕默德率团访问俄罗斯，与俄总统普京会面，并签署了首份核电合作协议。2016年3月，沙特—俄罗斯核能合作联委会在利雅得举行第一次会议。预计到2032年，沙特计划建成16座核反应堆，总价值超过800亿美元，首座核电站将于2022年投产。②

伊核协议让伊朗保留了和平开发利用核能的权利，且必须处于国际原子能机构的监督下。尽管如此，沙特还是认为伊朗会以和平开发核能为幌子，秘密研发制造核武器，甚至将奥巴马主导的伊核协议等同于1994年克林顿与朝鲜签署的核协议。伊朗一旦掌握核武器，成为海湾地区绝对主导力量，将对沙特构成巨大威胁。因此，沙特在伊核协议后积极与各国进行谈判，签订各种形式的核能合作协议，就是希望尽快启动本国的核能项目，获得与伊朗相同的核能开发技术，平衡伊朗潜在的核实力，甚至为发展核武做准备。2018年3月，沙特王储穆罕默德·萨勒曼在接受采访时公开表示，一旦伊朗拥有核武器，沙特必将发展核武器以应对威胁。

其实，对于沙特而言，伊朗拥核是远虑，解除制裁后的伊朗对地区干涉的变本加厉则是近忧。沙特认为，即使在受到国际社会制裁和封锁的情况下，伊朗尚且能在伊拉克、黎巴嫩、叙利亚等地区国家进行渗透和干涉，制裁解除后的伊朗国力和军事实力大幅提升，在地区事务上将拥有更大的话语权，甚至会重新扮演"海湾警察"的角色。因此，当特朗普威胁退出伊核协议时，沙特反应十分积极。可以说，沙特对伊朗核问题的立场变化，与伊朗

---

① "法国与沙特宣布双方在民用核能领域展开合作"，环球网，http://world.huanqiu.com/exclusive/2015-06/6766593.html，登录时间：2016年3月16日。
② "沙特与俄罗斯签署首份核电协议"，http://www.china-nengyuan.com/news/79257.html，登录时间：2017年3月19日。

地区力量的不断上升有直接关系，而这在根源上与冷战后美国的中东政策息息相关。

第四节　冷战后美国的中东政策

在冷战体系下，美国的中东政策以"离岸平衡"为主，依靠地区盟国，避免与苏联发生直接冲突。1989年12月3日，美苏两国领袖在马耳他的高峰会议上宣告冷战结束，美国成为世界单极格局的主导者，其中东政策开始发生变化。为维护"一超独霸"的国际地位，美国围绕"石油、反恐、防扩散和盟国安全"这四大核心利益，强化对中东地区的战略控制，部署军事力量，加强对地区盟友的支持，遏制可能挑战美国地区霸权的地区国家。"保持一种由美国控制、符合美国利益的海湾地区的安全与稳定，这是美国由来已久的既定目标。"[1] 因此，沙特和伊朗两国关系的变化往往受美国地区政策的影响。

一、第一次海湾战争与沙伊关系的变化

第一次海湾战争的爆发让地区格局产生剧烈变化，也对沙伊两国关系产生了深远影响。从体系层面看，冷战格局的突然结束，让世界处于建立新秩序的过渡期，体系力量对单元层面暂时失去约束力。从地区层面看，两伊战争后伊拉克与科威特的龃龉不断是战争爆发的结构性因素。而美国在冷战后对萨达姆威胁言论的忽视，以及美国大使在关键会面中的误导，则是让萨达姆最终决定进攻科威特的关键因素。

1990年8月，萨达姆对科威特发动军事攻击，破坏了海湾地区的力量平

---

[1] 刘月琴：《冷战后海湾地区国际关系》，社会科学文献出版社2002年版，第57页。

衡。在地区利益受到威胁的情况下，美国联合多国部队，发动代号"沙漠风暴"的军事行动，重创伊拉克军队，迫使其撤出科威特。随后美国号召伊拉克国内发动起义，推翻萨达姆政权，但却未派遣地面部队进入伊拉克，使得萨达姆得以有时间重整军事力量，镇压了南部什叶派和北部库尔德人的起义，延续了政权的生存。美国对萨达姆政权的有限打击主要由两方面因素决定，一是击溃萨达姆军事力量、保卫科威特的战略目标已经实现，派遣地面部队进入伊拉克既不在美国战略选择范畴内，也不符合以最小代价实现最大限度美国利益的传统模式；二是保持伊朗和伊拉克之间的平衡，可以延续美国在海湾地区的"离岸平衡"政策。在这种情况下，沙特和海湾酋长国对美国的安全依赖有所增加，有助于美国扩大在该地区的军事存在。海湾战争结束后，科威特、巴林、卡塔尔和阿曼分别同美国签署防务协定，接纳美国设立军事基地。

美国在第一次海湾战争中的军事行动和随后的"离案平衡"政策，虽然使伊拉克的军事力量受到重创，但萨达姆依然掌握国内政权。而且，伊拉克的军事实力和综合国力超过伊朗，成为海湾地区的首要安全威胁。这无疑是促成沙特选择与伊朗恢复外交关系的决定性因素。但从长远看，海湾战争进一步加剧了阿拉伯世界的分裂和混乱，阿拉伯民族主义意识形态被彻底边缘化，"回归伊斯兰"等宗教思潮进一步占据阿拉伯社会的意识形态真空。沙特则因为在战争中选择与美国合作，允许美军从阿拉伯半岛向伊拉克发动攻击，激起了一些阿拉伯民众的不满和愤怒，并成为"基地"组织等恐怖主义组织袭击的目标。与此同时，伊朗由于鲜明的反美立场和伊斯兰共和国的制度身份，其影响力在阿拉伯社会特别是什叶派穆斯林中持续上升，成为日后中东地区发生教派冲突的重要因素。

二、克林顿时期美国介入中东事务对两国关系的影响

克林顿上台后，以维护美国在全世界的领导地位为战略目标，奉行"新干涉主义"的外交原则。克林顿政府积极介入中东事务，在海湾地区对威胁美国地区霸权的伊朗和伊拉克实行"双重遏制":在军事上对两伊进行威胁、恫吓,在经济上实行制裁和压制,在地区事务和国际交往上挤压两国的活动空间,以此制约两国的社会经济发展,阻碍两国综合国力的增长,让两国难以重新崛起和扩张。实际上,在海湾战争后,美国就通过与地区国家结盟和构建安全共同体的方式,对两伊进行地缘政治上的围堵。"双重遏制"政策的实行,又进一步巩固了美国的地区霸权。伊朗的战后重建和经济发展本就面临着巨大的困难,美国的制裁和遏制使得伊朗经济雪上加霜。因此,伊朗积极缓和与改善和沙特等海湾国家的关系,以扩大伊朗的地区生存和活动空间,缓解美国带来的安全和经济压力。可以说,美国的遏制政策是促使伊朗与沙特进入关系缓和期的地区结构性动力。

克林顿政府的干涉政策还改变着中东地区的权力格局和力量平衡。1995年11月5日,美国总统克林顿参加以色列拉宾总理的葬礼之后,在西耶路撒冷与时任以色列代总理佩雷斯和土耳其总理奇莱尔进行了秘密会晤,这次会晤促成了土、以、美三方加强军事合作的共识。1996年2月,土耳其和以色列秘密签订军事合作协定。此后,两国举行了数次联合军事演习,展示出一定的攻击性和威胁性。"土以军事联盟"满足了两国在安全和政治上的需求,也让美国受益颇多。土以联盟的建立,增加了美国对中东局势的掌控能力,从而遏制地区反美势力,保护以色列安全。而且,美国还能通过土耳其,对巴尔干、地中海和黑海、里海等地区施加影响力,达到遏制和防范俄罗斯的目的。

以美国利益需求为基础的"土以军事联盟"的形成,引发了阿拉伯国家的强烈不安和反对。叙利亚、约旦、沙特等国指责土耳其作为伊斯兰国家却与以色列结盟,损害巴勒斯坦和穆斯林的利益,表现出对阿拉伯国家的敌意。阿拉伯国家选择搁置内部分歧,共同应对土以两国的威胁。叙利亚和伊拉克恢复外交关系,开展合作。沙特时任王储阿卜杜拉率代表团访问叙利亚,改善两国关系。除阿拉伯国家外,伊朗也深受这一联盟的威胁。由于伊朗与土耳其接壤,以色列的飞机可以直接从土耳其的空军基地起飞,空袭伊朗的地面目标和核设施。地区头号敌人以色列已不再遥远,军事力量已到

"家门口"的现实威胁,促使伊朗积极改善与周边国家的关系。因此,美国主导下的"土以军事联盟"对地区安全的威胁,成为1996—1997年沙伊关系步入改善轨道的主要结构动力。

在克林顿第二任期期间,美国的海湾政策出现变化,由"双重遏制"转变为"区别遏制",对伊朗的制裁和遏制不再奉行强硬路线。美伊关系的缓和是多种复杂因素共同作用的结果。首先,在学术界和舆论媒体,反思美国对伊朗政策的意见和声音不断出现。其次,在冷战后,美国已经成为世界霸权国家,军事力量空前强大,对威胁的认知由常规军事力量的威胁转变为核武器、生化武器和恐怖活动等构成的"非对称威胁"。伊拉克由于一直从事生化武器的研究和开发,并在两伊战争期间和镇压国内起义时使用过生化武器,美国认为其具有的威胁大于伊朗。伊朗尽管反美,但在大规模杀伤性武器方面的研究要么尚未开始,要么仅处于初级原始阶段。最后,1997年改革派哈塔米当选伊朗总统,提出经济变革、支持文化开放和文明对话、创造宽松社会环境等主张。伊朗内部政治生态和对外政策的变化,被美国视为改善关系的契机。

此后,美伊之间陆续放出改善关系的信号。哈塔米接受 CNN 的采访,并"向美国人民表示敬意"。克林顿政府则放松甚至取消对伊朗公司的制裁。两国还尝试相互接触,开展"摔跤外交""足球外交"等民间交往。[①] 到2000年3月,美国对伊朗政策再次出现重大转变。国务卿奥尔布赖特在美国—伊朗协会发表演讲,宣布美国将部分解除对伊朗的经济制裁,允许从伊朗进口非石油产品;将鼓励两国的学者、运动员和艺术家等民间人士相互交流;美方愿意通过海牙国际仲裁法庭解决伊朗伊斯兰革命后被美国冻结的国家财产问题。她还承认,美国在两伊战争中支持伊拉克是错误的。这标志着美国对伊朗政策有了重大调整,美国已不再像对待伊拉克那样单纯遏制和敌

---

① 忻华:"从'双重遏制'到'区别遏制'——论克林顿政府两伊政策的变迁及其战略意图",《世界经济研究》2003年第5期,第32页。

视伊朗了。①

1997—2001年，美国与伊朗的关系不断缓和，甚至一度出现恢复外交关系的征兆。与此同时，沙特也与伊朗步入改善关系的"蜜月期"。在沙特看来，作为美国的地区盟友，如果能让伊朗与美国改善关系，改变反美的立场，则海湾地区的安全环境将大为改善，巴以和平进程也有望向前更进一步。更为重要的是，一个温和的、与美国关系正常的伊朗将不会再以亲美作为武器，挑战沙特在伊斯兰世界的合法性。因此沙特愿意扮演协调美伊关系中间人的角色，与伊朗关系改善的进程也有所加速，并在2001年与伊朗签署了具有里程碑意义的《沙伊安全协定》。

三、小布什时期的中东政策对两国关系的转折作用

小布什上台后，美国的外交政策转向新保守主义，中东则成为美国全球战略的重点。小布什政府依托美国的军事力量，发动反恐战争，采取先发制人、单边主义和大中东民主化改造等一系列政策和措施，不仅深刻改变了中东地区的权力格局，也对沙伊关系造成了复杂而深远的影响。

（一）"9·11"事件与伊拉克战争

2001年9月11日，美国遭遇史无前例的恐怖袭击，小布什的中东政策随即调整为以打击恐怖主义为核心目标，从而开启了美国在中东地区的单边主义行动阶段。2001年11月，美军开始攻打阿富汗塔利班。伊朗一反其一贯的反美立场，积极与美国合作，在军事、情报、后勤等方面发挥关键作用，向抗击塔利班的阿富汗北方联盟提供人员培训、武装和资金支持。可以说，美国能顺利击败塔利班，打击"基地"组织，离不开伊朗的大力帮助。在2001年美国主导的阿富汗问题波恩会议上，伊朗为了表示友好，甚至放弃

---

① "美调整对伊朗政策"，人民网，http://www.people.com.cn/GB/guoji/209/4955/4956/20010410/438327.html，登录时间：2017年2月16日。

了自己原本支持的阿富汗总统候选人，转而支持美国青睐的卡尔扎伊。在此后组建过渡政府的谈判中，伊朗代表扎里夫在关键时刻说服北方联盟领导人做出退让，才让各方最终达成协议，组成过渡政府。会后，大部分与会国家代表都收到了时任美国国务卿科林·鲍威尔的感谢信，唯独出力极大的伊朗被"遗忘"。① 不仅如此，2002年1月小布什在国情咨文演讲中，将伊朗称作"邪恶轴心"。② 美伊关系再次进入紧张轨道。尽管与伊朗的关系缓和没有成为现实，但美国对塔利班政权的军事打击缓解了伊朗东部的地缘安全压力，使得伊朗的地区权力开始上升，为日后介入阿富汗发挥影响力创造了条件，也让伊朗可以将更多的注意力和资源转向西方，延伸至阿拉伯国家地区。在海湾地区层面，"9·11"事件打破了海湾地区内部形成规范力量的进程，促使美国加大地区介入力度，进而发动伊拉克战争，派遣地面军事力量推翻萨达姆政权。

在伊拉克战争前，海湾地区的政治格局为伊拉克—伊朗—沙特构建的"海湾三角"。在这组三角关系中，一方过于强大，将促进另外两方的合作，共同遏制强大的一方，形成一种动态的平衡。但美国发动的伊拉克战争改变了这一结构。

2003年3月，美国以伊拉克存在大规模杀伤性武器为由，绕过联合国采取单边行动，与盟友英国共同攻打伊拉克，伊拉克战争爆发。沙特方面反应强烈。沙特外交大臣要求美国立即停止对伊军事行动，并警告美国，战争继续下去将损害两国关系。伊朗方面则呼吁立即停战，但否认支持萨达姆政权。之后，伊朗表示保持中立，不会驱逐伊拉克外交官，也不会关闭伊拉克大使馆，但禁止伊拉克流亡人员回国参战。③ 科威特驻美国大使在接受美国电视台采访时表示，科威特倾向于保留弱势的萨达姆政权，而不是让一个不

---

① "美国与伊朗之间的秘密外交"，CCTV，http://news.cctv.com/world/20070311/1018/9.shtml，登录时间：2017年2月16日。
② 小布什国情咨文演讲，2002年1月12日。
③ "伊拉克战争爆发 各国及组织立场一览"，人民网，http://www.people.com.cn/GB/guoji/209/10482/10487/20030405/963809.html，登录时间：2016年12月31日。

第十章　国际因素对两国关系的影响

可知的政权来掌控伊拉克。①

小布什发动的伊拉克战争，彻底改变了海湾地区的政治格局和权力平衡。美国由此从地区的有限干涉者，变为全盘改造的操作者。萨达姆政权的崩溃，缓解了伊朗腹地的安全压力，造成了伊朗地区力量事实上的上升，为伊朗在伊拉克发挥影响力创造了战略窗口期。沙特在伊拉克战争的前后则一直处于矛盾和纠结中，一方面忌惮萨达姆，其海湾战争入侵科威特和向沙特发射导弹所造成的阴影尚未散去，另一方面也担心伊拉克逊尼派主导政府的垮台，会促使人口占多数的什叶派掌控政府，在伊拉克形成亲伊朗的政权。伊拉克战争成为改变沙伊关系走势的地区结构性动力。

（二）美国的伊拉克政策对沙伊两国关系的影响

伊拉克战争后，虽然伊朗与美国的主基调还是对抗，并且美国军事攻打伊朗的信号不时出现。但两国的关系却时常闪现微妙的变化，两国之间的对话甚至合作时隐时现，特别是在伊拉克问题上。美军占领伊拉克后，伊拉克反美武装对美军的攻击和士兵的伤亡成为美国面临的最大挑战和困难。美国驻伊拉克大使克罗克为此曾与逊尼派势力进行协调，希望这些势力的领导人遏制逊尼派武装组织对美军的攻击，但效果不明显。因此，美国转而希望与伊朗合作。由于伊朗在伊拉克各什叶派政党和民间武装力量中拥有很大的影响力，美国无法避免与伊朗进行沟通甚至合作。2006年9月，布什甚至在联合国大会上发表讲话表示，"美国和伊朗可以成为好朋友。"与此同时，伊朗也希望将什叶派民兵武装当作政治筹码，必要时与西方交换进行铀浓缩活动的权利。

2007年3月，美国与伊朗代表共同出席在巴格达举行的稳定伊拉克局势的高层会谈。5月，美国驻伊拉克大使克罗克与伊朗驻伊拉克大使哈桑·库米在巴格达就伊拉克安全局势问题举行会谈。7月，双方进行了第二轮对话。

---

① Alsultan F M, Saeid P, *The Development of Saudi–Iranian Relations since the 1990s: Between Conflict and Accommodation*, New York: Routledge, 2017, p. 363.

美伊在伊拉克问题上的公开与私下对话让沙特的担忧与日俱增。沙特媒体对此进行了负面评价，"美伊在伊拉克的对话证明，阿拉伯人在伊拉克的影响力走到了尽头，已经没有可利用的价值了"，"这次会面很明显说明美国人投降了……阿拉伯人将这次会面视为一次消极的事件，极大地损害了美国的威信和（管理好伊拉克的）信心"。①

对于美国默认伊朗在建设伊拉克方面的作用，沙特表现出恐惧与忧虑。阿卜杜拉国王甚至催促美国对伊朗进行军事打击，以"斩断蛇头"。② 萨达姆政权的消亡带来的地区格局变化，导致伊朗的地区影响力不断上升。这使得沙特深信，此时伊美关系的任何缓和，都将建立在沙特利益受损的基础上。因此，突出伊朗威胁，彰显盟友地位的重要性成为沙特的主要策略，而这必然造成沙伊两国关系的不断紧张和恶化。

四、奥巴马时期的中东政策与地区格局变化

2009年1月正式入主白宫后，奥巴马随即开始调整美国的对外政策。小布什的单边主义政策被奥巴马和支持者们认为是灾难性的政策遗产，应该予以彻底的改变和清除。而中东往往是美国现任总统彰显与前任政策区别的地区。因此，奥巴马改变了在中东推行民主化、实行民主改造的激进政策，转而寻求与伊斯兰世界的和解，实现美国与伊斯兰世界的"新开始"。奥巴马政府采取一系列政策来缓和美国与伊斯兰国家的紧张关系，如撤军伊拉克，重启巴以和谈，缓和与叙利亚和伊朗的关系，以及明确美国的反恐目标是"基地"组织而非地区国家等。

但是，奥巴马的中东政策并未得到沙特的支持与肯定。2010年5月，沙

---

① "巴格达会面：伊朗人的4个要求与美国的账目报表"，*Al - Sharq Al - Awsa*, http://archive.aawsat.com/details.asp? section =1&issueno =10408&article =421024，登录时间2017年5月2日。

② US embassy cables: Saudi king urges US strike on Iran, *The Guardian*, 28 November, 2010, http://www.guardian.co.uk/world/us - embassy - cables - documents/150519，登录时间：2016年12月30日。

特前驻美大使图尔基·费萨尔亲王对美国的诸多中东政策进行批评，认为美国主导的巴以和谈、阿富汗增兵计划和在伊朗核问题上"胡萝卜加大棒"的做法存在问题。2010年9月，为了拉拢美国，制衡伊朗，沙特向美国购买了价值600亿美元的军火，创下美国军售的历史记录。①

（一）中东剧变与伊朗地区力量的上升

2011年发生的"阿拉伯之春"，其根源在于阿拉伯威权国家积重难返的社会危机，在解决无望的情况下，便以群体游行和街头革命的形式爆发出来。"阿拉伯之春"的爆发主要源于内因，但其波及之迅速、影响范围之广，与外部力量的推波助澜息息相关，这其中主要是美国的推动作用。

埃及的穆巴拉克和也门的萨利赫都是美国在中东地区的盟友，在维护地区稳定和打击恐怖主义方面发挥着重要作用。然而，当这两个政权面对来自内部社会危机的冲击时，美国并没有帮助盟友稳定政权，反而在支持民主的口号下，催促甚至推动盟友下台。2011年初，埃及爆发示威游行后，美国起初表达了对盟友政权合法性的支持。但当游行规模不断扩大，要求穆巴拉克下台的民众与政府发生激烈冲突后，美国迅速放弃了对盟友的支持。奥巴马本人甚至强烈暗示穆巴拉克"马上下台"。有穆兄会背景的穆尔西当选总统后，改变了穆巴拉克时期的对外政策，选择与30多年来一直处于断交状态的伊朗缓和关系，艾哈迈迪—内贾德甚至在2013年历史性地访问了埃及。同样在也门，当反对派举行示威游行后，美国政府开始催促萨利赫政权下台，并一度称萨利赫签署交权协议才是解决也门危机的最好方式。萨利赫交出权力下野后，也门陷入内战，给胡塞武装提供了发展壮大的空间。

美国从自身利益出发，对中东变局进行深度介入，其直接后果是阿拉伯威权国家实力的下降甚至崩溃，由此形成权力真空，刺激伊朗、土耳其和以

---

① 2017年5月20日，美国总统特朗普与沙特国王萨勒曼签署了价值高达1100亿美元的军售协议，创下新的历史记录。

色列在中东竞逐影响力，实质上损害了阿拉伯国家的整体利益。奥巴马在"阿拉伯之春"之后的表现与策略选择，也造成美国与沙特之间的分歧不断扩大。美国放弃支持与沙特交好的埃及穆巴拉克政权，让沙特十分不解与不满。塞西政权上台后，奥巴马批评埃及军方推翻民选总统的行为，暂停对埃及的军事援助。沙特则联合海湾国家向埃及提供了450亿美元的援助，表达了对美国政策的不满。在叙利亚问题上，奥巴马在武力推翻阿萨德政权上的顾虑与犹豫，甚至自我否定，让积极备战的沙特感到尴尬、震惊与愤怒。此外，在伊朗的地区影响力已经从中东变局中得到大幅提升的情况下，美国还是决定在2011年底将绝大部分军事力量撤出伊拉克，间接为伊朗提供了更为广阔的战略活动空间。

（二）美伊关系缓和与沙伊关系恶化

2013年，温和派鲁哈尼当选伊朗总统，增强了外界对美伊关系缓和的预期。9月，鲁哈尼赴纽约参加第68届联合国大会，其间向美国释放善意，表示不愿激化与美国的紧张关系，希望伊朗进行铀浓缩活动与和平利用核能的权利能够得到承认和尊重。美国总统奥巴马则"引人注目地"表示，美国不寻求"政权更迭"，尊重伊朗人民获得和平使用核能的权利。[①] 2013年10月，沙特以联合国安理会执行"双重标准"，未能在叙利亚危机时履行职责为由，拒绝接受担任安理会非常任理事国，以此表达对美国在叙利亚和伊朗政策上的强烈不满。

2013年11月，美国国务卿克里访问沙特，修复两国关系，并称沙特和美国两国关系依然稳固，没有出现裂痕。"美国与沙特的关系是战略性的，经得起时间的考验。两国在一些问题上的看法有分歧对于两国关系来说是再正常不过的，两国只要通过经常性对话就可以达成共识。"[②] 但实际上，美沙

[①] "鲁哈尼联大首秀抛'橄榄枝'"，新华网，http://news.xinhuanet.com/world/2013-09/26/c_125447562.htm，登录时间：2016年12月30日。

[②] "沙特和美国强调两国关系稳固未见裂痕"，新华网，http://news.xinhuanet.com/world/2013-11/05/c_118001712.htm，登录时间：2016年12月29日。

两国的裂痕已经在持续扩大。

2014年,"伊斯兰国"在伊拉克崛起,随后迅速发展壮大,攻占伊拉克和叙利亚大片领土,建立了极具威胁性的准国家组织,领导人巴格达迪自称"伊斯兰世界的哈里发",誓言将所有伊斯兰国家都置于其统治之下。"伊斯兰国"的发展壮大,是美国选择从伊拉克撤军,从中东战略抽身的直接后果,也证明了奥巴马中东反恐政策的失败与破产。但奥巴马却将中东愈演愈烈的恐怖袭击和教派冲突归因于沙特与伊朗的地区矛盾和分歧,认为"中东的紧张局势和毁灭性的冲突需要通过更广泛的对话解决,这其中应该包括伊朗与海湾阿拉伯国家"。①

在奥巴马第二任期内,推动伊核谈判成为其在中东的主要任务。沙特则对核协议心存疑虑,担忧这并不能阻止伊朗获取核武器,制裁的解除又会进一步增强伊朗的国家实力,进而提升伊朗的地区影响力和干涉阿拉伯事务的能力。沙特的外交事务委员会主席阿卜杜拉·阿斯卡尔(Abdullah Al-Askar)对此公开表示,"我担心伊朗将以放弃一些东西为代价,从国际大国处得到另一些东西,(这些东西)增强其在区域政治中的权力。"② 也有沙特政治分析家表示,该协议仅仅在核问题层面讨论了伊朗问题,但(伊朗)对区域国家的干预才是海合会国家的重大关切。在付出了巨大的外交努力后,奥巴马政府如愿以偿,于2015年与伊朗达成核问题全面协议。

伊核协议达成后,美伊两国关系继续走低。2015年5月,沙特国王萨勒曼缺席美国—海合会戴维营峰会。2016年4月20日,奥巴马前往沙特首都利雅得进行访问,并出席于次日举行的美国—海合会峰会。沙特国王对奥巴马的到来表现出"礼貌的冷淡",而沙特国家电视台甚至连"一张简单的合

---

① The White House Office of the Press Secretary, 14 May 2015.
② David Pollock, "We Are Not at the Table, but on It: Arabs React to the Iran Deal", http://www.washingtoninstitute.org/policy-analysis/view/we-are-not-at-the-table-but-on-it-arabs-react-to-the-iran-deal, 登录时间:2016年4月2日。

照"都没有直播。① 而在《大西洋月刊》刊登了《奥巴马主义》一文，文中披露了奥巴马与沙特领导人是"缺乏相互信任的朋友"，沙美关系呈现某种"复杂性"。奥巴马一直对沙特的人权问题和对外输出伊斯兰原教旨主义表示不满。对于沙特与伊朗之间的争端，奥巴马甚至表示沙特应该与他的敌人伊朗"共享"中东，建立某种形式的和平，以停止两国在伊拉克、叙利亚和也门的代理人战争。② 奥巴马的言论引发沙特的强烈不满。前沙特驻美大使图尔基·费萨尔专门撰文质问奥巴马，"在与萨勒曼国王的会面中，你曾肯定过沙特在阿拉伯和伊斯兰世界的领导地位，称这是抗衡伊朗破坏地区稳定活动的必要保障。但现在你却要我们与伊朗分享属于我们的世界，而且伊朗是美国政府认定的支持恐怖主义国家，这实在是对我们的一种侮辱"。在文中他还披露，早在2014年3月阿卜杜拉国王与奥巴马的最后一次会面中，国王就对奥巴马发出警告"不要再触碰沙特的红线了，总统先生"。③ 然而，之后美国在叙利亚问题上的立场和伊朗核协议的达成，彻底破坏了沙特对奥巴马的信任。

从美国的全球战略层面看，"亚太再平衡"战略的提出，标志着奥巴马政府决心调整美国全球战略的重心，从中东抽身成为必然的战略选择。在能源方面，取得快速发展的页岩油技术革命和随之兴起的页岩油产业，改变了美国的石油供需结构。2015年，奥巴马甚至签署法案解除了长达40年的原油出口禁令，使美国由石油进口国一跃成为石油出口国。美国对中东能源的依赖程度下降，也进一步导致中东在美国全球战略权重的减弱。但考虑到反恐、反核扩散等核心利益的维护，美国一时间不可能完全撤出中东。因此，

---

① "美沙裂痕折射奥巴马中东政策之困"，新华网，http://news.xinhuanet.com/world/2016-04/25/c_1289273 82.htm，登录时间：2016年12月29日。

② Jeffrey Goldberg, "The Obama Doctrine", The Atlantic, https://www.theatlantic.com/magazine/archive/2016/04/the-obama-doctrine/471525/，登录时间：2017年12月29日。

③ John J. Xenakis, "World View: Saudi's Prince Faisal Sharply Rebukes Obama's 'Free Riders' Accusation", http://www.breitbart.com/national-security/2016/03/15/15-mar-16-world-view-saudis-prince-faisal-sharply-rebukes-obamas-free-riders-accusation/，登录时间：2018年2月11日。

美国选择与伊朗缓和关系，签署核协议，以防止中东地区短期内出现核扩散与核竞赛。此外，让伊朗对抗"伊斯兰国"，也可减轻美国的反恐负担。2001年的阿富汗战争已经证明，美国和伊朗可以在某种情况下并肩作战。相应地，美国需要向伊朗让渡地区权力，以换取伊朗的合作。

但在沙特领导人看来，在美国与沙特结盟对抗伊朗的地区结构中，美伊关系的缓和与美国默许伊朗地区权力的增加，是对沙特盟友关系的不尊重，甚至是建立在损害沙特地区影响力的基础上。与克林顿时期美伊关系缓和促进沙伊关系改善不同，在地区格局和力量平衡发生根本改变后，美伊之间的每一次走近，都伴随着沙伊关系的恶化和对抗。沙特不断凸显伊朗的地区威胁，指责伊朗支持恐怖主义，干涉地区国家内政，并对伊核协议保持谨慎乐观，就是要证明奥巴马政策的错误。同时，沙特采取制衡伊朗的对外政策，通过代理人战争和意识形态宣传等方式与伊朗进行博弈和对抗，以减轻奥巴马中东政策对沙特的负面影响。

总之，第一次世界大战塑造的现代中东格局，为两国的交往边界确立了基本框架，也造成两国战略环境的不稳定性与易变性。冷战格局为两国划分了阵营，两国关系总体稳定。国际石油价格不是影响两国关系的核心变量，在不同的历史时期，低油价发挥的作用不同，可以是正面作用促进两国合作，也可以是负面作用激化两国矛盾。伊朗核问题是造成两国关系紧张的因素之一，但也不是核心因素，比起伊朗的核武威胁，沙特更担心的是伊朗实力的增长和对地区事务的干涉，而这其中很大程度上是美国的中东政策所导致的结果。

冷战后，美国的中东政策成为影响两国关系走势的重要因素。美国军事介入中东地区事务，多次改变地区格局，是造成两国关系变化的核心变量。冷战格局的终结与海湾战争的爆发，使沙伊两国开始面对共同的安全威胁，形成沙特、伊朗和伊拉克三者相互制衡的地区格局，并促进了沙特与伊朗的和解进程。1996年，美国主导下的"土以军事联盟"再一次改变地区格局，来自这一结构的安全压力促使沙伊两国继续改善关系。小布什时期的中东政策，成为两国关系从改善重回对抗的重要推动因素。"9·11"事件之后，美国的反恐和单边行动再次改变地区格局，2001年塔利班政权的消亡与2003年萨达姆政权的崩溃，消除了伊朗东西方的安全威胁，导致伊朗地区权力的大幅上升。在此基础上，伊朗开始将权力转变为对安全和影响力的追求，在伊拉克、黎巴嫩、巴勒斯坦和海湾地区寻求安全和影响力的最大化。2011年的中东剧变，使阿拉伯国家陷入动荡，埃及等传统强国实力下降。在此基础上，受美国从伊拉克撤军、美伊关系缓和等因素影响，伊朗的地区权力再次上升，对外部影响力再次扩大。2015年达成的伊朗核问题最终协议，进一步加强了伊朗的崛起预期，成为强化沙伊两国对抗的重要因素。

结 语

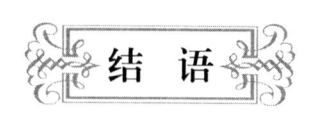

一、两国关系变化的原因

通过本书各章节对两国关系史的回顾和影响因素分析，可以得出以下结论：

1. 在1979—1989年期间，导致两国关系紧张和对抗的主要因素是伊斯兰革命和两伊战争。伊朗对外输出伊斯兰革命，对沙特的王权统治构成威胁。沙特则在两伊战争中选择支持伊拉克对抗伊朗。

2. 冷战后，美国对中东地区事务的干预与介入往往会改变地区格局。当地区格局变化对沙特与伊朗的安全都构成威胁时，两国关系就趋向缓和与改善；当格局变化造成其中一方的地区力量上升时，两国进行地区安全与影响力的博弈得以引发，进而促使两国关系走向对抗与交恶。冷战终结与海湾战争的爆发，塑造了海湾地区的三角格局，为沙伊两国恢复外交关系提供了契机，共同应对萨达姆政权的威胁让两国关系走向缓和。1996年，美国促成土以军事同盟，对沙伊两国构成强大的共同安全威胁，促使两国于1997年开始进一步改善关系，加强合作。2003年美国推翻伊拉克萨达姆政权和2011年推动埃及穆巴拉克政权下台，削弱了阿拉伯国家的整体实力，造成伊朗地区力量的持续上升，进而对外追求安全与影响力的最大化，引发与沙特的地区博弈。

3. 两国在中东地区都有扩大安全和影响力的需求。2003年后，伊朗的地区权力上升得益于地区格局的改变。在力量上升的情况下，伊朗开始寻求地区安全与影响力的最大化，这成为推动两国展开地区博弈的主要因素。2003年后，受国内分歧和对伊朗威胁认知不足的影响，沙特对伊拉克局势介入缓慢。2006年，黎巴嫩真主党军事实力的显现，使沙特对伊朗的威胁认知开始明确，这也是两国走向对抗的转折点。此后，沙特开始对伊朗的地区扩张采取制衡措施。两国的安全需求有一定的地缘因素，沙特的安全关切是巴林和也门的稳定，其中巴林哈利法家族政权的稳定是沙特的安全红线。伊拉克则对伊朗具有重要地缘战略意义，既是伊朗西南腹地的安全屏障，又是其向中东地区扩大影响力的跳板。而沙伊两国在黎巴嫩和巴勒斯坦争夺影响力，主要分歧在于伊朗支持真主党等抵抗组织是对阿拉伯事务的干涉还是对穆斯林事业的支持。2011年中东剧变后，受伊拉克教训的影响，沙特对叙利亚内战的介入较为迅速。由于阿萨德政权的生存是伊朗的红线，两国在叙利亚内战中的博弈成为恶化双方关系的主要原因。

4. 两国都面临内部安全困境导致的政权合法性危机。受历史惯性和政权宗教性质的影响，两国政府都无法满足少数族群/教派的政治、宗教和经济诉求，由此引发的内部安全问题对两国的政权合法性构成巨大挑战。在内部安全困境无法解决的情况下，两国政府以追求外部身份承认的方式增强内部统治的合法性，伊斯兰正统和伊斯兰世界领导者为两国的核心身份诉求。然而，两国的核心承认需求存在对立，即承认其中一方身份的合法性，将以损害另一方的合法性为代价，这成为阻碍两国关系根本改善的重要因素。而在两国关系恶化时期，对对方核心身份进行蔑视和攻击，有利于凸显自身的统治合法性。因此，在两国地区矛盾与分歧日益激化的情况下，以言语攻击为主要表现形式的国家非理性行为开始增多，这都源于身份受到蔑视而产生的"为承认而斗争"。但这种以蔑视身份为手段的斗争行为，其结果是形成恶性循环，加速恶化两国关系甚至促使两国断交。

5. 两国政权的民族/教派身份不是导致两国对抗的核心因素。两国间关于民族/教派的争端与冲突都由内部问题引发，即当一国内部出现政权与少数族群/教派民众的冲突时，另一国政府必须要做出反应，否则将有损自身统治的合法性，而后者的反应又往往被视为对前者内政的干涉。这种突发性的社会冲突对两国关系形成不利影响。

二、朝觐与两国关系变化的历史规律

两国的关系变化存在一定的历史规律。激烈的朝觐冲突可视为两国关系恶化甚至断交的前奏。历史上，两国共断交三次，分别在1944年、1988年和2016年。在这三次断交前的麦加朝觐期间，伊朗朝圣者都与沙特官方发生过冲突。1943年，伊朗一名朝圣者向天房投掷污物被逮捕并斩首；1987年，伊朗朝圣者与沙特军警发生大规模冲突，造成双方大量人员伤亡；2015年朝觐期间发生踩踏事件，造成上百名伊朗朝圣者死亡与失踪。在历次断交后，两国在之后的朝觐安排上都会产生严重分歧，最终导致伊朗抵制麦加朝觐如表3所示：

表3 历次朝觐冲突与断交时间表

朝觐冲突	断交	抵制朝觐	恢复朝觐
1943年	1944年	1944—1946年	1947年
1987年	1988年	1988—1990年	1991年
2015年	2016年	2016年	2017年

资料来源：笔者自制。

在断交之后，伊朗朝圣者恢复赴麦加朝觐是两国关系缓和的基本前提，但两国关系改善的确定信号应该出现在伊斯兰会议组织峰会上。两国的分歧点虽多，但伊斯兰属性是两国最重要的共同点，在伊斯兰框架下实现和解，阻力相对最小。1997年3月，在伊斯兰堡OIC特别首脑会议上，两国领导人实现友好会面，成为关系改善的重要开始。反之，在2016年伊斯坦布尔OIC峰会上，两国领导人没有任何接触，说明关系依然紧张，近期没有缓和可能。因此，本书认为，朝觐可作为观察两国关系变化的风向标，OIC峰会则可作为确定两国关系有无缓和或改善的观察点。

三、未来两国关系的发展变化

（一）短期内两国关系将继续恶化，这取决于三方面因素

1. 伊朗地区权力的继续上升。从地区层面看，伊朗、叙利亚阿萨德政府和黎巴嫩真主党在叙利亚内战中取得优势，伊朗与叙利亚、黎巴嫩真主党的同盟关系更加稳固，地区影响力持续上升。而沙特则深陷也门战争泥潭，耗资巨大却收效甚微，迟迟无法在对抗胡塞武装方面占据上风。这一升一降，让伊朗对于沙特的地区威胁成倍放大。从伊朗本身的国力发展看，得益于制裁解除后石油出口收入和外国投资的增加，伊朗国家实力将有所恢复与增强，地区权力也会进一步上升。这些都将导致沙特加强对伊朗的遏制政策，增加两国对立。

2. 美国特朗普政府的中东政策。特朗普上台后，为彰显与前任奥巴马的政策差异，将遏制伊朗作为中东地区的重要战略目标，并多次威胁撕毁伊朗核协议。在奥巴马时期降至冰点的美沙盟友关系也在特朗普上任后得以恢复，两国达成遏制伊朗的共识。未来，随着美沙盟友关系的进一步强化，沙特与伊朗将进行更加全方位的对抗，势必恶化两国关系。

3. 两国内部安全压力的增加。短期内，两国内部问题难以得到有效解决，社会矛盾与内部安全困境仍将对两国政权的合法性构成挑战。在这种情况下，两国政府会继续以贬低对方核心身份的方式来增强自身统治的合法性。这会导致两国间言语对抗的升级，并刺激两国在争夺合法性方面展开"软实力"对抗。

（二）两国短期内爆发大规模军事冲突的可能性较低

但是，即使两国关系继续恶化，短期内也不会爆发大规模军事冲突。首先，美国在海湾地区的军事存在确保了沙特的安全，也对伊朗形成威慑。其次，两国的地面和海洋军事实力都不强，难以支撑大规模长期战争。第三，两国相隔海湾，没有陆上接壤边界，从战术方面看难以形成大规模的军事对抗。而且，海湾是两国共同的经济命脉通道，绝大部分的石油出口都依赖海路运输，发动战争会严重影响两国的财政收入构成，得不偿失。第四，海湾石油通道一旦因战争中断，世界经济短时期内将遭受重创，美国经济也将受到严重影响，因此两国开战也不符合美国的利益。

（三）从中长期看，两国关系的缓和与改善是大势所趋

两国的对抗与交恶，不仅不利于两国经济发展，也对两国的文化交往、社会互动产生了严重的负面影响。两国作为地区和伊斯兰世界有影响力的大国，彼此之间的直接对抗和"代理人博弈"让地区安全与稳定承受重压，造成地区格局的失衡与地区秩序的失序。两国的交恶与争斗不仅造成阿拉伯和伊斯兰世界的分歧，也让双方共同的敌人以色列从中受益。在宗教层面，两国的对抗激化了本已存在的教派分歧与矛盾，给了恐怖组织传播仇恨和极端思想的空间和土壤。而且，这种对抗和交恶的外溢效应显著，破坏了伊斯兰国家的团结，不利于全体穆斯林的利益。因此，两国的持续交恶和对抗是一种零和博弈，绝不是长久之计，只有缓和与改善关系才能实现共赢，促进地区的和平与稳定。未来两国关系的缓和与改善受到以下因素的影响：

1. 地区格局的改变。地区恐怖组织势力的崛起、以色列与巴勒斯坦冲突的激化、叙利亚与也门局势的变化，以及政体改变后的土耳其在中东地区权力的上升，都有可能再次改变地区格局。新的地区格局如果对两国构成共同威胁，则有可能缓和双方对立关系。

2. 两国最高领导层的变化。从历史上看，两国最高领导人的变化曾经给两国关系带来过改变契机。1989年霍梅尼去世，终结了伊朗的革命主义意识形态外交，为之后两国关系的缓和清除了障碍。1997年，阿卜杜拉王储开始掌握沙特最高权力，哈塔米当选伊朗总统，助力两国关系的加速改善。尽管目前来看，无论是沙特王储穆罕默德·萨勒曼登基，还是伊朗在哈梅内伊之后选出新的精神领袖，两国关系都有可能进一步恶化和敌对。但从中长期的

发展来看，未来两国新领导人带来的国内政治与对外政策的变化，也有可能为两国关系的缓和与改善带来某种契机。

3. 两国内部安全压力的缓解与内部统治合法性的增强。未来，两国政府如果能够对内部"他者"采取和解立场，进行政治改革，缓解社会矛盾，构筑与加强国家认同，并在伊斯兰世界和穆斯林全体利益的框架下促进宗教宽容与教派和解，将有助于两国关系的根本改善。

参考文献

中文专著

1. 安维华主编：《现代海湾国家政治体制研究》，中国社会科学出版社1994年版。
2. 安维华主编：《海湾石油新论》，社会科学文献出版社2000年版。
3. 陈嘉厚等著：《现代伊斯兰主义》，经济日报出版社1998年版。
4. 陈建民编著：《当代中东》，北京大学出版社2002年版。
5. 陈安全：《伊朗伊斯兰革命及其世界影响》，复旦大学出版社2007年版。
6. 东方晓、刘靖华：《现代政治与伊斯兰教》，社会科学文献出版社2000年版。
7. 国少华：《阿拉伯语词汇学》，外语教学与研究出版社2003年版。
8. 蒋真：《后霍梅尼时代伊朗政治发展研究》，人民出版社2014年版。
9. 冀开运：《伊朗与伊斯兰世界关系研究》，时事出版社2012年版。
10. 金良祥：《伊朗外交的国内根源研究》，世界知识出版社2015年版。
11. 刘月琴：《冷战后海湾地区国际关系》，社会科学文献出版社2002年版。
12. 刘强：《伊朗国际战略地位论》，世界知识出版社2007年版。
13. 彭树智主编：《中东史》，人民出版社2010年版。

14. 钱学文：《当代沙特阿拉伯王国社会与文化》，上海外语教育出版社 2003 年版。

15. 秦亚青：《世界政治的文化理论——文化结构、文化单位与文化力》，北京大学出版社 2005 年版。

16. 王京烈主编：《动荡中东多视角分析》，世界知识出版社 1996 年版。

17. 王林聪：《中东国家民主化问题研究》，中国社会科学出版社 2007。

18. 王彤主编：《当代中东政治制度》，中国社会科学出版社 2005 年版。

19. 王宇洁：《伊朗伊斯兰教史》，宁夏人民出版社 2006 年版。

20. 王宇洁：《宗教与国家——当代伊斯兰教什叶派研究》，社会科学文献出版社 2012 年版。

21. 吴冰冰：《什叶派现代伊斯兰主义的兴起》，中国社会科学出版社 2004 年版。

22. 吴云贵、金宜久：《伊斯兰与国际热点》，东方出版社 2001 年版。

23. 吴彦：《沙特阿拉伯政治现代化进程研究》，浙江大学出版社 2011 年版。

24. 肖宪主编：《当代中东国际关系》，世界知识出版社 1999 年版。

25. 杨灏城、朱克柔主编：《当代中东热点问题的历史探索——宗教与世俗》，人民出版社 2000 年版。

26. 张鸿年：《波斯文学史》，昆仑出版社 2007 年版。

27. 赵国忠主编：《海湾战争后的中东格局》，中国社会科学出版社 1995 年版。

译著

1. ［德］阿克塞尔·霍耐特著，胡继华译：《为承认而斗争》，上海人民出版社 2005 年版。

2. ［美］多尔蒂，普法尔茨格拉夫著，阎学通、陈寒溪等译：《争论中的国际关系理论》，世界知识出版社 2013 年版。

3.［美］菲利浦·希提著，马坚译：《阿拉伯通史》，新世界出版社 2008 年版。

4.［美］小阿瑟·戈尔德施密特、劳伦斯·戴维森著，哈全安、刘志华译：《中东史》，东方出版中心 2015 年版。

5.［美］亚历山大·温特著，秦亚青译：《国际政治的社会理论》，上海人民出版社 2000 年版。

中文期刊

1. 陈天社："伊朗与哈马斯关系探析"，《西亚非洲》2013 年第 3 期。

2. 海德："美国撤军伊拉克后伊朗和沙特的抗衡"，《阿拉伯世界研究》2010 年第 1 期。

3. 冀开运："论'伊朗'与'波斯'的区别和联系"，《世界民族》2007 年第 5 期。

4. 李福泉："中东什叶派'新月'的形成及其影响"，《宁夏社会科学》2011 年第 1 期。

5. 李巍："从体系层次到单元层次——国内政治与新古典现实主义"，《外交评论》2009 年第 5 期。

6. 田文林："中东乱局下沙特与伊朗的地区'新冷战'"，《当代世界》2015 年第 6 期。

7. 田文林："新一轮中东动荡期形势评估"，《阿拉伯世界研究》2015 年第 2 期。

8. 徐以骅："全球化时代的宗教与国际关系"，《世界经济与政治》2011 年第 9 期。

9. 何志龙："霍梅尼时期叙利亚与伊朗关系"，《西亚非洲》2010 年第 6 期。

10. 孙德刚："叙利亚与伊朗准联盟关系浅析"，《阿拉伯世界研究》2006 年第 6 期。

11. 王公龙："新古典现实主义理论的贡献与缺失"，《国际论坛》2006年第4期。

12. 汪波："海湾地区'什叶派新月带'兴起的宗教政治影响"，《阿拉伯世界研究》2009年第1期。

13. 王宇洁："教派主义与中东政治"，《阿拉伯世界研究》2013年第4期。

14. 王林聪："从马克思主义时代观看中东国家发展的国际环境"，《西亚非洲》2016年第5期。

15. 吴冰冰："中东伊斯兰教派矛盾的新变化"，《西亚非洲》2012年第5期。

16. 吴冰冰："从对抗到合作——1979年以来沙特与伊朗的关系"，《阿拉伯世界》2001年第1期。

17. 忻华："从'双重遏制'到'区别遏制'——论克林顿政府两伊政策的变迁及其战略意图"，《世界经济研究》2003年第5期。

18. 徐其森、王英："国内新古典现实主义理论研究综述"，《现代国际关系》2012年第9期。

19. 曾向红："国际关系中的蔑视与反抗——国家身份类型与承认斗争策略"，《世界经济与政治》2015年第5期。

20. 赵俊："国际关系中的承认：合法性与观众成本"，《世界经济与政治》2011年第4期。

21. 周华："伊朗与海合会成员国关系研究"，《阿拉伯世界研究》2011年第3期。

22. 朱广祥："试析以土军事联盟"，《现代国际关系》1998年第6期。

中文博士论文

1. 艾林："当代沙特阿拉伯王国的社会不稳定因素研究"，2013年，北京外国语大学。

2. 马学忠："沙特阿拉伯王国的现代化探索与实践"，2003 年，北京外国语大学。

3. 王振容："伊朗伊斯兰共和国政治制度研究（1979～2012 年）"，2014 年，上海外国语大学。

4. 瑜珍："冷战后地区主义视角下的海湾地区合作"，2014 年，上海外国语大学。

5. 岳扬："中东地区核扩散问题研究"，2013 年，北京外国语大学。

6. 赵建明："伊朗国家安全的动力学分析"，2007 年，复旦大学。

7. 赵俊："承认的战略"，2010 年，中国社会科学院研究生院。

英文专著

1. A. Adib‑Moghaddam, *The International Politics of the Persian Gulf: A Cultural Genealogy*, Routledge, 2006.

2. Al‑Saud, Faisal bin Salman, *Iran, Saudi Arabia and the Gulf: Power Politics in Transition 1968–1971*, London: I. B. Tauris, 2003.

3. Alsultan F M, Saeid P, *The Development of Saudi‑Iranian Relations since the 1990s: Between Conflict and Accommodation*, New York: Routledge, 2016.

4. Banafshen Keynoush, *Saudi Arabia and Iran: Friend or Foes?*, Palgrave Macmillan, 2016.

5. Buchta W., *Who Rules Iran?*, Washington Institute for Near East Policy Washington, D. C., 2000.

6. Chubin S., Tripp C., *Iran‑Saudi Arabia Relations and Regional Order*, Oxford University Press, 1996.

7. Cordesman, A. H., *Saudi Arabia Enters the Twenty‑First Century: The Military and International Security Dimensions*, London: Praeger Publishers, 2003.

8. David B. Boberts, *Qatar Securing the Global Ambitions of a City‑State*, London: Hurst & Company, 2017.

9. Edwaed H. Carr, *The Twenty Years Crisis, 1919 – 1939: An Introduction to the Study of International Relations*, London: Macmillan, 1946.

10. Ehteshami, A. and M. Zweiri, *Iran's Foreign Policy: From Khatami to Ahmadinejad*, Ithaca Press, 2011.

11. Ehteshami A, Quilliam N, Bahgat G., *Security and Bilateral Issues between Iran and its Arab Neighbours*. Springer International Publishing, 2017.

12. Fain, W. T., *American Ascendance and British Retreat in the Persian Gulf Region*, Palgrave Macmillan, 2008.

13. Fareed Zakaria, *From Wealth to Power: The Unusual Origins of America's World Role*, Princeton, N. J. Princeton University Press, 1998.

14. Furtig, H., *Iran's Rivalry with Saudi Arabia between the Gulf Wars (Durham Middle East Monographs.)*, Ithaca Press, 2002.

15. Gause III, F. G., *The International Relations of the Persian Gulf*, Cambridge University Press, 2009.

16. Hans J. Morgenthau, *Politics among Nations: The Struggle for Power and Peace*, New York: Knopf, 1967.

17. Haseeb, K. E., *Arab – Iranian Relations*, I. B. Tauris & Company, Limited Holtzbrinck Publishers, 1998.

18. Juneau, T., *Squandered Opportunity: Neoclassical Realism and Iranian Foreign Policy*, Standford University Press, 2015.

19. Kenneth Waltz, *A Theory of International Politics*, New York: Random House, 1979.

20. Louise F. (ed.), *International Relations of the Middle East*, Oxford University Press, 2016.

21. Martin, S. K., *Arab Awakening and Islamic Revival: The Politics of Ideas in the Middle East*, New Brunswick, NJ: Transaction Publishers, 2008.

22. Mabon, S., *Saudi Arabia and Iran: Soft Power Rivalry in the Middle East*, IB tauris, 2013.

23. Mabon, S., *Saudi Arabia and Iran*, Palgrave Macmillan US, 2016.

24. Malek, Mohammed H., *Iran after Khomeini: Perpetual Crisis or Opportunity?* London: Research Institute for the Study of Conflict and Terrorism, 1991.

25. Mason, R., *Foreign Policy in Iran and Saudi Arabia: Economics and Diplomacy in the Middle East*, L. B. Tauris & Co Ltd, 2015.

26. Marschall, C., *Iran's Persian Gulf Policy: From Khomeini to Khatami*, Routledge, 2003.

27. Matthlesen, T., *The Other Sauids: Shiism, Dissent and Sectarianism*, University of Cambridge, 2014.

28. Miglietta, John P., *American Alliance Policy in the Middle East, 1945 – 1922: Iran, Israel, and Saudi Arabia*, Lanham, MD: Lexington Books, 2002.

29. Niblock, T., *Saudi Arabia: Power, Legitimacy and Survival*, Routledge/Curzon, 2006.

30. Niblock, T., *The Political Economy of Saudi Arabia*, Routledge; Macmillan Publishers NZ, Limited, 2007.

31. Nasr, V., *The Shia Revival: How Conflicts within Islam Will Shape the Future*, New York: W. W. Norton, 2006.

32. Phillips, C., *The Battle for Syria: International Rivalry in the New Middle East*, Yale University Press, 2016.

33. Randall L. Schweller, *Unanswered Threats: Political Constraintson the Balance of Power*, Princeton, N. J. Princeton University Press, 2006.

34. René Rieger, *Saudi Arabian Foreign Relations: Diplomacy and Mediation in Conflict Resolution*, Routledge, 2017.

35. Roberto F. Aguilera and Marian Radetzki, *The Price of Oil*, Cambridge University Press, 2016.

36. Rogan, E., *The Arabs: A History*, Allen Lane, 2009.

37. Saudi National Security Assessment Project, *A Shia Crescent and the Shia Revival: Myths and Realities (Phase A: Iran Project)*, Riyadh, 2006.

38. Seyed Hossein Mousavian with Shahir Shahidsaless, *Iran and the United States: An Insider's View on the Failed Past and the Road to Peace*, New York: Bloomsbury Academic, 2014.

39. Slavin, B. *Bitter Friend, Bosom Enemies: Iran, the U. S. and the Twisted Path to Confrontation*, New York: St. Martin's Press, 2007.

40. Sinkaya, B., *The Revolutionary Guards in Iranian Politics*, Routledge, 2015.

41. Terrill, W. A., *The Saudi - Iranian Rivalry and the Future of Middle East Security*, Strategic Studies Institute, U. S. Army War College, 2011.

42. Thomas J. Christense, *Useful Adversarie: Grand Strategy, Domestic Mobilization, and Sino - American Conflict 1947—1958*, New Jersey, Princeton University Press, 1996.

43. Wehrey, F., et al., *Saudi - Iranian Relations since the Fall of Saddam: Rivalry, Cooperation, and Implications for US Policy*, Rand Corporation, 2009.

44. Yvette, H., *The Political Ideology of Ayatollah Khamenei*, RIYTLEDGE, 2016.

英文期刊

1. Aarts, P. and J. Van Duijne, "Saudi Arabia after US - Iranian Detente: Left in the Lurch?", *Middle East Policy*, 2009, 16 (3).

2. Amiri, R. E. and K. H. K. Samsu, "Security Cooperation of Iran and Saudi Arabia", *International Journal of Business and Social Science*, 2011, 2 (16).

3. Abdullah Al - Shayeji, "Dangerous Perceptions: Gulf Views of the U. S. Role in the Region", *Middle East Policy*, 1997 (3).

4. Akaria, F., "Realism and Domestic Politics: A Review Essay", *International Security*, 1992, 17 (17).

5. Barzegar, K., "Iran's foreign policy in post - invasion Iraq", *Middle East*

Policy, 2008, 15 (4).

6. Benedetta Berti and Yoel Guzansky, "Saudi Arabia's Foreign Policy on Iran and the Proxy War in Syria: Toward a New Chapter?", *Israel Journal of foreign Affairs*, Ⅷ: 3.

7. Chubin, S., "Iran's Power in Context", *Survival*, 2009. 51 (1).

8. Fürtig, H., "Conflict and Cooperation in the Persian Gulf: The Interregional Order and US Policy", *Middle East Journal*, 2007, 61 (4).

9. Grebennikov, M., "The Puzzle of a Loyal Minority: Why Do Azeris Support the Iranian State?", *The Middle East Journal*, 2013, 67 (1).

10. Guzansky, Y. and A. Yadlin, "The Arab World's Response to an Israeli Attack on Iran", *Survival*, 2013, 55 (4).

11. Halliday, Fred, "The Gulf between Two Revolutions: 1958 – 1979", *MPERIP Reports*, 1980 (85).

12. Kai He, "Dynamic Balancing: China's Balancing Strategies towards the United States, 1949 – 2005", *Journal of Contemporary China*, Vol. 18, No. 58.

13. Karmon, E., "Iran's Role in the Radicalization of the Sunni – Shia Divide", *Geopolitical Affairs*, 2007 (1).

14. Khaitous, T., "Arab reactions to a nuclear – armed Iran", *Policy Focus*, 2009. 94.

15. Mabon, S., "The Battle for Bahrain: Iranian – Saudi Rivalry", *Middle East Policy*, 2012, 19 (2).

16. Miller, J. N., et al., "Symposium: Iran and the Arab World: Implications of the Nuclear Negotiations", *Middle East Policy*, 2015, 22 (3).

17. Okruhlik, G., "Saudi Arabian – Iranian Relations: External Rapprochement and Internal Consolidation", *Middle East Policy*, 2003, 10 (2).

18. Oktav, O. Z. Z., "The Gulf States and Iran: A Turkish Perspective", *Middle East Policy*, 2011. 18 (2).

19. Parchami, A., "The 'Arab Spring': the view from Tehran", *Contemporary Politics*, 2012. 18 (1).

20. Ramazani, R. K., "Iran's Islamic Revolution and the Persian Gulf", *Current History*, January 1985.

21. Ramazani, R. K., "Iran's Foreign Policy: Both North and South", *Middle East Journal*, 1992, 46 (3).

22. Ramazani, R. K., "Ideology and Pragmatism in Iran's Foreign Policy", *Middle East Journal*, 2004, 58 (4).

23. Rahigh-Aghsan, A. and P. V. Jakobsen, "The Rise of Iran: How Durable, How Dangerous?", *The Middle East Journal*, 2010. 64 (4).

24. Sariolghalam, M., "Transition in the Middle East: New Arab Realities and Iran", *Middle East Policy*, 2013, 20 (1).

25. Terrill, W. A., "Iran's Strategy for Saving Asad", *Middle East Journal*, 2015, 69 (2).

26. Toby Matthiesen, "Hizbllah Al-Hija: A History of The Most Radical Saudi Shi'a Opposition Group", *Middle East Journal*, 2010, 64 (2).

27. Valbj O Rn, M. and A. E. Bank, "The new Arab Cold War: rediscovering the Arab dimension of Middle East regional politics", *Review of International Studies*, 2011, 38 (1).

28. Wastnidge, E., "Détente and Dialogue: Iran and the OIC during the Khatami Era (1997-2005)", *Politics, Religion and Ideology*, 2011, 12 (4).

29. Wastnidge, E., "The Modalities of Iranian Soft Power: From Cultural Diplomacy to Soft War", *Politics*, 2015, 35 (3-4).

30. Yamani, M., "The Two Faces of Saudi Arabia", *Survival*, 2008, 50 (50).

英文博士论文

1. Azar Keynoush, *The Iranian – Saudi Arabian Relationship: From Idological Confrontation to Pragmatic Accommodation*, Fletcher School of Law and Diplomacy (Tufts University) PHD 2007.

2. Adel AlToraifi, *Understanding the Role of State Identity in Foreign Policy Decision – Making: the Rise of Saudi – Iranian Rapprochement (1997 – 2009)*, The London School of Economics and Political Science (LSE) PHD 2012.

3. Ghadah Rashid Alghnaim, *Conflict between Saudi Arabia and Iran: An Examination of Critical Factors Inhibiting Their Positive Roles in the Middle East* (Nova Southeastern University) PHD 2014.

4. Saad, J. B. *The Image of Arabs in Modern Persian Literature* (The University of Texas at Austin) PHD 1992.

英文研究报告

1. *Iran's Ministry of Intelligence and Security: A Profile*, Library of Congress – Federal Reseach Division, 2012.

أ‌ﻓ‌ﺗ‌ﻟﻔ

1/ أبو داود، تصاعد المد الإيراني في العالم العربي، العبيكان للنشر، 2014م.

2/ أحمد محمد الدغشي، الحوثيون، دراسة منهجية شاملة، الدار العربية للعلوم،2010م.

3/ أشرف محمد عبد الحميد كشك، تطور الأمن الإقليمي الخليجي منذ عام 2003 دراسة في تأثير استراتيجية حلف الناتو، حقوق الطبع والنشر والتوزيع محفوظة للمركز، 2012م.

4/ امانة الهيئة العلمية للمؤتمر، استراتيجية التقريب بين المذاهب الاسلامية : مجموعة مقالات المؤتمر الثامن عشر للوحدة الاسلامية ، طهران: المجمع العالمي للتقريب بين المذاهب الاسلامية،2006 م.

5/ أمن الخليج في القرن الحادي والعشرين، مركز الإمارات للدراسات والبحوث الاستراتيجية، 2014م.

6/ إيمان لافي المطيري، التطلعات الإيرانية في الخليج العربي، مكتبة آفاق، 2011م.

7/ باديب سعيد، العلاقات السعودية الإيرانية، بيروت، دار الساقي، 1994م.

8/ باقر الصراف، الرؤية السياسية الإيرانية على ضوء التراث والتجربة، مكتبة مدبولي،2011 م.

9/ توماس ماتير، الجزر الثلاث المحتلة لدولة الإمارات العربية المتحدة – طنب الكبرى وطنب الصغرى أبو موسى، مركز الإمارات للدراسات والبحوث الاستراتيجية، 2014م.

10/ جابر أحمد، عبر الأهواز : واقعهم، طموحهم وتطلعهم نحو تقرير المصير، دار الكنوز الأدبية، 2006م.

11/ جمال زكريا قاسم، العلاقات الإيرانية بالمملكة العربية السعودية والخليج العربي على عهد الأسرة البهلوية 1925–1979م، القاهرة، مركز دراسات الخليج العربي- جامعة البصرة، 1983م.

12/ جمال واكيم، صراح القوى الكبرى على سوريا: الأبعاد الجيوسياسية لأزمة 2011، شركة المطبوعات للتوزيع والنشر، 2012م.

13/ خصر محمد نبها، أحاديث النبي صلى الله عليه وسلم المشتركة بين الشيعة والسنة: نحو منهج جديد في دراسة الحديث النبوي، بيروت: دار الهادي للطباعة والنشر والتوزيع، 2009م.

14/ خالد ضيف الله الشراري، العلاقات السعودية الإيرانية 1979-1989م، الأردن، جامعة الأردنية، 1986م.

15/ خالد سليمان الفهداوي، منهج التعايش بين المسلمين واستراتيجية التقريب بين المذاهب الإسلامية، دمشق: صفحات للدراسات والنشر، 2007م.

16/ خالد سليمان الفهداوي، منهج التعايش بين المسلمين واستراتيجية التقريب بين المذاهب الإسلامية، دمشق: صفحات للدراسات والنشر 2007.م.

17/ رضوان السيد، العرب والإيرانيون والعلاقات العربية-الإيرانية في الزمن الحاضر، الدار العربية للعلوم ناشرون، 2014م.

18/ صلاح أبو السعود، تاريخ المملكة العربية السعودية، مكتبة النافذة، 2015م.

19/ عبد الحكيم طحاوي، العلاقات السعودية – الايرانية وأثرها في دول الخليج 1951-1981، مكتبة العبيكان، 2004م.

20/ عبد الحميد، عصام السيد، العلاقات السعودية الإيرانية: في عهد الملك فهد بن عبد العزيز آل سعود، 1982-1997م، عين للدراسات والبحوث الانسانية والاجتماعية، 2006م.

21/ عبد الملك محمد عبد الله عيسى، حركات الإسلام السياسي في اليمن، مركز دراسات الوحدة العربية، 2012م.

22/ قدري قلعجي، الخليج العربي، دار الكاتب، بيروت، 1992م.

23/ محمد نجاح محمد كاظم الجزائري، الإمكانات العسكرية الإيرانية وأثرها على التوازن الاستراتيجي الإقليمي بعد 2003، دار ومكتبة البصائر، 2014.

24/ محمد سالم، العلاقات السعودية الإيرانية 1979-2011، عمان، دار غيداء للنشر والتوزيع، 2013.

25/ محمد عبد الرحمن يونس عيدان، العلاقات الإيرانية-السعودية 1941-1979، مجلة دراسات إقليمية، العدد7، 2007م.

26/ محمد هاشم خويطر الربيعي، التنافس الايراني - السعودي على الخليج العربي(1922-1988): دراسة تاريخية سياسية، بيروت : دار ومكتبة البصائر للطباعة والنشر والتوزيع، 2012.

27/ مصطفى عبد القادر النجار، عربستان خلال حكم الشيخ خزعل الكعبي 1897-1925م مع أهم الوثائق التي لم يسبق نشرها، الدار العربية للموسوعة، 2009م.

28/ نبيل الحيدري، التشيع العربي والتشيع الفارسي: دور الفرس التاريخي في انحراف التشيع، دار الحكمة لندن، 2014م.

29/ هادي إحسان، العلاقات السعودية الإيرانية بعد عام 2003، دار ومكتبة البصائر للطباعة والنشر والتوزيع، 2013م.

30/ وليد حمدي الأعظمي، العلاقات السعودية الأمريكية وأمن الخليج في وثائق غير منشورة، لندن، دار الحكمة،1992م.

31/ وزارة الاعلام -وكالة الانباء السعودية، اصداء الموقف السعودي خلال احداث الخليج العربي : وثائق وكالة الانباء السعودية 1990-1991، لرياض: وزارة الاعلام -وكالة الانباء السعودية، 1991م.

参考网站

1. http：//www. aljazeera. net/.
2. http：//www. alhayat. com/.
3. http：//www. alriyadh – np. com/.
4. http：//www. alwatan. com. sa/.

5. http：//www. alyaum. com/.

6. http：//www. al-monitor. com/.

7. http：//www. asharqalawsat. com/.

8. http：//www. arabnews. com/.

9. https：//ar. wikipedia. org/wiki.

10. http：//www. farsnews. com/.

11. http：//farsi. khamenei. ir/.

12. http：//www. irna. ir/.

13. http：//iranonline. com/iran/iraninfo/Government/constitution. html.

14. http：//www. guardian. co. uk/.

15. http：//www. leader. ir/ar.

16. http：//www. mofa. gov. sa/.

17. http：//www. nytimes. com.

18. http：//www. okaz. com. sa/.

19. http：//www. parstimes. com/gov_iran. html.

20. http：//www. people. com. cn/.

21. http：//www. saudigazette. com. sa/.

22. http：//www. spa. gov. sa/index. php/.

23. http：//www. tehrantimes. com/.

24. http：//www. washingtonpost. com/.

25. http：//www. xinhuanet. com/.

两国关系大事记表

1929年8月，沙特与伊朗签署一项友好条约。

1930年3月，礼萨沙向吉达派驻大使。

1932年5月，阿卜杜勒—阿齐兹派其子费萨尔访问伊朗。

1941年9月，英国和苏联占领伊朗，礼萨沙逊位，其子巴列维即位。

1943年12月，沙特斩首伊朗朝觐者。

1944年3月，沙特与伊朗断交。

1948年8月，沙特任命有什叶派背景的哈姆宰为首任沙特驻伊朗大使。

1951年4月，伊朗首相摩萨台推行石油国有化政策，与国王发生权力斗争。

1953年8月，英美情报机构策划政变，摩萨台政府下台，巴列维国王权力回归。

1953年11月，阿卜杜勒—阿齐兹去世，王储沙特继位，费萨尔任新王储。

1955年8月，沙特国王访问伊朗。

1957年3月，伊朗国王访问沙特。

1960年9月，沙特与伊朗成为石油输出国组织（OPEC）的创始成员国。

1964年11月，费萨尔登基成为沙特国王。

1966年12月，费萨尔访问伊朗。

1968 年 10 月，沙特与伊朗签订大陆架边界协定。

1968 年 11 月，伊朗国王访问吉达。

1969 年 1 月，伊朗对巴林宣布主权。

1970 年 5 月，伊斯兰会议组织（OIC）宣告成立，沙特与伊朗成为创始成员国。

1971 年 11 月，伊朗军队占领波斯湾入口处的阿布穆萨、大小通布三岛。

1975 年 3 月，费萨尔国王遇刺身亡，哈立德继位成为国王，法赫德成为王储。

1978 年 10 月，霍梅尼自伊拉克纳杰夫流亡科威特受阻，后飞往法国巴黎。

1979 年 1 月，巴列维国王离开伊朗，放弃权力。

1979 年 2 月，霍梅尼回到德黑兰，成为伊朗伊斯兰共和国的最高领袖。

1979 年 5 月，沙特承认伊朗伊斯兰共和国并发送贺电。

1979 年 11 月，伊朗学生攻占美国驻德黑兰使馆，劫持人质。

1979 年 11 月，伊斯兰极端分子控制禁寺麦加，沙特政府发动强攻夺回控制权。

1980 年 9 月，霍梅尼号召伊拉克什叶派起义反对萨达姆·侯赛因政府。

1980 年 9 月，萨达姆撕毁 1975 年的《阿尔及尔协定》，伊拉克军队入侵伊朗。

1981 年 5 月，沙特与其他海湾国家在阿布扎比成立海湾合作委员会。

1981 年 12 月，伊朗威胁攻击石油设施，沙特与海合会成员国发布联合公报。

1982 年 6 月，哈立德国王病逝，王储法赫德继位，阿卜杜拉成为王储。

1984 年 5 月，一架伊朗 F-4E 战机攻击了一艘驶离沙特海岸的科威特油轮。

1984年6月，沙特空军在海湾北部击落一架伊朗F-4E战机。两军战机空中对峙。

1984年9月，法赫德国王邀请拉夫桑贾尼赴麦加朝觐，被霍梅尼阻止。

1987年7月，伊朗朝觐者在麦加举行政治示威，与沙特安全部队发生冲突，造成400多人死亡。

1988年4月，沙特与伊朗断交。

1988年8月，伊朗与伊拉克签署停火协议，两伊战争结束。

1989年6月，霍梅尼去世。哈梅内伊成为精神领袖。

1989年7月，拉夫桑贾尼在全国大选中获胜，成为伊朗总统。

1990年8月，伊拉克入侵科威特。

1991年3月，沙特与伊朗恢复外交关系。

1992年4月，伊朗军队全面占领阿布穆萨岛。

1995年6月，法赫德国王中风，将日常事务交予王储阿卜杜拉处理。

1996年6月，沙特胡拜尔发生爆炸，造成19名美军士兵死亡，372人受伤。

1997年3月，阿卜杜拉与拉夫桑贾尼在伊斯兰堡举行的伊斯兰会议中见面。

1997年8月，伊朗改革派哈塔米大选获胜，当选伊朗总统。

1997年12月，阿卜杜拉出席伊斯兰会议组织德黑兰峰会，与哈梅内伊会面。

1998年3月，沙特与伊朗签署合作谅解备忘录。

1999年5月，哈塔米访问沙特。

2000年4月，伊朗国防部长阿里·沙姆哈尼访问沙特。

2001年4月，伊朗与沙特签署共同安全协议。

2002年1月，沙特与伊朗发表联合声明，谴责西方媒体攻击伊斯兰教。

2003年2月，伊朗核计划曝光。

2003年3月，以美国为首的联军入侵伊拉克。

2005年6月，马哈茂德·艾哈迈迪—内贾德当选伊朗总统。

2005年8月，法赫德国王去世，阿卜杜拉登基成为国王，苏尔坦成为王储。

2006年1月，伊朗宣布重启核计划。

2006年2月，伊拉克爆发大规模教派冲突。

2007年3月，艾哈迈迪—内贾德应邀访问沙特。

2007年12月，艾哈迈迪—内贾德获阿卜杜拉邀请赴麦加朝觐。拉夫桑贾尼受邀出席麦加伊斯兰对话会议。

2008年5月，真主党武装进入贝鲁特西区，沙特外交大臣费萨尔警告伊朗。

2009年6月，艾哈迈迪—内贾德连任伊朗总统。反对派发起"绿色运动"抗议。

2009年10月，伊朗官方号召朝觐政治化。

2010年7月，阿卜杜拉国王访问叙利亚并与巴沙尔共赴黎巴嫩。

2011年1月，"阿拉伯之春"浪潮席卷整个中东。

2011年10月，伊朗涉嫌暗杀沙特驻美国大使阿德尔·朱拜尔。

2011年12月，美军全部撤离伊拉克。

2012年1月，伊朗原油出口遭欧美最严厉制裁。沙特增产弥补世界原油市场供应缺口，遭伊朗反对。

2012年8月，艾哈迈迪—内贾德应阿卜杜拉国王邀请出席麦加伊斯兰国家特别首脑会议。

2013年4月，"伊斯兰国"宣布建国。

2013年6月，哈桑·鲁哈尼当选伊朗总统。

2014年5月，沙特邀请伊朗外长扎里夫访问沙特。

2014年9月，沙特和伊朗两国外长在纽约举行会谈。

2015年1月，阿卜杜拉国王去世，王储萨勒曼继位成为沙特国王。

2015年3月,也门战争爆发。

2015年7月,伊朗核问题达成全面协议。

2015年9月,沙特朝觐发生踩踏事故。

2016年1月,沙特处死尼姆尔,沙特驻伊朗大使馆遭民众袭击,两国断交。

后 记

本书是在博士论文的基础上修改而成的，付梓印刷之际，百感交集却无从下笔。掩卷回首，唯有感激之情。

首先感谢我的博士导师罗林教授。从本科到硕士再到博士，不知不觉已跟随恩师学习近15载。在这漫长的岁月中，恩师的谆谆教诲一直伴随着我，让我从懵懂幼稚逐渐走向成熟。他高尚无私的品格、乐观豁达的心境与顽强拼搏的精神，是我人生道路上永不熄灭的指路明灯。在论文选题阶段，导师将中东局势的发展变化与我的个人经历相结合，建议我选择沙特与伊朗关系作为博士论文题目。时至今日，沙伊关系已经成为中东研究领域的热点问题和显学，这充分体现出他的学术洞察力与远见。从开题、初稿、定稿再到答辩，导师在每个阶段都倾注了大量的精力和心血，几年时间内无数次给予我耐心的指导、严厉的督促和宝贵的鼓励。本书的完成，除了我个人的努力外，更凝结着导师的智慧和心血。

感谢在论文准备期间为我指点迷津的教授学者们。感谢中国社会科学院王林聪研究员，北京第二外国语学院张洪仪教授，北京外国语大学张宏教授，中国人民大学王宇洁教授，对外经济贸易大学丁隆教授，中国现代国际关系研究院田文林副研究员，感谢本校的朱立才教授、贾烈英教授和涂龙德老师。他们学识渊博，见解独到，在论文写作过程中多次给予我全面的帮助和指导。

感谢所有教授过我阿拉伯语的老师，你们引领我走进这精彩纷呈的阿语

后 记

世界，为我的研究之路打下基础。尤其感谢张甲民、景云英教授伉俪十多年来的指导与关怀，二老不仅给予了我宝贵的阿语知识，更让我明白了为师的道理，祝二老健康长寿。

感谢在赴沙特任教期间帮助和照顾过我的领导、前辈和朋友，没有他们的帮助和关怀，我几乎无法挺过了那段艰难的岁月。感谢王勇大使在任沙特吉达总领事期间对我的关怀和照顾。感谢新华社驻沙特首席记者王波在专业和生活上对我的指导和关怀。感谢"中沙枣椰基因组计划"的中国朋友们在我居无定所时伸出援手。感谢沙特前通信与信息技术部部长苏韦仪博士（Dr. Mohammed I. Al-Suwaiyel）一直以来的帮助和关怀。感谢所有帮助过我的沙特朋友。

感谢时事出版社编辑部主任谢琳和责编老师为书稿提供的宝贵修改建议，本书能够付梓出版，她们付出了巨大心血。

还要感谢我的家人们。感谢父母的养育之恩，在漫长的求学道路上，他们毫无保留地支持我做的所有选择，全心全意地做我最坚强的后盾，使我免除生活上的后顾之忧，潜心研究。感谢我的未婚妻吴思给予我一如既往的理解和支持，愿此生携手共度。

最后，作为语言专业出身的学习者，我从零开始研究中东国际关系问题，个中艰辛，自不待言。对于书中疏漏、错误之处，本人承担全部责任，敬祈读者予以批评指正。

王光远
2018 年 5 月中旬于北京

图书在版编目（CIP）数据

沙特与伊朗关系研究/王光远著．—北京：时事出版社，2018.8
ISBN 978-7-5195-0233-1

Ⅰ.①沙⋯ Ⅱ.①王⋯ Ⅲ.①国际关系—研究—沙特阿拉伯、伊朗 Ⅳ.①D838.42②D837.32

中国版本图书馆CIP数据核字（2018）第105102号

出 版 发 行：时事出版社
地　　　址：北京市海淀区万寿寺甲2号
邮　　　编：100081
发 行 热 线：（010）88547590　88547591
读者服务部：（010）88547595
传　　　真：（010）88547592
电 子 邮 箱：shishichubanshe@sina.com
网　　　址：www.shishishe.com
印　　　刷：北京朝阳印刷厂有限责任公司

开本：787×1092　1/16　印张：15.75　字数：250千字
2018年8月第1版　2018年8月第1次印刷
定价：98.00元
（如有印装质量问题，请与本社发行部联系调换）